Friedrich Eckstein
Alte, unnennbare Tage

Erinnerungen aus siebzig Lehr- und Wanderjahren

Eckstein, Friedrich: Alte, unnennbare Tage –
Erinnerungen aus siebzig Lehr- und Wanderjahren
Hamburg, SEVERUS Verlag 2013

ISBN 978-3-86347-483-6
Druck: SEVERUS Verlag, Hamburg, 2013
Lektorat: Sylvana Freyberg

Bibliografische Information der Deutschen Nationalbibliothek:
Die Deutsche Nationalbibliothek verzeichnet diese Publikation in der Deutschen Nationalbibliografie; detaillierte bibliografische Daten sind im Internet über http://dnb.d-nb.de abrufbar.

Die digitale Ausgabe (eBook-Ausgabe) dieses Titels trägt die ISBN 978-3-942382-33-5 und kann über den Handel oder den Verlag bezogen werden.

© **SEVERUS Verlag**
http://www.severus-verlag.de, Hamburg 2013
Printed in Germany
Alle Rechte vorbehalten.

Der SEVERUS Verlag übernimmt keine juristische Verantwortung oder irgendeine Haftung für evtl. fehlerhafte Angaben und deren Folgen.

Über Friedrich Eckstein

Der brillante Polyhistor Friedrich Eckstein wurde am 17. Februar 1861 in Perchtoldsdorf bei Wien geboren und verstarb, achtundsiebzigjährig, am 10. November 1939 in Wien an einer Lungenentzündung.

Eckstein hatte acht Geschwister. Der Vater Albert Eckstein war ein Erfinder und Chemiker sowie Besitzer einer Pergamentfabrik und folglich gehörte die jüdische Familie dem Wiener Großbürgertum an.

Über den Stammtisch seines Vaters lernte der junge Eckstein schon früh Persönlichkeiten Wiens kennen. Darunter waren zum Beispiel der Sozialphilosoph, Erfinder und Schriftsteller Josef Popper-Lynkeus und der Begründer der Psychoanalyse Sigmund Freud. Mit diesem verband ihn eine lebenslange Freundschaft. Bei späteren literarischen Stammtischen (z.B. im Café Imperial, zweiter Saal, links) traf Eckstein Karl Kraus, Arthur Schnitzler, Felix Salten, Hugo Wolf, Hugo von Hofmannsthal, Franz Werfel, Rainer Maria Rilke, Robert Musil, Adolf Loos, Leo Trotzki und besonders Anton Bruckner, dessen Schüler und späterer Mäzen und Privatsekretär er war.

1896 lernte Eckstein seine zukünftige Frau kennen, eine junge Fabrikantentochter namens Bertha Helene Diener (1874 – 1949), mit deren Bruder Karl er öfters Bersteigen gewesen war. Unter den Pseudonymen Ahasvera, Sir Galahad und Helene Diner wurde sie später als Schriftstellerin bekannt. Sie heirateten 1898 und im darauf folgenden Jahr wurde ihr gemeinsamer Sohn Percy Eckstein geboren. Er wurde Journalist, Schriftsteller und Übersetzer. Die Ehe hielt bis 1909.

Zeit seines Lebens verfolgte Eckstein neben der Leitung der Papierfabrik musikalische, literarische, naturwissenschaftliche und „okkulte" Interessen. Er war ein früher Vegetarier und liebte das Bergsteigen.

Der Titel dieses Buches stammt von dem Gedicht Eduard Mörikes „Im Frühling" (1828).

Vorrede

Die nachfolgenden Blätter des Gedenkens umfassen einen Zeitraum von nahezu siebzig Jahren; sie schildern Verhältnisse, die zum größten Teil einer fernen Vergangenheit angehören, und berichten über den Verkehr des Autors mit bedeutenden, längst dahingegangenen Persönlichkeiten.

Die hier vorliegenden „Erinnerungen" verdienen diese Bezeichnung insofern im wahren Sinne des Wortes, als sie nicht an der Hand irgendwelcher schriftlicher Aufzeichnungen oder Tagebuchnotizen geschrieben worden sind, sondern einzig und allein aus dem Gedächtnis.

Der Verfasser hat die in psychologischer Hinsicht vielleicht nicht ganz bedeutungslose Erfahrung gemacht, daß ihm eine wirklich befriedigende, lebendige Darstellung immer nur dann gelingen wollte, wenn er sich ausschließlich auf sein Gedächtnis stützte, während hingegen jeder Versuch, Geschriebenes zu benützen, unweigerlich zu einem Mißerfolge führte. Merkwürdig ist dem Autor auch der Umstand erschienen, daß ihm bei dieser Art der Produktion wertvolle Einzelheiten oft erst während der Niederschrift dieser Memoiren ganz unvermutet, fast plötzlich zum Bewußtsein kamen, obgleich sie ihm vorher, durch alle die vielen Jahre, unzugänglich gewesen waren, während sie nun aus unbewußten, unbekannten Tiefen „in der alten Pracht" heraufstiegen.

Wien, Januar 1935.

Inhaltsverzeichnis

Erwachen zwischen hohen Türmen 9
Frühe Gefahren..................11
Die „Stammtisch"-Runde meines Vaters..............16
Vom Wiener Stefansturm und dem „gerechten Steinmetzgrund"...................24
Im Akademischen Gymnasium 30
Fechtkunst und Höhenluft..................37
Fechtstunden mit Lorenz von Stein.....................39
Die Nevers'sche Finte — Hans Makart und sein toller Vetter....................45
Kinderjahre des Alpinismus 51
Athletische Diskussionen an den Grenzen der Menschheit..................58
Erlebnisse mit Mathematikern und Zauberern......67
Erziehung durch Musik 73
Die Brandruinen von Wiener-Neustadt..............75
Mit Menschen, die Beethoven gekannt haben.......80
Palestrina-Kult im alten Wien...................85
Frédéric Chopin in Wien 91
Suchende Seelen 97
Vegetarier, Sozialisten, Genies und andere Sterbliche..................99
Christian von Ehrenfels 108
Ahasverus und die Kaiserin...................113
Jugendtage mit Hermann Bahr...............120
Anton Bruckner..................125
Erlebnisse mit Anton Bruckner..................127
Reisen mit Anton Bruckner..................138
Anton Bruckner als Pädagoge...............144
Mit Anton Bruckner in Mayerling 148
Aus Anton Bruckners religiösem Leben 153
Hugo Wolf..................157
Die erste und die letzte Begegnung zwischen Hugo Wolf und Anton Bruckner..................159
Hugo Wolf als Hausgenosse 168
Hugo Wolf und Friedrich Nietzsche..............177
Hugo Wolf als Klavierstimmer 183

Hugo Wolf und die Literatur 188
Enthusiastische Jugend 193
  Eine Pilgerfahrt nach Bayreuth 195
  Aus Richard Wagners letzten Tagen 205
  Erinnerungen an Franz Schalk 211
  Polyhymnia und Wolkenkratzer 220
Philosophen, Schwärmer und Politiker 229
  Spaziergänge mit einem Philosophen 231
  Theosophie und Labour-Party 237
Reise durch das altväterliche Amerika 243
  Bei Chingachgook und Edison 245
  Mit Mark Twain auf seinem „Hurricane-Deck" 251
  Im Wilden Westen 257

Erwachen zwischen hohen Türmen

Frühe Gefahren

Zur Welt gekommen bin ich auf dem Grunde eines tiefen, weiten Meeres, dessen blaue Fluten sich vom Fuße der Alpen bis nach Zentralasien hin erstreckt haben.

Allerdings, das muß gleich gesagt werden: dieser ganze Ozean ist seither längst ausgetrocknet; lange, lange bevor ich dort erschienen bin; jetzt aber ist von ihm nur mehr der bläuliche Bodensatz übrig, unter dem ungezählte Millionen von Leichen und Skeletten längst verstorbener Seetiere begraben sind. Sie alle hatten einst jene Gewässer bevölkert: Delphine und Haifische, Meeresmuscheln und Schnecken und noch viele andere merkwürdige Wesen der Urzeit. Hoch oben aber ragen noch die steilen Ufer, an denen einst die Brandung gedonnert; ihre Kiese und Sande jedoch, wie auch die von Bohrmuscheln durchsetzten steilen Klippen und Felsblöcke sind jetzt, fern von allem Wellenschlag, mit Nadelholzwaldungen bewachsen.

Und am Fuße dieser Kalkriffe, auf einer Terrasse des Meeresgrundes, haben vor etwa tausend Jahren die Menschen sich zu ihrem Schütze zusammengetan und eine kleine, befestigte Ortschaft erbaut, die bis zum heutigen Tage den wunderschönen Namen Perchtoldsdorf führt; und dort, in diesem Orte, auf der alten Ozeanterrasse, bin ich geboren worden.

Der plätschernde Wasserlauf, der von den mit Reben bewachsenen Anhöhen her der weiten, dunstigen Ebene entgegeneilt, die daran gelegenen Mühlen und eine alte, aufgelassene Gerberei mit ihren tiefen Lohegruben, sowie die rauchenden Kalköfen an den felsigen Berglehnen, hatten es meinem Vater angetan, denn dies alles schien seinen Absichten entgegenzukommen; aber nicht minder auch entzückte ihn der Anblick des uralten Marktplatzes mit den gotischen Giebelhäusern, dem Rathaus, der ehrwürdigen alten Kirche und daneben dem gewaltigen, die ganze Gegend weithin beherrschenden viereckigen Turm, den man von vielen erhöhten Punkten innerhalb Wiens ohne Schwierigkeit in südlicher Richtung gewahren kann.

Hier glaubte mein Vater gegen Ende der Fünfzigerjahre die Stelle gefunden zu haben, wo er sich niederlassen solle; nicht allein um eine Familie zu gründen, sondern auch, um eine seit langem gehegte Idee zu verwirklichen: die Errichtung einer Fabrik in der Nähe von Wien, mit deren Hilfe er die in jahrelangen Vorarbeiten gewonnenen Erfahrungen für sich nutzbar zu machen hoffte. Es handelte sich dabei um die Umwandlung von Papier in eine zähe, wasserdichte Haut, wie sie sonst nur das tierische Pergament darbot. Und so entstand dort die erste Fabrik dieser Art, die auf dem Kontinent erbaut worden ist: auch der Umstand, daß einige Zeit vorher eine an dem selben Bache gelegene Essigsiederei in ein großes chemisches Werk umgewandelt worden war, erschien meinem Vater wichtig, denn dadurch war die Heranbringung der für ihn erforderlichen Materialien ohne namhafte Kosten, aus der nächsten Nähe, leicht möglich.

Hierzu mußte der gute Peter uns seine Kräfte leihen, der Gespiele meiner Kinderzeit, ein brauner Gaul, der die mannigfachsten Geschäfte zu besorgen hatte: das Wägelchen ziehen, das die chemischen Produkte herbeischaffen sollte, und die fertigen Waren zur Bahn bringen; oder aber, vor einen leichten „Break" gespannt, uns selbst für Spazierfahrten zu dienen.

Die wichtigste Tätigkeit Peters bestand jedoch in dem Antreiben eines Pferde-Göpels, mit dessen Hilfe das Tier in endlosen Rundgängen ein Zahnrädergetriebe und die lange eiserne Welle in Bewegung zu setzen hatte, von welcher aus den Maschinen die erforderliche Energie zufloß. Dampfmaschinen waren zu jener Zeit bei uns zu Lande noch eine große Seltenheit und so mußte man sich meistens mit solchen Pferde-Göpeln behelfen. Meine zärtliche Freundschaft mit unserem Gaul wurde auch dadurch nicht getrübt, daß er mich einmal beinahe das Leben gekostet hätte. Nach einer ausgiebigen Hafermahlzeit hielt Peter gerade eine wohlverdiente Siesta, als ich auf den nicht sehr glücklichen Einfall kam, ihn mit einem Strohbündel rückwärts am Oberschenkel zu kitzeln. Peter erschrak heftig, feuerte plötzlich aus und traf mich mit seinem Huf an der Seite, so daß ich in weitem Bogen in eine Ecke flog, wo mich meine erschreckten Angehörigen stöhnend und bewußtlos auffanden.

Da mein Vater ein nur sehr geringes Kapital besaß, war er gezwungen, die für die Fabrikation erforderlichen Apparate und Maschinen nach seinen Ideen selbst zu entwerfen und sie auch selbst zu bauen; und dazu mußte er sich die einzelnen Bestandteile bei verschiedenen Händlern oft sehr mühsam zusammensuchen. Es gab aber jedesmal ein Fest, wenn er schließlich damit zurechtgekommen war und eine Maschine fertig dastand. Die

Fabrik begann allmählich ein Erträgnis abzuwerfen und mein Vater beschloß, ihren Sitz zuerst in eine weiter südlich gelegene Gegend zu verlegen, wo ihm ein viel größeres Anwesen an einem reißenden Bach angeboten worden war; schließlich aber, einige Jahre später, übersiedelten wir in die Umgebung von Wien. Dort konnte der primitive Pferdebetrieb nicht mehr genügen und es mußte nun doch an die Anschaffung einer Dampfmaschine gedacht werden. Peter war auch älter geworden, so daß man ihm die harte Arbeit am Göpel ohnedies nicht mehr zumuten konnte; und so wurde er allmählich in den Ruhestand versetzt und diente uns nur mehr zu gelegentlichen Ausflügen.

Die Aufstellung und Inbetriebsetzung der so lange herbeigesehnten vierpferdigen Dampfmaschine war für mich ein gewaltiges Ereignis und eine Kette von unaufhörlichen Erregungen. Jeder Bestandteil wurde bestaunt und seine Eingliederung in das Ganze mit Ehrfurcht verfolgt. Der Dampfkessel mit seiner Feuerung und dem Sicherheitsventil wurde von allen Seiten betastet und der Vorgang des Einmauerns genau überwacht. Welch eine erwartungsvolle Spannung, als es endlich hieß, die Maschine werde in wenigen Minuten zum erstenmal in Betrieb kommen. Alles war ordnungsgemäß vorbereitet, und als das Manometer anzeigte, daß der Kessel genug Druck habe, als das Sicherheitsventil zu zischen begann, wurde der große Dampfeinlaß geöffnet und die Maschine fing wirklich an zu laufen! Ich konnte mir nicht genug tun, alles voll Freude zu bestaunen.

Aber ach! Auch hier sollte es einen bösen Zwischenfall geben, der leicht mein allzu frühes Ende hätte herbeiführen können. Während alles in voller Ordnung verlief, fiel es irgendeinem Unberufenen ein, an der zur Wasserversorgung des Kessels nötigen „Speisepumpe" einen Hahn zu schließen. Dies aber hatte zur Folge, daß urplötzlich mit einem furchtbaren Knall der kupferne „Windkessel" der Pumpe durch den inneren Überdruck abgerissen wurde und in seiner Bahn, nachdem er den Werkmeister am Arm verletzt hatte, mir geradeaus ins Gesicht flog. Dies geschah mit solcher Wucht, daß mir der Kupferkessel wie ein Helm über den Kopf gestülpt und bis an die Schultern gepreßt wurde, ich, ganz in Finsternis gehüllt, verzweifelt nach Luft schnappte. Auch diesmal hatte ich noch Glück gehabt, denn es gelang dem geistesgegenwärtigen Mechaniker, durch einige geschickt gegen meinen Kupferhelm geführte Hammerschläge, mich von dieser so lebensgefährlichen Last, den ärgsten Schmerzen und den würgenden Übelkeiten zu befreien. Aber mein Gesicht, die Ohren, Nase und Kopfhaut waren arg zerschunden und bluteten heftig; auch begannen die Augen so anzuschwellen, daß ich wieder in Finsternis zu versinken glaubte. Rasch wurde ich zu Bett gebracht, der Arzt verband mich und verordnete kalte Umschläge. Dank meiner großen Jugend und guten Konstitution war ich erstaunlich schnell wieder auf den Beinen, ohne einen dauernden Schaden erlitten zu haben.

Aus der vierpferdigen Dampfmaschine sollte später eine hundertpferdige werden, aus dem einen winzigen Dampfkessel drei große, und unsere Fabrik ging im Laufe der Jahrzehnte schließlich den Weg, den alle lebensfähigen Unternehmen gehen: sie wurde, mit anderen vereinigt, in eine Betriebsgesellschaft umgewandelt, die über bedeutende Mittel, über mehrere Niederlassungen und gewaltige Dampfanlagen verfügte.

Die Anzahl der Arbeiter und Angestellten, ursprünglich ganz gering, hatte allmählich zugenommen und damit hörte von selbst immer mehr die enge patriarchalische Beziehung unserer Familie zu den Mitwirkenden auf. Aber gerade mein jahrelanger inniger Kontakt mit unserer kleinen Arbeiterschar, daß ich als Kind mit ihnen und ihren Kindern, ebenso wie mit den benachbarten Winzern und der Dorfjugend gespielt und im Laufe der Jahre alle ihre Freuden und Leiden geteilt hatte, ist mir für das ganze Leben ein unverlierbares Gut geblieben. Es hat mir ein für alle Male die Augen geöffnet und mich den großen sozialen Aufgaben der Menschheit nähergebracht; es hat mich vor der traurigen Blindheit bewahrt, die ich zu meinem Schrecken bei so vielen von meinen Mitmenschen immer wieder habe bemerken müssen.

Mein Vater war von Haus aus Chemiker; zu Beginn der Vierzigerjahre hatte er am Polytechnikum in Prag studiert und im Laboratorium des berühmten Professors Karl Josef Napoleon Balling gearbeitet, dessen gelegentlicher Mitarbeiter und dessen Freund er mit den Jahren geworden war. Was erschien also natürlicher, als daß auch ich zu diesem Fache herangebildet werden sollte? Ich war noch ein Kind, als mich mein Vater nicht allein in die Geheimnisse der lateinischen Sprache, sondern auch in die Anfangsgründe der Chemie einzuführen begann und mich zu meinem größten Ergötzen überdies in seinem Laboratorium als „Hilfskraft" verwendete. Dies aber hatte zur Folge, daß ich schon von frühester Jugend an dazu erzogen wurde, auch den Vorgängen in unserer Fabrik mit einigem Verständnis zu folgen. Als es später dann die Umstände mit sich brachten, daß ich im Maschinenbau und in verschiedenen chemischen Betrieben tätig sein mußte, ist mir dies alles sehr zustatten gekommen und hat mir geholfen, mich auch in fernen Ländern und jenseits des Ozeans in zumeist ganz fremde Verhältnisse zu finden.

So sind die Jahre, die Jahrzehnte wie in einem Traume dahingegangen, ein Leben der praktischen Arbeit und der Hingabe an wissenschaftliche und künstlerische Probleme ist im Fluge vorübergerauscht. In der Heimat, wie auch in der Fremde, ist mir das besondere Glück zuteil geworden, daß ich mit einigen der größten Persönlichkeiten meines Zeitalters habe verkehren dürfen. Von diesen mannigfaltigen Erlebnissen wenigstens einen Teil für die Spätergeborenen festzuhalten, erschien mir nicht gänzlich überflüssig; wie lange aber wird dazu noch Zeit sein? Wie lange wird es dauern, bis der Erde wiedergegeben werden muß, was von ihr gekommen; bis, nach vielen wirren Umwegen, das letzte Aschenstäubchen meiner irdischen Existenz, zusammen mit dem der Delphine und des anderen, einst so lebhaften Getieres, seine heimatliche Stätte auf dem bläulich-fahlen Grunde des alten Ozeans wieder finden wird?

Die „Stammtisch"-Runde meines Vaters

Daß Freunde sich außerhalb ihrer Behausung an bestimmten Abenden um den Biertisch versammeln oder sich im Café treffen, war von altersher bei den verschiedensten Nationen gebräuchlich, wenn es sich auch nirgends so tief eingebürgert haben mag wie in deutschen Landen. Diese Vorliebe für den „Stammtisch" ist oft belächelt worden; es sind aber nicht immer die schlechtesten oder geringsten unter den Menschen gewesen, welche dieser Art von Geselligkeit huldigten; man braucht nur der in Nürnberg noch vorhandenen mächtigen Speisetafel zu gedenken, an welcher sich vor vierhundert Jahren der Freundeskreis von Hans Sachs, Albrecht Dürer und dem würdigen Ratsherrn Wilibald Pirckheimer allabendlich beim Weinkrug zu treffen pflegte. Auch sind wir geneigt, die Leute zu beneiden, die vor etwa hundert Jahren in dem Weinhause von Lutter und Wegener in Berlin an der Tischrunde des Kammergerichtsrates Ernst Theodor Amadeus Hoffmann und seiner „Serapionsbrüder" teilnehmen durften.

Und daß diese Art des geselligen Verkehrs nicht auf die Gebiete deutscher Sprache beschränkt war, kann man vielleicht am besten aus Boswells berühmter Biographie des Dr. Samuel Johnson ersehen, wo von dessen begeisterten Lobsprüchen auf das englische Kneipenleben die Rede ist. „Es gibt kein Privathaus", pflegte Dr. Johnson zu sagen, „wo man sich so wohl zu fühlen vermöchte, wie in einem guten Wirtshause; nichts hat zum menschlichen Glück so viel beigetragen, wie eine ordentliche Kneipe; denn ein Stuhl am Wirtshaustisch ist ein Thron menschlicher Glückseligkeit." Und gerade in diesem Punkt, meint Dr. Johnson, sei England den Franzosen so sehr überlegen, weil es dort kein richtiges Wirtshausleben gebe.

Zu den Kulturstätten mit erfreulichen Gasthäusern hat aber von jeher auch Wien gehört; und nachdem mein Vater seine Pergament-Papierfabrik von Perchtoldsdorf in die nächste Umgebung dieser Stadt verlegt hatte, war es ihm oft eine große Erholung, wenn er nach des Tages Mühen den einen oder den anderen Abend im Kreise von Freunden bei einem Glase Bier verbringen konnte.

Damals, in den Sechziger- und Siebzigerjahren, konzentrierte sich das geistige Leben der Stadt vorwiegend in einer Anzahl wissenschaftlicher und industrieller Vereinigungen. Mehreren von ihnen gehörte auch mein Vater an; und aus den Bekanntschaften, die er dort gemacht hatte, setzte sich zum großen Teil sein geselliger Verkehr und damit auch der unserer Familie zusammen. Nach den Diskussionen bei den verschiedenen Vorträgen und Verhandlungen pflegte man sich zum gemeinsamen Abendessen in einem benachbarten Hotel in der Weihburggasse zu treffen; später aber zog man es vor, dieses allzu vornehme Lokal mit einem einfacheren Wirtshaus draußen in Mariahilf zu vertauschen; vor allem schon darum, weil es dort das berühmte böhmische „Kreuzherrn"-Bier gab. Warum dieses Gasthaus „Zu den Kohlkränzen" hieß, habe ich nie zu ergründen vermocht. Durch einen Hof mit alten Kastanienbäumen gelangte man in den niederen „Salon", wo mein Vater sich mit seinen Freunden an einer langen Tafel zu treffen pflegte.

Bei der Zusammensetzung dieses Bekanntenkreises spielte nun der Umstand eine beträchtliche Rolle, daß mein Vater im Laufe der Jahre mit einer Anzahl von Erfindungen hervorgetreten war, von denen sich einige als praktisch wertvoll erwiesen; und dadurch war er allmählich mit mancherlei merkwürdigen und bedeutenden Persönlichkeiten in Berührung gekommen.

Es war ihm die Herstellung von wasserdichten Schläuchen aus Pergamentpapier gelungen, die beliebig langes Kochen vertrugen, und dies führte nun zu einer ganz neuen Möglichkeit, Lebensmittel unbeschränkt lange aufzubewahren. Die vom deutschfranzösischen Kriege her bekannten Erbsenkonserven, die für die Verpflegung der Truppen so gute Dienste geleistet haben, beruhten auf der Verwendung dieser neuartigen Papierschläuche. Da mein Vater aufgefordert wurde, im österreichischen Kriegsministerium und in verschiedenen militärischen Zirkeln über seine Erfindung zu berichten und Versuche damit vorzuführen, kam er bald mit mehreren hervorragenden Militärs in Kontakt, von denen einige auch bei uns im Hause verkehrten.

So entsinne ich mich noch ganz deutlich der hageren, aufrechten Gestalt des berühmten Generals Franz von Uchatius, des großen Artilleristen und Erfinders der Stahlbronzegeschütze. Er hat mit seinen Angehörigen in unserer Familie verkehrt und wir haben uns auch in der Sommerfrische in Obersteiermark viel gesehen, wo Uchatius bemüht war, seine durch allerlei Kummer und Kränkungen angegriffene Gesundheit wieder herzustellen. Der

General hat einige Jahre später Selbstmord verübt; meinen Vater hat er nur um wenige Tage überlebt.

Eine andere, gleichfalls militärisch wichtige Erfindung meines Vaters betraf ein nicht dehnbares, sehr geschmeidiges, dabei aber gegen Nässe wenig empfindliches Druckpapier, das sich für die Herstellung von Generalstabskarten besonders zu eignen schien. So kam es nun zu regelmäßigen Zusammenkünften und Verhandlungen mit Offizieren des Militärgeographischen Institutes, und einige von ihnen wurden bald unsere ständigen Gäste. Besonders einer ist mir noch in lebhafter Erinnerung; nicht allein wegen seiner großen Liebenswürdigkeit, seiner vornehmen Erscheinung, hohen Geistesbildung und seiner erlesenen Manieren, sondern auch darum, weil er eines Tages ganz unvermutet und auf ganz rätselhafte Weise aus unserem Kreis verschwunden war, ohne daß es uns damals möglich gewesen wäre, Näheres über seinen Verbleib und sein Schicksal zu erfahren. Erst nach längerer Zeit stellte sich heraus, daß er wegen einer Fahrlässigkeit in der Behandlung eines vertraulichen Dienststückes seiner Stellung verlustig geworden und in eine schreckliche Lage geraten war. Zu meiner tiefsten Betrübnis habe ich ihn nie wieder zu sehen bekommen.

Im Verlaufe seiner unermüdlich fortgesetzten Arbeiten war mein Vater dann zur Herstellung neuartiger Hilfsmittel für die ärztliche Praxis gelangt; er erfand Eisbeutel aus Pergamentpapier und einen Ersatz der alten, nicht ungefährlichen „Scharpie" durch antiseptisch gemachte, in Platten gepreßte Faserstoffe, die sich für Wundverbände vorzüglich eigneten. Es wurde ihm die Genugtuung zuteil, daß diese Erzeugnisse in den großen Spitälern als obligatorisch eingeführt wurden. Hiefür hatten sich mehrere bedeutende Autoritäten eingesetzt, insbesondere aber der damals sehr berühmte Psychiater Professor Dr. Max Leidesdorf, mit dem mein Vater bald in freundschaftliche Beziehungen kam.

Zu dem regelmäßigen Verkehr meiner Eltern gehörte auch der hochangesehene Anatom Professor Dr. Carl Bernhard Brühl, der die erste Lehrkanzel für Zootomie an der Wiener Universität innehatte und das Zootomische Institut geschaffen hat. Jahre hindurch haben mein Vater und meine Mutter die von Professor Brühl in der „Alten Gewehrfabrik" gehaltenen Vorträge über vergleichende Anatomie und die Grundprobleme des Darwinismus besucht und ich erinnere mich noch, wie wir Kinder an den Sonntagen immer wieder hungrig auf das Mittagessen warten mußten, bis die Eltern, ganz begeistert von den neuen Eindrücken, aus den Brühischen Kursen heimkehrten. Einige Jahre später habe ich dann Professor Brühl in seinem Institut aufgesucht, um ihm im Auftrage meines Vaters ein Mikroskop von der Firma Hartnack zu überbringen, und es war mir ein unvergeßliches Fest, als er mich in dem richtigen Gebrauch dieses damals neuartigen Instrumentes unterwies.

Es ist nicht lange her, daß ich in einem Gespräche mit dem mir seit Jahrzehnten befreundeten Professor Dr. Sigmund Freud, dem Schöpfer der Psychoanalyse, zufällig auf die Geistesgrößen jener fernen Tage und besonders auf Max Leidesdorf und Carl Bernhard Brühl zu sprechen kam. Ich war nicht wenig erstaunt, als Professor Freud mir erzählte, er habe sie beide nicht nur gut gekannt, sie hätten in seinem Leben sogar eine bedeutungsvolle Rolle gespielt; denn Leidesdorf war einer seiner medizinischen Vorgesetzten und ihm verdankte er in jeder Hinsicht Förderung! Der Anatom Carl Bernhard Brühl hingegen hatte einstens, wie Professor Freud mir mitteilte, in seinem ganzen Lebenslauf und seiner geistigen Entwicklung einen entscheidenden Umschwung bewirkt.

In jungen Jahren, noch vor der Reifeprüfung, hatte Freud sich nämlich vorwiegend für humanistische und kulturphilosophische Probleme interessiert. Gemeinsam mit einem Jugendfreund las er eifrig die Schriften von Thomas Buckle und von William Edward Lecky. Er war eben, im Winter 1872, im Begriffe, sich an der Wiener Universität für das Jus-Studium einschreiben zu lassen, um auch von dieser Seite her Einblicke in jene geisteswissenschaftlichen Probleme zu bekommen, als er von seinem Freunde gebeten wurde, an seiner Statt einen Zeitungsbericht über die erste Vorlesung des Professors Brühl zu schreiben. Nur mit Widerstreben entsprach Freud dieser Bitte; als er aber der Vorlesung anwohnte, wurde er von einer solchen Begeisterung für den Gegenstand ergriffen, daß er beschloß, das juristische Studium sein zu lassen und sich als Mediziner zu inskribieren. Dazu hatte auch beigetragen, daß er dort durch Professor Brühl Goethes schönen, aphoristischen Aufsatz über die „Natur" kennen lernte, der ihm damals einen besonders tiefen Eindruck gemacht hat. Erst auf dem jahrzehntelangen Umweg über die medizinisch-biologischen Wissenschaften, sagte mir Professor Freud, sei er im höheren Alter doch wieder zu den Problemen seiner jungen Jahre, denen der Philosophie und der Religionspsychologie, zurückgekehrt, wie er diese in seinen letzten Schriften über „Die Zukunft einer Illusion" und „Das Unbehagen in der Kultur" behandelt habe

Es waren ganz verschiedene, aber nicht minder merkwürdige Bekanntschaften, die mein Vater durch andere berufliche Vereinigungen gemacht hatte. Zu diesen geselligen Zentren gehörten damals der „österreichische Ingenieur- und Architektenverein" und der „Niederösterreichische Gewerbe-Verein", an deren Zusammenkünften mein Vater regen Anteil nahm. Dort hielt er auch eine Anzahl von Vorträgen über technische Angelegenheiten, zuletzt über eine von ihm zu Beginn der Siebzigerjahre entdeckte Methode, um die Bildung des lästigen, die Dampfanlagen schädigenden „Kesselsteines" zu verhindern. Es war ihm nämlich gelungen, durch bestimmte Zusätze zu dem „Speisewasser" zu erreichen, daß der gesamte Kesselstein sich in Gestalt von glänzenden harten Kugeln am Boden des Kessels ansammelte, von wo er dann mühelos entfernt werden konnte.

Nachdem er nun in seinem Vortrage diese sonderbaren dunklen Kieselsteine vorgewiesen, sprach ihn ein merkwürdig aussehender, junger Mann mit blassem Gesicht, schlichtem Haar, dunklem Schnurrbart und tiefen, ruhig blickenden Augen, mit sanfter Stimme an und sagte ihm, diese Sache gehe ihm sehr nahe, denn er selbst habe schon vor Jahren ein gleichfalls sehr wirksames Verfahren zur Verhinderung des Kesselsteines entdeckt und eine „Kesseleinlage" aus Eisenblech konstruiert, die ihrem Zwecke sehr gut entsprochen und sich schon vielfach eingebürgert habe. Der Name dieses jungen Ingenieurs war Josef Popper. Er ist später ein berühmter Mann geworden, nicht allein weil man in ihm den eigentlichen Erfinder der elektrischen Kraftübertragung zu erblicken hat, deren genaue, versiegelte Beschreibung er schon im Jahre 1862 der Kaiserlichen Akademie der Wissenschaften übergeben hatte, und weil er überdies auch einer der ersten Pioniere der modernen Luftschiffahrt gewesen ist, sondern auch seiner merkwürdigen Dichtungen und philosophischen Schriften wegen, die unter einem Pseudonym erschienen sind. Erst allmählich, im Laufe der Jahre, ist bekannt geworden, daß „Lynkeus", der Verfasser der „Phantasien eines Realisten", und der Ingenieur Josef Popper ein und dieselbe Person seien.

Zwischen Popper-Lynkeus und meinem Vater hat sich nach dieser ersten Begegnung ein jahrelanger Verkehr angesponnen, ich selbst aber habe Popper nach dem Tode meines Vaters gänzlich aus dem Auge verloren, und erst Jahrzehnte später bin ich durch einen Zufall wieder mit ihm in persönlichen Verkehr gekommen. Was aber die erwähnten Methoden zur Verhütung des Kesselsteins betrifft, so hat sich weder die von Popper, noch die meines Vaters auf die Dauer durchsetzen können. Warum Poppers „Kesseleinlagen" wieder verschwunden sind, ist mir nicht mehr erinnerlich; was aber das Verfahren meines Vaters betrifft, so entsinne ich mich noch deutlich des großen Schreckens, der uns befiel, als eines Tages an einem unserer Dampfkessel eine Feuerplatte glühend und blasig geworden war und eine Explosion unmittelbar bevorzustehen schien. Da sich mein Vater die ganze Sache nicht erklären konnte und zu argwöhnen begann, dieser Vorfall könne vielleicht mit den von ihm verwendeten Zusätzen zu dem Speisewasser zusammenhängen, verlor er die Lust und den Mut zu weiteren Studien und brach schließlich diese Versuche ab. Bald darauf wurde er von einem schweren Leiden befallen und damit geriet die ganze Sache in Vergessenheit.

Durch seine Vorträge war mein Vater auch mit dem Forstingenieur Professor Wilhelm Franz Exner bekannt geworden, dessen hohe Verdienste um das Technologiestudium noch in frischer Erinnerung sind. Ich war noch ein Kind, als mein Vater mich einmal an einem eisigen Wintertag nach Mariabrunn mitnahm, wo wir Exner in dem alten Gebäude der Forstakademie aufsuchten. Der kraftstrotzende, lebhafte junge Professor mit der wohlklingenden Stimme und dem blonden Vollbart hat mir damals, wie er so unter den riesigen Hirschgeweihen an den Wänden am knisternden Kaminfeuer saß, einen unvergeßlichen Eindruck gemacht. Als ich ihn das letztemal sprach, war er „Exzellenz", etwa neunzig Jahre alt, fast erblindet, aber noch immer lebhaften Geistes und voller Liebenswürdigkeit.

Gegen das Ende der Sechzigerjahre, als es noch keinen eigentlichen Scheckverkehr und keine Postanweisungen gab, also alle Geldsendungen durch Briefe erfolgten, hatte mein Vater ein „Privilegium" für die Herstellung besonderer Kuverts erhalten, die eine Beraubung von Geldsendungen ohne gänzliche Zerstörung der Briefhülle unmöglich machten. Dies brachte ihn in regen Verkehr mit der Postdirektion und dem Handelsministerium, insbesondere aber mit dem Ministerialrat Eduard Hermann, der gerade damals die Postkarte erfunden und als „Correspondenzkarte" dem Verkehr übergeben hatte. Anderthalb Jahre später hat dann auch der Generalpostmeister Heinrich von Stephan in Berlin diese Idee aufgegriffen. Ministerialrat Hermann pflegte meinen Vater häufig zu besuchen, um mit ihm nicht allein die Angelegenheit der „Sicherheitskuverts", sondern auch die richtige Auswahl der Papiersorten für die Correspondenzkarten zu besprechen. Ich erinnere mich noch deutlich des schlanken, hoch aufgeschossenen Mannes mit dem bartlosen, blassen Gesicht, schmaler Stahlbrille und dem gescheitelten dunklen Haar, der gegen uns Kinder stets besonders lieb und freundlich war, so daß wir uns immer auf seinen nächsten Besuch freuten.

Ministerialrat Hermann und Professor Exner waren häufige Gäste an dem Stammtisch bei den „Kohlkränzen", und mein Vater hat dort manche gemütliche Stunde mit ihnen verbracht. Auch Popper-Lynkeus pflegte dort zu erscheinen, manchmal auch in Begleitung des ihm eng befreundeten großen Physikers und Philosophen Ernst Mach, wenn diesen seine dienstlich-professoralen Angelegenheiten von Prag aus zu kurzem Aufenthalte nach Wien geführt hatten. Ich selbst bin mit Mach erst mehr als zehn Jahre später in Berührung gekommen, und bis zum heutigen Tage bewahre ich noch ein sehr merkwürdiges Schreiben von ihm als kostbares Andenken.

Popper-Lynkeus habe ich das letztemal an einem kalten Wintertag im Park von Schönbrunn getroffen; eine schwarze Pelzmütze bedeckte ihm Stirn und Ohren. Wir begrüßten uns schweigend; als ich den stillen, in weite Fernen gerichteten Blick des Achtzigjährigen auffing, verging mir der Mut, ihn durch eine Anrede zu stören, und so ging ich wortlos an ihm vorüber.

Auch über Popper-Lynkeus habe ich wiederholt mit Professor Sigmund Freud gesprochen. Aus seinen verschiedenen Abhandlungen weiß man ja, wie sehr er Popper verehrt hat, und es ist vielleicht kein bloßer Zufall, daß es der letzte Artikel in dem letzten Bande der Gesamtausgabe von Freuds Schriften ist, der von Popper-Lynkeus handelt. Dort hat ihn Freud als den eigentlichen Vorläufer seiner Traumtheorien bezeichnet. „Ich weiß nicht", pflegte mir Freud zu sagen, „ob nicht dieser Mann von allen unseren Zeitgenossen einer der größten gewesen ist." Sicher ist, daß Ernst Mach für seinen Freund ein Gefühl der Verehrung hegte, man weiß ja auch, daß er ihn einmal „ein Genie der Geistesfreiheit" genannt hat.

Wie schade, daß die alte Tischrunde, die einst bei den „Kohlkränzen" getagt hat, so spurlos verschwunden ist; wie schade vor allem, daß keines von den ernsten und heiteren Gesprächen aufbewahrt worden ist, die damals zwischen diesen merkwürdigen Persönlichkeiten am Stammtisch bei einem Glase schäumenden Kreuzherrenbieres gewechselt worden sind!

Vom Wiener Stefansturm und dem „gerechten Steinmetzgrund"

Aus meiner Knabenzeit zu Anfang der Siebzigerjahre ist mir noch lebhaft in Erinnerung, wie einmal, an einem hellen Frühlingstage, mein Vater freudig erregt nach Hause kam und uns von einem merkwürdigen Ausflug nach der Spitze des Stephansturmes erzählte, den er soeben, zusammen mit anderen Technikern, unter der persönlichen Führung des berühmten Dombaumeisters Friedrich Schmidt unternommen hatte.

Es habe sich darum gehandelt, den von Schmidt gänzlich umgebauten Turm einer eingehenden Besichtigung zu unterziehen. Dies sei also keineswegs eine von den alltäglichen „Ersteigungen" gewesen, welche ja schon in der halben Höhe des Turmes enden, bei jener Wachstube, von der aus der Türmer jeden von ihm im Teleskop erblickten Brand durch das Fallenlassen einer eisernen Kugel in einem senkrechten Rohr zu signalisieren hatte. Nein! Die eigentliche, keineswegs ungefährliche und überaus anstrengende Exkursion hatte dort erst richtig begonnen.

Über viele, dem Publikum nicht zugängliche Treppen waren sie in den neu erbauten steinernen „Helm" des Turmes eingestiegen und, vorbei an dem Schlafraum des Feuerwächters, zu einer hochgelegenen inneren Brüstung gelangt. Von dort, über zahllose hölzerne Leitern immer weiter empor in den obersten, finsteren Teil des Helmes klimmend, hatten sie jene äußere letzte Galerie erreicht, welche sich, nur von einem eisernen Geländer eingefaßt, in schwindelnder Höhe auf einem Steingesimse unmittelbar unter der den Turm krönenden Kreuzblume befindet. Der Ausblick von dort oben sei überwältigend: weit über das Häusermeer der Stadt hinweg, dem Laufe der Donau folgend, auf die ungarische Tiefebene und die Kleinen Karpathen, und, von der anderen Seite des Rundganges, auf den Schneeberg, den Ötscher und die steirischen Alpen.

Von hier, von diesem mächtigen Gesimse aus, mußten sie nun ohne Treppen oder Leitern außen, in freier Luft, an eisernen, in die Steinwände eingelassenen Klammern, senkrecht empor durch eine der Lücken zwischen den Blättern der gigantischen obersten Kreuzblume hindurchklettern, um schließlich oberhalb von dieser in die Nähe des kunstvoll als Windfahne konstruierten, vergoldeten Adlers mit dem Doppelkreuz zu gelangen. Hierbei seien sie von den hilfreichen Armen einiger athletischer Feuerwehrmänner kräftig unterstützt worden, die man eigens zu diesem Zwecke mitgenommen hatte. Kein Wunder, daß ich dem Berichte meines Vaters mit angehaltenem Atem lauschte und daß meine Phantasie von den gewaltigen Gefahren in schwindelnder Höhe, von den Bildern schrecklicher Abstürze und wütender Kämpfe mit den im Äther kreisenden Adlern ganz erfüllt war. Den tiefsten Eindruck aber erhielt ich durch eine Mitteilung, die der Dombaumeister meinem Vater über die Vorgänge bei starkem Sturm gemacht hatte, wenn der ganze obere Teil des so unvergleichlich schlanken Turmes unter dem Anprall jäher Windstöße sich durchbiegt wie ein Schilfrohr und in Schwingungen versetzt wird, so daß die Turmspitze nahezu metergroße Ausschläge macht. Aber auch bei ganz ruhigem Wetter habe es genügt, daß die „Bummerin" geläutet werde, jene gewaltige Glocke, die 1711 aus erbeuteten Türkenkanonen gegossen worden, daß an der Turmspitze Schwingungen von sechzig Zentimetern Ausladung gemessen werden konnten. Und darum sei denn auch das Läuten dieser Riesenglocke endgültig verboten worden. Als mein Vater dem Dombaumeister wegen seiner erstaunlichen Elastizität und völligen Schwindelfreiheit seine Bewunderung aussprach, erwiderte dieser, es sei kein Wunder, daß er so beweglich sei, denn schon in ganz jungen Jahren habe er die „Taufe" eines richtigen Steinmetzen erhalten, als er bei der Arbeit am Kölner Dom mit einem einbrechenden Gerüst mehrere Stockwerke tief hinabgestürzt und, arg zugerichtet, auf einem tieferen Bretterhorizonte liegen geblieben sei. Natürlich mußte, bei allen diesen Erzählungen, auch die Gestalt des Dombaumeisters vor meinem inneren Auge ins Übermenschliche wachsen, und nur mit einem Gemisch von Andacht und Furcht vermochte ich an die Möglichkeit zu denken, daß ich ihm einmal leibhaftig gegenüberstehen könnte. Und dieses Ereignis sollte wirklich stattfinden; allerdings erst viele Jahre später, als ich bereits das zwanzigste Lebensjahr überschritten hatte. Die Begegnung kam dadurch zustande, daß mein, leider in der Blüte seiner Jahre dahingegangener, hochbegabter Jugendfreund, der bekannte Architekt Julius Mayreder, nach Absolvierung der Bauschule an der Wiener Technischen Hochschule, sich entschlossen hatte, nachträglich noch unter Friedrich Schmidts Leitung an der „Akademie der bildenden Künste" Gotik zu studieren. Auch der gegenwärtige Dombaumeister von St. Stephan, der hochangesehene Oberbaurat Kirstein, ein persönlicher Schüler von Schmidt, wahrt getreulich die Traditionen seines Meisters.

In seinem geräumigen Akademieatelier pflegte ich nun Mayreder häufig aufzusuchen und mit steigender Anteilnahme seine raschen Fortschritte zu verfolgen. Während eines dieser Besuche nun erschien dort eines Tages, zu ungewohnter Stunde, ganz unvermutet Friedrich Schmidt, um die Arbeit seines neuen Schülers zu überprüfen. Natürlich wollte ich, ganz verwirrt, schleunigst die Flucht ergreifen, aber Mayreder fand es für angemessen, mich vorzustellen, und der Dombaumeister faßte mich mit eisernem Griff beim Handgelenk, um mich wortlos auf einen der Eichenstuhle niederzudrücken. Welch eine hohe schlanke Gestalt, das magere, ausdrucksvolle Gesicht von einem mächtigen, leicht angegrauten Vollbart umrahmt, welch ein Blick aus den von Tatkraft sprühenden hellen Augen! Noch klingt mir der Ton seiner warmen, vollkräftigen Stimme in den Ohren. Ich habe dann noch einige Male Gelegenheit gehabt, Friedrich Schmidt an der Akademie zu sehen und ihm zuzuhören, wie er meinem Freunde seine Weisungen gab; und wenn ich auch bei diesen Anlässen von ihm nicht ins Gespräch gezogen wurde, so waren es doch für mich unvergängliche Augenblicke, so oft ich ihn reden hören konnte.

Es sollte sich aber doch fügen, daß es einmal, allerdings bei einer ganz anderen Gelegenheit, zu einem richtigen Gespräch zwischen mir und dem Dombaumeister kam. Das war wieder einige Jahre später, an einem heißen Sommerabend des Jahres 1884, als Julius Mayreder und ich, von einem Ausfluge in das Kahlengebirge zurückkehrend, beschlossen, auf dem Heimwege noch in einer kleinen „Heurigen"-Schenke Halt zu machen, wo man im Grünen, an langen rohen Holztischen auf ungehobelten Bänken sitzend, des köstlich duftenden neuen Weines genoß. Als wir dort eintraten, erblickten wir zu unserer größten Überraschung Friedrich Schmidt in einem hellen Flanellanzug, mit einem niedrigen flachen Strohhut, an einem Glase Weines nippend. Wir grüßten ehrerbietig und er winkte uns zu sich heran. Der Wein hatte seine Zunge gelöst und uns die Befangenheit genommen, und so erzählte er uns mit wundervollem Ausdruck von seiner Jugend, von der Studentenzeit und der Hochschule in Stuttgart und dann wieder von seinem Leben in Köln, wo er in die Gilde der Steinmetzen und in die uralte Bauhütte als richtiges Mitglied aufgenommen worden und daß er wohl der letzte lebende Mensch sein dürfte, der in den jetzt vergessenen Traditionen nach den Regeln der „Hütte" erzogen und als Steinmetzmeister herangebildet wurde und wieviel er gerade dieser zunftmäßigen Erziehung zu verdanken habe.

Allerdings wäre es ein großer Irrtum, zu glauben, daß die Hüttentradition allein schon hinreiche, um etwas künstlerisch ganz Großes hervorzubringen: Dome wie die von Regensburg oder Straßburg könne eben nur ein einzelner, ein genialer Meister konzipieren; nach bloßen Handwerksmethoden, mit Hilfe eines erlernbaren Kanons hätten solche gewaltige technische und künstlerische Wunder niemals vollbracht werden können. Auf unsere Frage nach dem Wesen dieser Hüttenvereinigungen antwortete der Dombaumeister, man habe immer von den „Geheimnissen" der Hütte gesprochen, als ob es sich hier um Geheimbünde gehandelt hätte. Die „Geheimnisse" der Hütte seien aber nichts anderes gewesen als eine Anzahl nur den Mitgliedern mitgeteilter handwerklicher und konstruktiver Unterweisungen sowie eine eigenartige Kunstlehre und ein Ritual, das mit diesen Überlieferungen eng zusammenhing.

Im Mittelalter habe es, über Europa verstreut, viele solcher Bauhütten gegeben, die aber alle von den vier „Haupthütten" zu Straßburg, Köln, Wien und Zürich abhängig gewesen seien. Jede dieser vier Haupthütten habe ihre eigene für sie charakteristische Lehrart gehabt, so daß ein Kundiger bei einem gotischen Bauwerk auf den ersten Blick zu erkennen vermochte, welcher von den vier Haupthütten die Erbauer angehört hatten.

Im Grunde aber handelte es sich bei diesen verschiedenen Systemen immer wieder um ein Ausgehen von gewissen einfachen geometrischen Konstruktionen, welche für die zu errichtenden Bauten als letzte kanonische Richtschnur dienen sollten. Es waren dies Methoden, um einen „Grundkreis" mit Hilfe von Lineal und Zirkel in eine gegebene Anzahl gleicher Teile zu teilen, also in eine Kreislinie ein gleichseitiges, „reguläres" Dreieck oder aber ein Quadrat, ein reguläres Fünfeck, Sechseck, Siebeneck oder ein Achteck einzuschreiben. Dieses Verfahren stellte eine der Grundlagen für alle gotischen Konstruktionen dar, auch der technisch kühnsten; und es waren insbesondere die auf das gleichseitige Dreieck gegründete „Triangulatur" und die auf dem eingeschriebenen Quadrat beruhende „Quadratur", sowie die aus ihnen abgeleiteten Figuren in Verbindung mit inneren Berührungskreisen, welche aus der „Triangulatur" den „Dreipaß" und aus der „Quadratur" den „Vierpaß" hervorgehen ließen. Durch das Verbinden von Halbierungspunkten einzelner Vieleckseiten und durch wiederholte Anwendung dieser Methoden, was man die „Potenzierung" nannte, ergab sich nun jene gewaltige Fülle von Gestaltungen, die wir an den gotischen Bauwerken zu bewundern haben. Auf diesem Wege entstanden die sogenannten „Mutterfiguren" oder der „gerechte Steinmetzgrund". Es ist erstaunlich, mit welcher Konsequenz die gotischen Bauleute aus diesem „Steinmetzgrund" alle Proportionen eines ganzen Dombaues, ebenso wie jene einer kleinen Kapelle, und alle ihre konstruktiven und ornamentalen Einzelheiten herausentwickelt haben, sei dies nun der Grundriß mit den Pfeilerstellungen oder die Höhe der Türme, der Gesimse und der Gewölbe, seien es die Profile und Gliederungen der Säulen und der „Dienste", der Rippen, der „Wimperge" und „Fialen", der Krabben oder der Kreuzblumen: immer wurden diese aus dem „gerechten Steinmetzgrunde" abgeleitet. Häufig, besonders bei Bauten aus früherer Zeit, vermochte man auch in der Gestaltung der mit farbigen Gläsern gezierten Rundfenster, in den „Rosetten", die symbolische Darstellung des Steinmetzgrundes zu erkennen. Jeder von den Bauhütten entsprach eine bestimmte Mutterfigur und jede von den erwähnten vier Haupthütten folgte einem anderen konstruktiven Grundprinzip. Die Haupthütte von Straßburg hatte allen ihren Mutterfiguren das Verfahren der „Quadratur" zugrunde gelegt, während für Köln und seine Tochterhütten die „Triangulatur" bestimmend war. Wien hingegen folgte dem System des „Vierpasses" und Zürich dem des „Dreipasses". Aber es waren nicht allein die Rosettenfenster und viele andere Elemente eines Bauwerkes, welche immer wieder den „gerechten Steinmetzgrund" verkündeten; auch die einzelnen Steine selbst, aus denen der Bau errichtet worden, sollten dem Prinzip: „saxa loquuntur" überdies in dem besonderen Sinne gerecht werden, daß sie oft an ganz verborgenen Stellen gewisse eingemeißelte geheimnisvolle Zeichen trugen. Diese „Hüttenzeichen" oder „Steinmetzzeichen", von denen sich auch in und an dem Stephansdom eine Unzahl befindet, sind aber wieder nichts anderes als eigenartig gewählte Ausschnitte aus einer Mutterfigur, so daß von deren Kreisen und Vieleckseiten immer nur wenige einander schneidende Linienabschnitte in dem Hüttenzeichen zurückblieben. Jeder Kunstgenosse nun, der sich in der eigenen oder in einer fremden Hütte als ein richtiges Mitglied der Brüderschaft ausweisen wollte, mußte imstande sein, das von ihm produzierte Steinmetzzeichen fehlerlos als einen Bestandteil seiner Mutterfigur zu demonstrieren und es sinngemäß zu ergänzen. Auch wurde er verhalten, sich durch das richtig ausgeübte Hüttenrituale zu legitimieren, durch die vorgeschriebene Art, die Füße oder die Arme im rechten Winkel zu stellen und durch richtige Beantwortung gewisser sonderbarer Fragen, was sich aber alles wiederum auf den Zusammenhang dieses Rituals mit dem Steinmetzgrunde bezog; auch sollte er dadurch nachweisen, daß ihm die sittlich-symbolische Bedeutung, der innere, mystisch-kabbalistische Sinn aller dieser Zeichen, Figuren und sonstigen Äußerungen bekannt sei: was der Kreis mit seinem Mittelpunkt, was die verschiedenen ihm eingeschriebenen Triangel, Quadrate und inneren Kreise als ethische Postulate zu besagen hätten.

Alle diese Dinge waren nun unserem Friedrich Schmidt von Jugend auf geläufig und er hat immer an einem uralten Hüttenspruch seiner Kölner Bauhütte festgehalten:

> „Ein Punkt, der in den Zirkel geht,
> Der im Quadrat und drey Angel steht;
> Trefft ihr den Punkt, so habt ihr's gar
> Und kommt aus Not, Angst und Gefahr.
> Hiermit habt ihr die ganze Kunst,
> Versteht ihr's nit, so ist's umbsunst!"

Der tiefe Sinn dieses alten Spruches ist nicht zu verkennen: nur wer es vermag, aus dem Getöse der Welt sich ganz in sein innerstes Zentrum zu retten, um das Licht des „Fünkleins" zu verehren, nur der kann wirklich in die „Hütte" eingehen, kann, als ein richtiger Arbeiter an dem unvergänglichen Tempel des Geistes, vom Zentrum aus wirken. Das ist der Sinn der Gotik! „Versteht ihr's nit, so ist's umbsunst".

Im Akademischen Gymnasium

Es war eine stürmische Zeit, als ich, im Alter von neun Jahren, in das Wiener Akademische Gymnasium eintrat. Vierzehn Tage waren seit der Schlacht von Sedan vergangen. Und wenn ich damals auch keineswegs fähig war, zu verstehen, was in der Welt und um mich herum vorging, so hatte ich doch oft genug das unbestimmte Gefühl, daß es sich um außerordentliche Dinge handeln müsse. Im Kreise meiner Angehörigen wurde den ganzen Tag Scharpie gezupft, immer wieder hörte ich von Siegen und Niederlagen, von Louis Napoleon und Bismarck, und auf meine Fragen, wer diese beiden eigentlich seien und was es mit dem Vatikanischen Konzil, der unbefleckten Empfängnis und der Unfehlbarkeit des Papstes für eine Bewandtnis habe, erhielt ich niemals eine befriedigende Antwort.

Das von mir bezogene Gymnasium hieß das „Akademische", weil es sich bis wenige Jahre vorher noch in den Räumlichkeiten der uralten Universität, nahe der Bäcker- und Sonnenfelsgasse befunden hatte. Nun aber war es aus jener engen, klösterlich-düsteren Umgebung in den mittlerweile fertiggestellten Ziegelrohbau am Ufer des damals noch nicht eingewölbten Wienflusses übersiedelt, den der berühmte Dombaumeister Schmidt in neugotischem Stil errichtet hatte.

In den freundlich-hellen Räumen und den lauschigen Säulenkreuzgängen mit der stillen, harmonisch gestimmten Brunnenstube fühlte ich mich sogleich sehr wohl, und mit angespannter Aufmerksamkeit war ich bemüht, dem Unterricht zu folgen. Denn die Anforderungen waren keineswegs gering, ich erinnere mich noch, wie im zweiten Jahrgang Dr. Burghardt, der von uns verehrte Klassenvorstand, uns befriedigt mitteilte, seiner Berechnung nach verfügten wir nunmehr über den „königlichen Besitz von mindestens zweitausend gut memorierten lateinischen Vokabeln"; und damit ließe sich schon einiges beginnen. Allerdings, für zehn- bis elfjährige Knaben eine ansehnliche Leistung. Um uns auch mit der Grammatik näher vertraut zu machen, waren uns die bekannten Gedächtnisverse beigebracht worden, die wir oft sehr lustig fanden. Es wird behauptet, daß manche von ihnen bis auf Petrus Hispanus zurückgehen.

Gleichzeitig aber sollte unser Ehrgeiz durch eine andere, ebenfalls alte Methode aufgestachelt werden, die Dr. Burghardt für uns eingeführt hatte. Fragen nach den verschiedenen grammatischen Formen sowohl der regelmäßigen und unregelmäßigen Verba als auch der Zahlwörter wurden auf eine Unmenge gleich großer Zettel geschrieben, die dann zusammengerollt in eine tiefe Lade des Katheders geschüttet wurden. In jeder Lateinstunde hatten wir einzeln vorzutreten, mit der Hand blindlings in die Lade zu greifen, die auf dem gezogenen Röllchen vermerkte Frage laut zu verlesen und ohne Zögern zu beantworten. Stand dort etwa die Frage nach der „zweiten Person des Conjunctivus imperfecti von malo, ich will lieber", so hatte die Antwort zu lauten: „malles"; handelte es sich aber um das „Participium futuri von largior, ich schenke", so brüllte man stolz: „largiturus, einer der schenken wird". Stand auf dem Lotteriezettel die Frage, wie „achtzehnmal" auf Latein heiße, so war die geforderte Antwort: „duodevicies". Auch beim Griechischunterricht in den nächsten Klassen hat sich dieses Verfahren vortrefflich bewährt, denn es verband in geschickter Weise diesen so schwierigen Gedächtnisstoff mit den Elementen eines aufregenden Glücksspieles. Angeblich stammt jene Lehrmethode ursprünglich aus den Lateinschulen der Jesuiten.

Weniger ersprießlich hingegen schien mir der Unterricht in der Mathematik und den Naturwissenschaften zu sein. Obwohl ich gerade für diese Fächer eine besondere Vorliebe, vielleicht auch Begabung hatte, waren die Vorträge von einer bleiernen Langeweile und hoffnungslosen Öde. In der Zoologiestunde wurde zumeist irgendein miserabel ausgestopftes Vieh mit gläsernen Glotzaugen oder das Skelett eines solchen hereingetragen und, nicht ohne eine gewisse Emphase, auf das Katheder gestellt. Nachdem uns der Professor bei einer Spitzmaus erklärt hatte, sie gehöre in die Klasse der Mammalia und heiße lateinisch Sorex vulgaris; bei dem Maulwurf, sein wissenschaftlicher Name sei Talpa Europaea; bei einem auf eine Nadel gespießten metallisch glänzenden Mistkäfer, er heiße eigentlich Geotrupes stercorarius, wurden alle diese „Lehrgegenstände" wieder in das Kabinett zurückgebracht, ohne daß wir sonst über das Leben dieser Wesen viel erfahren hätten. Kein Wunder, daß wir bald dahin gelangt waren, unsere Aufmerksamkeit ganz anderen Dingen zuzuwenden und es kaum erwarten konnten, nach Schluß der Schule Feldschlachten aus den Perserkriegen zu liefern. Besonders geeignet hierfür schien uns der schmale Fußweg, der von dem Gasthausgarten des Herrn Balthasar Leberl im Mondscheinhause, zwischen Holzplanken unmittelbar zum alten Gußhaus hinüberführte. Dies war natürlich der „Thermopylen-Paß", den wir nun besetzten und gegen das Eindringen der wilden Barbaren aus der Wiedener Realschule in wütenden Handgemengen und unter ohrenbetäubendem Geheul zu verteidigen hatten, „wie das Gesetz es befahl".

Das Einerlei des Schulbetriebes wurde mitunter auch durch Ereignisse von allgemeinerer Bedeutung unterbrochen. Zu jener Zeit war das Bett des Donaustromes noch nicht reguliert, und so gab es im Winter wieder die Aufregungen, welche der Eisstoß mit seinen gewaltigen Überschwemmungen, nicht allein der Donauauen, sondern auch der tiefer gelegenen Stadtteile im Gefolge hatte. Dann mußte des öfteren der Unterricht eingestellt werden, weil es vielen in solchen Gebieten wohnenden Schülern nicht möglich war, zu erscheinen. Ich kann mich noch erinnern, wie ich einmal mit meinem Vater über den durch das Hochwasser arg bedrohten „Karls-Kettensteg" nach dem Viertel zwischen der Taborstraße und dem Augarten ging, wo man über Bretter schreiten mußte, die auf mannshohen Holzböcken über die nasse Flut dahinführten.

Aber es gab mitunter auch sonst noch besondere Vorfälle, die das Einerlei unterbrachen. Ende Januar 1872 erschien einmal unvermutet unser Schuldirektor in der Klasse, um uns in getragener Rede mitzuteilen, soeben sei der einundachtzigjährige Franz Grillparzer gestorben, „der größte deutsche Dichter nach Goethes Tode". Die Behörden hätten nun gestattet, daß auch Gymnasialschüler, die sich freiwillig dazu meldeten, unter der Führung ihrer Klassenvorstände an dem Begräbnis teilnehmen dürften. Natürlich meldete auch ich mich, und so fand ich mich am Tage der Totenfeier, gleich nach dem Mittagessen, vor dem Gymnasium ein, wo ich schon eine Menge meiner Kollegen versammelt sah. Bald waren wir durch die Professoren in einzelne Züge eingeteilt, und allmählich setzten wir uns in Bewegung, um uns dem Kondukt auf seinem Wege nach dem Währinger Friedhof anzuschließen.

In endlosen Kolonnen bewegten wir uns langsam durch die Straßen. Immer wieder gab es arge Stockungen und Hindernisse, als wir hinter einer unabsehbar langen Reihe von Trauerwagen unseren Weg zwischen den schwarz beflaggten Häuserreihen durch unerträgliches Gedränge fortzusetzen bemüht waren. Nachdem es aber etwa 4 Uhr geworden war, ohne daß wir auch nur die Währinger Hauptstraße erreicht hätten und einige von uns schon bedenkliche Zeichen der Übermüdung zeigten, erklärte uns Dr. Burghardt, er könne die Verantwortung für unser Wohlergehen nicht länger auf sich nehmen und es wäre besser, wenn wir rechtzeitig den Rückweg anträten. Unsere Ehrfurcht vor dem großen Dichter hätten wir ja bezeigt und es bleibe uns auch so für das ganze Leben das erhebende Bewußtsein, daß wir dem großen Franz Grillparzer die letzte Ehre erwiesen hätten. Und so schlugen wir sogleich den Heimweg durch mehr abgelegene und weniger bevölkerte Seitengassen ein. Das Begräbnis hatte, wie wir später erfuhren, bis nach 8 Uhr abends gedauert und die letzten Grabreden waren bei Mondlicht gehalten worden!

Abgesehen von solchen Erlebnissen, floß das Schulleben mit unerträglicher Gleichförmigkeit dahin, aus der man sich nur durch besondere Einfalle erretten konnte. Daß wir in den Pausen zwischen den Schulstunden die Fenster nach dem Wienfluß hin öffneten, um mit Gummischleudern Kugeln aus gekautem Brot auf die unten Vorbeifahrenden zu schießen, war kein ausreichender Ersatz. Nach langem Grübeln verfiel ich endlich auf den Gedanken, mir auch noch ein privates Feld der Betätigung zu suchen. Da eben eine greuliche Mathematikstunde bevorstand, entschloß ich mich plötzlich zur Flucht ins Freie.

Ohne Schwierigkeit war es mir gelungen, unbemerkt zu entkommen, und sogleich wandte ich mich den mir winkenden Prärien des Wienflusses zu, in dessen verwahrlostem Schotterbett das schmale Flüßchen, zumeist übel duftend, sich träge dahinwand. Um bis an das Gewässer heranzukommen, mußte ich den grünen Lattenzaun überklettern, der das Flußgebiet von der Straße trennte. Von da ging es nun steil hinab über die Böschung aus mächtigen Granitblöcken, zwischen deren unregelmäßig breiten Fugen das Unkraut wild hervorwucherte und für den Abstieg gute Haltepunkte gewährte. In halber Höhe beschloß ich, zu lagern und mich von der Sonne braten zu lassen. Mächtige grüne Heuschrecken hüpften um mich herum und das Gezirpe der Grillen wiegte mich in selige Träumereien.

Wer beschreibt aber meine Verblüffung, als ich nun zwischen

den Steinplatten das Köpfchen einer wundervoll gefärbten Eidechse hervorlugen sah, das mir, unaufhörlich züngelnd, zugewendet war! Aber das konnte doch keine gewöhnliche Eidechse sein, ihr Kopf war ja viel größer als bei den gewöhnlichen und er schillerte in der Sonne wie ein brasilianischer Schmetterling! Mit angehaltenem Atem beobachtete ich das Tier, wie es allmählich aus seiner Kluft hervorkroch. Welch ein unbegreifliches Wunder! Etwa einen halben Meter maß das Reptil, wie es nun in der Sonne vor mir dalag. Als es dann seinen Rücken zu einem Buckel emporkrümmte und das Köpfchen hob, konnte ich sehen, daß sowohl sein Hals als auch der Bauch in tief himmelblauem und der Rücken in smaragdgrünem Metallglanz erglühten. Als ich mich nähern wollte, war es urplötzlich unter der Erde verschwunden, und alle Bemühungen, es noch einmal aufzustöbern, mißglückten. Ich eilte nach Hause, ohne mich weiter um die versäumte Mathematikstunde und die dort erörterten „abgekürzten Divisionen" zu kümmern. Sobald ich wieder Gelegenheit fand, entschlüpfte ich neuerdings nach dem Flußbett, und zu meiner größten Freude traf ich an der selben Stelle wiederum meine Freundin, die märchenentstiegene „Smaragdeidechse"; aber auch diesmal war sie wie durch einen Zauber verschwunden, als ich die Hand nach ihr ausstreckte.

So kletterte ich denn ganz hinunter bis in das Gestrüpp der Schottersohle, um mir diese Gegend einmal näher anzusehen. Wie ich nun so in Gedanken verloren dahinschritt, hörte ich mit einem Male schräg über mir ein sonderbares Surren, und als ich aufblickte, gewahrte ich unmittelbar vor meinen Augen ein erstaunliches Wesen, scheinbar unbeweglich in der Luft schwebend. Seine großen in der Sonne glitzernden Flügel schienen aus farbigen Gläsern zusammengesetzt. Mit dem langen, dünnen, waagrechten Leib blickte es aus zwei riesigen, kugelförmigen, grüngoldenen Augen. Da ich vergeblich in die Luft langte, um es zu fassen, lief ich atemlos hinter ihm her, dem Flusse entgegen, dem es sich in wildem Zickzack, stets vor mir blitzartig entweichend, rasch näherte. Schon glaubte ich, es mit Händen fassen zu können, als ich, o Schrecken! plötzlich kopfüber der ganzen Länge nach ins Wasser fiel. Oh! Wenn es nur Wasser gewesen wäre! Aber es war ein stinkender schwarzer Sumpf, aus dem ich mich nun, von Unrat triefend, mühsam herausarbeiten mußte. Mein schöner neuer Filzhut war vor meinen Augen im Schlamm versunken und barhaupt, wie ich war, durch das Schmutzbad fast unkenntlich geworden, blieb mir nichts anderes übrig, als in atemloser Eile nach Hause zu laufen. Als ich mich dort entkleidete, bemerkte ich zu meinem größten Entsetzen, daß zahllose schwarze Blutegel sich an meinem Körper festgesaugt hatten, die ich nur mühselig entfernen konnte. Dies war das triste Ende meiner so lustig begonnenen Libellenjagd! Und so hatte ich dem altehrwürdigen Akademischen Gymnasium, außer der humanistischen Erziehung, wenn auch auf seltsamen Umwegen, auch noch die große Weisheitslehre zu verdanken: daß es gefährlich ist, den Blick allzu unbedacht zur Sonne zu erheben und farbig leuchtenden Luftgebilden nachzujagen; daß man dabei Gefahr läuft, in Sümpfe zu geraten und giftigen Blutsaugern zum Opfer zu fallen!

Fechtkunst und Höhenluft

Fechtstunden mit Lorenz von Stein

Ob sich gegenwärtig in Wien noch viele Leute jenes bereits in den Siebzigerjahren abgerissenen uralten monströsen Gebäudes entsinnen werden, welches, seiner früheren Bestimmung längst entzogen, immer noch das „Bürgerspital" genannt wurde? Seine weiten, elend gepflasterten, von trostlosen Fensterreihen eingefaßten Höfe waren manchem Fußgänger als Abkürzungswege zwischen der Augustiner- und der Kärntnerstraße sehr willkommen. Besonders die rasche Verbindung durch mehrere Torbögen hindurch, nach dem blinden Ende einer von der Kärntnerstraße aus bis tief in die Mitte des düsteren Zinshauses hineingeschnittenen engen Sackgasse wurde mit Vorliebe benützt. Die eigenartig winkelige Bauart der ganzen Anlage dürfte wohl die Folge der mannigfaltigen Zerstörungen durch Kriege, Umgestaltungen und Adaptierungen gewesen sein, welche sie im Laufe von mehr als sechs Jahrhunderten hatte über sich ergehen lassen müssen, so daß das Siechenhaus, die Allerheiligen-Spitalskirche mit ihrem Gottesacker, das Waisenhaus samt der berühmten Lehranstalt, das Versorgungshaus und die Armeleuteküche, die sich alle ursprünglich innerhalb der Mauern des Bürgerspitales befunden hatten, im Laufe der Zeiten gänzlich verschwunden, in die Vorstädte hinaus verlegt oder aber völlig unkenntlich geworden waren.

Von einem der erwähnten Durchgänge durch diesen zwingerartigen Bau gelangte man nun über schmale, stark ausgetretene Treppen, über öde, mit Ziegeln belegte Gänge zu dem Fechtsaal des Meisters Hans Hartel, der im Laufe der Jahre mehrere Generationen in die Geheimnisse des Waffenhandwerks eingeweiht hat.

Schon im Alter von zehn Jahren war ich dort ein regelmäßiger Gast, da ich, zusammen mit. anderen Knaben, der damals neu gegründeten „Jugendwehr" angehörte, wo wir unter Meister Hartels Anleitung Gewehrgriffe, Scheibenschießen und Bajonettfechten übten. Später dann erlernte ich bei Hartel auch die Kunst, Florett, Säbel und Studentenschläger richtig zu führen, und so kam es, daß ich mit fünfzehn Jahren als ein perfekter Fechter gelten konnte, der an öffentlichen Turnieren und Fechtakademien erfolgreich teilzunehmen vermochte. Nach einiger Zeit hatte sich, dort im „Bürgerspital", ein Kreis von Freunden zusammengefunden, und es war nur allzu begreiflich, daß ich mich in dieser, aus ganz verschiedenen gesellschaftlichen Elementen zusammengesetzten, klubartigen Vereinigung von jungen Leuten überaus wohl fühlte und daß ich alle meine freien Stunden dort in angeregter Unterhaltung zu verbringen pflegte.

Eines Abends, ich war gerade in ein wütendes Säbelassaut verwickelt, ging unvermutet die Tür unseres Fechtsaales auf und auf der Schwelle erschien die Gestalt eines vornehmen, hochgewachsenen alten Herrn, breitschulterig, hager, mit frischem, glattrasiertem Gelehrtengesicht, die gefurchte, helle Stirn von einem mächtigen Zylinderhut beschattet, unter dem das weiße Haar reichlich hervorquoll. Sein langer, etwas altfränkisch geschnittener Gehrock aus feinem schwarzen Tuch, der hohe Vatermörder und die doppelt herumgewickelte schwarze Atlasbinde verliehen seiner Erscheinung etwas fremdartig Ehrwürdiges. Mit ihm waren zwei Jünglinge, beide gleichfalls lang und hager, der eine mit goldiger Mähne, der andere das dunkle Wellenhaar in der Stirne. Wir unterbrachen sogleich unser Gefecht, senkten höflich grüßend die Waffe und Meister Hartel fragte die Gäste nach ihrem Begehr. Es war Lorenz von Stein, Professor der Staatswissenschaften an der Wiener Universität, der gekommen war, um seine beiden Söhne Ernst und Hugo unserem Kreise zuzuführen. Die Anfangsgründe der Fechtkunst habe er ihnen ja selber zu Hause schon beigebracht, eine gründliche Ausbildung sei aber doch nur auf einem richtigen Fechtboden möglich. Deutlich fühlte ich sogleich, daß mir hier eine ganz ungewöhnliche, hervorragende Persönlichkeit gegenüberstand, wenn ich gleich von seiner wahren Bedeutung nichts ahnen konnte; und wer hätte sie auch damals, in den Siebzigerjahren, zu erfassen vermocht, wo wir doch erst jetzt gelernt haben, in ihm einen der Hauptbegründer des modernen Sozialismus, den Vorläufer und Lehrer von Karl Marx zu erblicken!

Von alldem wußte ich allerdings zu jener Zeit nichts und ich bin keineswegs sicher, ob ich, hätte ich die historische Bedeutung dieses Mannes begriffen, dann noch imstande gewesen wäre, ihm so unbefangen entgegenzutreten, wie es in der Folge geschehen ist. Der alte Herr mischte sich sogleich in unser Gespräch und forderte uns auf, mit seinen Söhnen zu fechten. Ich bat Ernst, einer meiner Kollegen seinen Bruder Hugo zu einem „Manchette"-Gang.

Der Professor hatte, während wir fochten, auf einem Stuhl Platz genommen und verfolgte unsere Aktionen mit schärfster

Aufmerksamkeit. Plötzlich sprang er auf und erklärte uns, dies alles tauge nichts, das „Manchette-Fechten" sei überhaupt eine ganz sinnlose Spielerei. Sogleich ergriff er einen der herumliegenden Säbel, stellte sich in steiler Terzauslage in Positur und begann nun, ohne Fechthandschuh und Maske, mit mir zu fechten. Er mußte, dies konnte ich sogleich fühlen, darin eine außerordentliche Erfahrung haben. „Nun", sagte er, „ich sehe schon, ihr seid alle auf das Richtige noch nicht gekommen!" Und nun zeigte er uns seine eigene Methode, die wirklich ganz vortrefflich und der unsrigen weit überlegen war. Ich focht dann noch stundenlang mit seinen beiden Söhnen, wir alle in bloßen Hemdärmeln, mit dünnen Militärhandschuhen. Dies war nun allerdings für den Augenblick wunderschön, hatte aber zur Folge, daß wir mit zerfetzten Händen, blutunterlaufenen, dick angeschwollenen Armen und steifen Fingern nach Hause kamen und eine fiebrige, vor Schmerzen schlaflose Nacht verbrachten. Aber damit war doch der Anfang zu einem überaus wertvollen freundschaftlichen Verkehr gemacht, der nun manches Jahr fortbestehen sollte.

Ebensowenig wie mir die volle Bedeutung Lorenz von Steins damals gleich aufgegangen war, so wenig vermochte ich vorauszusehen, welchen großen Einfluß dieser hervorragende Gelehrte auf mein späteres Leben und meine geistige Entwicklung ausüben werde; und nur mit tiefer Dankbarkeit vermag ich mich dieser Tage zu erinnern und der wertvollen Eindrücke, die ich damals erhalten habe.

Unsere Fechtabende gingen regelmäßig weiter; der Professor tauchte recht häufig in unserem Kreise auf und schien sich dort gern den Erinnerungen längst vergangener Zeiten hinzugeben. Er sprach ausführlich über die Lieder, die Studentengebräuche und die Fechtmethoden der Dreißigerjahre, über die damalige Art der Krummsäbel, über Schlägermensuren in der alten, jetzt längst aufgegebenen steilen Terzauslage; er erklärte uns eingehend die Unterschiede zwischen dem ehemaligen Jenenser Korbschläger und den Hallenser „Glocken", wo nicht, wie heutzutage, mit fester Mensur und gestreckten Knien geschlagen wurde, sondern frei beweglich mit Ausfällen innerhalb eines auf den Fußboden hingezeichneten Kreidekreises, dessen Durchmesser genau gleich der doppelten Schlägerlänge sein mußte; sobald aber einer der Gegner irgendwie, auch nur mit einer Fußspitze, aus dem Kreise heraustrat, mußten die Sekundanten das Gefecht augenblicklich unterbrechen.

Zur Erläuterung nahm der Professor einen Schläger von der Wand, lag sogleich der ganzen Länge nach auf der Erde, so daß die Rockschöße den Boden fegten, und beschrieb nun, behende wie ein Jüngling, den Schläger als Radius benutzend, mit einem Kreidestück in aller Eile um sich herum einen Kreis, worauf er sich mühelos wieder erhob. Wer hätte es diesem so beweglichen, munteren Weißhaarigen damals anzusehen vermocht, daß dies derselbe Mann war, der zehn Jahre nach Goethes Tode zuerst einige von den Grundgedanken des modernen Sozialismus verkündet hatte: die Volkswirtschaftslehre als die „Gerechtigkeit des Rechts", die Lehre von den Klassenkämpfen als einem Urmotiv der Weltgeschichte, von der Rolle des Kapitals bei der Güterverteilung und von der Arbeit als der „gesellschaftlichen Ehre des Einzelnen"; daß er, der einst in jungen Jahren stolz ein Ministerportefeuille zurückgewiesen, der allererste gewesen ist, der das allgemeine Wahlrecht für die Massen gefordert hatte?

Hier aber, bei uns, schien ihn nichts zu interessieren als die Fechtkunst und als er nun alle Vorbereitungen getroffen, lud er mich ein, mit ihm einen Hallenser Schlägergang zu versuchen und in den Zauberkreis einzutreten. Vorher wurden noch die schweren „Stierköpfe" aufgesetzt, jene altmodischen, jetzt längst verschwundenen Ungetüme von Kopfmasken, die nicht angeschnallt, sondern mit einer um die linke Hand geschlungenen langen und schweren Eisenkette während des ganzen Gefechtes krampfhaft niedergehalten werden mußten. Steins Hiebe kamen hageldicht mit großer Heftigkeit und er parierte außerordentlich flink. Wir drehten uns innerhalb unseres engen Bezirkes langsam im Kreise herum; dies war eine besondere Force meines Gegners, der immer wieder, mit dem linken Fuße nach rückwärts zur „Volte" ausgreifend, eine Drehung vollzog und mir so manche seitliche Blöße abgewann, bis ich allmählich lernte, diese zu parieren. So ging der Kampf weiter, stets begleitet von des Professors lauten Zurufen, Ausbesserungen und Ermunterungen.

Es war nicht immer gerade die Fechtkunst oder das Studentenleben, welche unser Gespräch während der Pausen beherrschten; immer aber waren wir tief beglückt, wenn der Professor sich bereit fand, in seiner lebhaft temperamentvollen Art an unseren Diskussionen teilzunehmen. Einmal, als Ernst zufällig Fichtes „Bestimmung des Menschen" bei mir entdeckt hatte und mich über den

Inhalt der Schrift auszufragen begann, wurde sein Vater aufmerksam und wollte wissen, wie ich gerade auf dieses Buch gekommen sei, von dem ich doch nur das wenigste verstehen könne? Er begann nun, uns zu erzählen, welchen großen Einfluß diese Schrift einst auf ihn ausgeübt und wie viel er ihr zu verdanken gehabt habe.

Mittlerweile war es spät geworden und wir verließen den Fechtsaal. Auf der Straße angelangt, forderte Lorenz von Stein mich auf, ihn noch ein Stück auf dem Heimweg zur Sonnenfelsgasse zu begleiten. Durch das Cäciliengäßchen erreichten wir die Kärntnerstraße. „Nach den heißen Kämpfen dieses Abends", meinte der Professor, „könnte vielleicht ein Glas Bier nicht schaden!" „Bravo, mein Vater", erwiderte Hugo: „ ‚Cerevisiam bibunt homines, cetera animalia fontes'. Gehen wir also noch in unser herzerfrischendes ‚Mistgrübl', dort gibt es jetzt auch Bier, noch dazu böhmisches Faßbier!" Unmittelbar vor dem „Lobmeyr-Engpaß", wo die Kärntnerstraße ganz schmal wurde, fast gegenüber der Kupferschmiedgasse, traten wir in den Hausflur eines ziemlich verwitterten Gebäudes, überquerten einen engen Hof und schritten links durch die schmale Glastür in eine gewölbte Wirtsstube mit rohrgeflochtenen Bänken an den getäfelten Wänden.

Dies war das berühmte „Mistgrübl", eines der ältesten Weinhäuser der Stadt, das schon im siebzehnten Jahrhundert bei der Bürgerschaft sehr beliebt gewesen. Man erklärte uns dort, der sonderbare Name dieses Lokals leite sich von einer Müllgrube her, die sich einst in der Nähe befunden und während der Pestepidemie eine düstere Rolle gespielt habe. Im Laufe der Zeit haben wir noch manchen Fechtabend mit angeregten Gesprächen im „Mistgrübl" beschlossen.

Als wir durch die Glastüre traten, fanden wir die rauchige Stube zwar überfüllt, hatten uns aber doch bald eine trauliche Ecke erobert, wo wir, zwischen Kutschern und Handwerkern, uns an dem köstlichen Getränk erfrischten. „Sie lesen jetzt Fichte; haben Sie sich denn schon einmal mit Kant beschäftigt?" fragte mich der Professor, indem er das frühere Gespräch wieder aufnahm. Und als ich dies verneinte, erklärte er mir, falls ich jemals Philosophie wirklich studieren wolle, dann sei eine genaue Kenntnis Kants die Grundbedingung. Ohne Kant sei es auch ganz unmöglich, die kühnen Gedanken von Fichte, Schelling oder Hegel zu erfassen und soziologische Probleme zu verstehen; alle rein wissenschaftlichen Untersuchungen schwebten eigentlich in der Luft, wenn sie sich nicht auf letzte logisch-philosophische Prinzipien gründeten. Diese seien das „ewig Feste im ewigen Werden", das „über sich keinen Herrn" habe. Wahre Wissenschaft sei „das Begreifen der Einzelheit aller Kräfte und Dinge als der Gesamterscheinung der höchsten göttlichen Bestimmung alles Daseienden", „die höhere Nationalökonomie müsse lernen, sich als ein dienendes Glied innerhalb der Gesamtentwicklung der Menschheit zu erkennen", denn der Staat sei „die Idee der Freiheit in ihrem dialektischen Prozeß". Erst in späteren Jahren habe ich allmählich gelernt, diese Aussprüche nicht allein im Gedächtnis zu behalten, sondern sie auch wirklich zu verstehen, und es wurde mir immer deutlicher, wie der Professor, trotz aller seiner Hinneigung zur Romantik, dennoch niemals den engen Zusammenhang mit der modernen Wissenschaft, der Technik, dem Sozialismus und dessen geistigem Vater, dem Idealismus der klassischen Philosophie Deutschlands, verloren oder verleugnet hatte.

Obwohl nun mehr als fünfzig Jahre vergangen sind, seit ich das letztemal in sein helles Auge geblickt habe, steht dennoch Lorenz von Steins hochaufgerichtete edle Gestalt noch immer deutlich vor meiner Seele, wie damals auf dem Fechtboden, als er uns, den Schläger noch in der Rechten, zuerst von Fichte sprach, der „das wissende Tun für wertvoller gehalten hat als alles bloße Wissen"; und ich schätze mich überglücklich, daß es mir schon in meiner Jugend vergönnt war, einem Manne von solcher Bedeutung näherzutreten.

Die Nevers'sche Finte — Hans Makart und sein toller Vetter

In dem mathematischen Seminar, das ich zu Ende der Siebzigerjahre an der alten Wiener Universität neben der Jesuitenkirche frequentierte, hatte ich einen sonderbaren Arbeitsgenossen, der mir sehr zugetan war, so daß wir bald ein enges Bündnis schlössen und uns nur mehr mit unseren Vornamen anredeten. Mein Freund Rudolf war ein hochaufgeschossener Jüngling mit rötlichblondem Haar und blassem Gesicht, sehr erregbar und fahrig. Völlig planlos befaßte er sich mit den verschiedensten Gegenständen, um diese immer wieder aufzugeben, sobald er dabei auf ernstere Schwierigkeiten stieß. Im übrigen waren seine Beziehungen zu all diesen Dingen immer ganz anders geartet, als zu erwarten gewesen wäre. So fand er manche Sätze der projektiven Geometrie überaus komisch, während hingegen die Theorien der unendlichen Reihen bei ihm Angstanfälle hervorrufen konnten. Mit Leidenschaft las er griechische Autoren, besonders Platon; aber in dessen Dialogen bereiteten ihm eigentlich nur jene Stellen Vergnügen, wo vom Kriegshandwerk die Rede war, während er Platons Dialektik als gekünstelten Unsinn verhöhnte.

Als er einmal durch Zufall erfahren hatte, daß ich ein eifriger Fechter sei, bestürmte er mich, ich möge ihm Florettunterricht erteilen. Ich fand mich gerne bereit dazu, und so erschien er alsbald bei mir, wo sich uns in einem geräumigen Gartenhaus die beste Gelegenheit zu solchen Übungen zu bieten schien. Nun aber erklärte er mir den wahren Grund seines Kommens: dies sei die fixe Idee, er müsse die „Nevers'sche Finte" kennen und ausüben lernen; ob ich ihm diese nicht beibringen könne? Als ich erstaunt fragte, was er damit eigentlich meine, antwortete er mit ernster Miene, es handle sich dabei um das Geheimnis jenes unfehlbar tödlichen Degenstoßes, den in der Mitte des 18. Jahrhunderts der Herzog von Nevers erfunden und mit Meisterschaft praktiziert habe; davon habe er in einem der spannenden Romane von Dumas gelesen und darüber verbringe er schlaflose Nächte.

Da ich natürlich keine Ahnung hatte, worin die phantastische Degenfinte bestehen sollte, mein Freund aber nicht abließ, in mich zu dringen, erklärte ich ihm schließlich, er müsse doch vor allem die Elemente der Fechtkunst erlernen, bevor ich überhaupt imstande wäre, ihm irgendwelche Finten zu zeigen; ich sei aber gerne bereit, ihn systematisch in der Klingenführung zu unterweisen. Diesen Vorschlag nahm er mit stürmischen Dankesbezeigungen an.

Mittlerweile aber war ich selbst neugierig geworden, worin die angeblich „Nevers'sche" Degenfinte bestehen möge, und so stürzte ich mich in die Lektüre Dumas'scher Romane, durchstöberte Bibliotheken nach alten, vergilbten Fechtbüchern und hielt Umfrage bei erfahrenen Fechtmeistern; aber niemand wußte etwas von der „Nevers'schen Finte", keiner der Folianten gab darüber Aufschluß. Schließlich gelang es mir doch, irgendwo eine Andeutung zu finden, aus der ich glaubte folgern zu dürfen, es könne sich hier einzig und allein um eine Degenaktion handeln, die jetzt in der Kunstsprache der Fechter als die blitzschnell ausgeführte Aufeinanderfolge eines fingierten „Filo di fianconata" mit einer darauffolgenden „Cavazione di terza" bezeichnet würde. Als ich nun meinem Freunde, der mittlerweile ein wenig fechten gelernt hatte, dies auseinandersetzte und demonstrierte, fiel er mir begeistert um den Hals und wollte die neu erworbene Kunst immer wieder mit mir einüben.

Einige Tage später erschien er ganz unvermutet in meiner Wohnung, mit gerötetem Gesicht und übernächtigen Augen. „Komm", rief er mir zu, „gehen wir miteinander in das Atelier von Hans Makart; dort gibt es eine Unmenge der herrlichsten alten Stoßdegen, da könnten wir einmal ordentlich miteinander fechten und die ‚Nevers'sche Finte' gehörig ausprobieren!" „Bist du verrückt?" fragte ich erschreckt, „im Atelier von Hans Makart? Da kann man doch nicht fechten?" „Ach was!" rief er ärgerlich, „das ist gar kein Unsinn! Du scheinst nicht zu wissen, daß Hans Makart mein direkter Vetter ist und daß wir überdies eng befreundet sind; ich kann dort, in seinem Atelier, machen, was mir beliebt!" Ich war über diese Mitteilung verblüfft; die Sache erschien mir aber doch nicht ganz geheuer, ich zögerte, suchte nach einer Ausrede, wollte den Besuch verschieben. Aber Rudolf ließ nicht locker, drang immer heftiger in mich, bis ich schließlich doch nachgab und wir uns miteinander nach der in der Nähe gelegenen Gußhausgasse aufmachten, wo sich, rückwärts in einem Garten, zwischen dem alten Gußhaus und dem einstöckigen Bezirksgericht in einem Fachwerkbau die dem Meister Hans Makart vom Staate zugewiesene Arbeitsstätte befand.

Auf das Läuten meines Freundes öffnete sich die Tür und an der Schwelle erschien Makarts alter Kammerdiener, der ihn mit einem tiefen Bückling begrüßte und ihn mit „Euer Gnaden, Herr Rudolf" ansprach. Meine letzten Bedenken über unseren sonderbaren Besuch wurden schließlich zerstreut, als mein Freund den Kammerdiener frug, ob „Hans" zu Hause sei und dieser zutraulich erwiderte: „Nein, Herr Rudolf, der gnädige Herr ist ausgegangen, wird aber in etwa einer halben Stunde wieder zurück sein."

Wir traten in das Atelier. Ein weiter, hoher Raum mit reichlichem Oberlicht. Der Fußboden ganz bedeckt mit dicken kostbaren Teppichen, in welche man beim Gehen tief einsank; an den Wänden, bis hinauf zu den hochgelegenen Fenstern, wundervolle Gobelins, Gebetteppiche, kostbare goldgestickte Vorhänge und Stoffe. Über vielen von den Wandteppichen Schilde, Helme und Harnische, vor allem aber paarweise gekreuzte, damaszierte und mit Gold eingelegte alte Stoßdegen. Dazwischen Bilder von alten Meistern und auch solche von Makart selbst, teils in Rahmen, teils ungerahmt, einige eben erst begonnene auf Staffeleien. Über den Boden verstreut allerlei Kartons und Skizzen, beschmierte Paletten, Ölflaschen und Farben. Alles regellos durcheinander. In der Mitte des Raumes ein mächtiger, kunstvoll geschnitzter alter Schreibtisch aus Ebenholz, im Hintergrunde breite alte Kästen. Der Kammerdiener hatte sich inzwischen mit einer Verbeugung lautlos zurückgezogen und uns allein gelassen; ich habe ihn später nicht mehr zu Gesicht bekommen.

Mein Freund näherte sich den Wandteppichen und nahm eines der Degenpaare herab. Wir begannen zu fechten. Auf den dicken Teppichen waren aber „Ausfälle", „Avancieren" und „Retirieren", wie diese zu einem richtigen Degengefecht gehören, ganz unmöglich, und dies machte die recht bedenkliche Situation noch ärger, um so mehr, als mein Freund in immer größere Erregung geriet und immer wieder wütend versuchte, die Nevers'sche Finte an mir auszuprobieren. Ich atmete auf, als er schließlich, nachdem er fast alle im Atelier befindlichen Degen versucht und immer wieder enttäuscht auf den Boden geschleudert hatte, erklärte, die Sache beginne ihn nun zu langweilen. Er sei zu der Ansicht gekommen, daß die richtige von Dumas erwähnte Finte doch anders sein müsse.

„Halt!" rief er plötzlich, nachdem er den letzten Degen ärgerlich in die Ecke geworfen, „ich habe eine herrliche Idee! Ich werde dir jetzt die geheimen photographischen Aufnahmen zeigen, die Hans in dem großen Schreibtisch, verborgen vor den Augen Unberufener, aufbewahrt!" Und sogleich lief er nach einer Ecke, wo er einer Holzuhr die Schlüssel zu dem schwarzen Schreibtisch entnahm. Alle die Fächer und geheimen Laden zeigten sich, als sie geöffnet wurden, gepreßt voll mit Photographien, teils gerollten, teils aufgezogenen. Da die Laden beim Herausziehen überzuquellen drohten, stürzte mein Freund sie einfach um und entleerte sie auf die Tischplatte. Nach der Besichtigung nahm er sich nicht mehr die Mühe, die Bilder wieder zurückzugeben, sondern zog es vor, Lade um Lade auszuleeren, so daß sich auf dem Schreibtisch bald ein ganzer Berg von Photographien aufgetürmt hatte, von denen ein großer Teil auf den Boden hinabrollte. Binnen kurzem befanden wir uns inmitten eines wilden Chaos; waren doch während des Gefechtes Stühle umgeworfen und Teppiche durcheinandergeschoben worden. Dazu die weggeworfenen Waffen und Photographien. Die Situation erschien mir immer bedenklicher, aber mein Genosse schien sich um dies alles nicht zu kümmern, seine gute Laune war unerschütterlich…

Plötzlich hörte ich das Gehen einer Tür und das leise Rascheln eines Vorhanges. Als ich aufblickte, erschrak ich fast zu Tode! Im Hintergrunde des Ateliers, auf der etwas erhöhten Stufe nach einem rückwärtigen Zimmer, erblickte ich Hans Makart, mit einem Arm den aufgerafften Vorhang haltend, im schwarzen, weiten Radmantel, den breitkrempigen Plüschhut auf dem Kopf, die schwarzen Samthosen in hohen Lackstiefeln. Lautlos, regungslos stand er da, wie erstarrt, wie ein Gespenst! Das wachsgelbe Antlitz von dem schwarzen Vollbart umrahmt, das dunkle Auge unbeweglich, starr ins Leere gerichtet! Der Anblick erschien mir auf die Dauer ganz unerträglich. Aber auch meinem Freund schien dabei nicht ganz wohl zu Mute zu sein. „Verzeihe, Hans!" redete er Makart an, „daß ich mir erlaubt habe…" Keine Antwort, keine Regung in der gespenstischen Erscheinung… „Daß ich mir erlaubt habe, meinem lieben Freund… "Ich machte eine tiefe Verbeugung, aber sie blieb gänzlich unbeachtet… „Weißt du, Hans, das ist mein Kollege von der Universität… "Keine Antwort, keine Regung des scheinbar tödlich Erstarrten! Noch einige Male versuchte mein Freund Worte der Erklärung und der Entschuldigung zu stottern, aber alles vergeblich, die dunkle Gestalt blieb erstarrt.

Nun hatte ich nur mehr den einen Gedanken: Rückzug, schleunige Flucht! Unter fortwährenden Bücklingen vor dem Meister langsam zurückweichend, suchte ich tastend mich der Eingangstür zu nähern, und als ich diese erreicht hatte, stürzte ich hinaus ins Freie! Bald darauf erblickte ich draußen auch meinen Genossen, blässer als sonst. Wenige Schritte gingen wir wortlos nebeneinander her, um uns dann so bald als möglich zu trennen.

Es vergingen Wochen, ohne daß ich Rudolf zu sehen bekam. Eines Tages, als ich gerade im Garten in meinem chemischen Laboratorium mit einer Analyse beschäftigt war, erschien er ganz unvermutet, lächelnd, ein Liedchen summend. Kein Wort über Makart oder das Abenteuer im Atelier. Mit angespannter Aufmerksamkeit sah er mir zu, wie ich die buntgefärbten Lösungen zusammengoß, erhitzte und filtrierte.

„Wie herrlich, solche Arbeiten machen zu können", rief er aus. „Und die merkwürdigen Reagentien! Hast du auch Zyankali?" „Natürlich!" antwortete ich. „Aber dieses halte ich hinter Schloß und Riegel verwahrt in dem Giftschrein." „Seit Jahren wünsche ich mir immer, einmal Zyankali sehen zu können", antwortete er, „bitte, laß mich einen Blick darauf werfen!" Vorsichtig öffnete ich den Wandschrank, entnahm diesem das Glas mit dem in Stangen gegossenen Zyankali und zeigte es ihm. Im Begriffe, das Glas wieder abzuschließen, erhielt ich ganz plötzlich einen heftigen Stoß vor die Brust. Rudolf hatte mir das Zyankaligefäß entrissen, es in die Tasche seines Überrockes gesteckt und war damit fortgestürzt. Ich ihm nach, auf die Straße, aber er war um eine Ecke verschwunden. Keuchend rannte ich direkt nach seiner Wohnung.

Unterwegs begegnete ich seinem schweißbedeckten Vater, der aus verschiedenen Anzeichen geahnt hatte, daß etwas Schreckliches mit seinem Sohne bevorstehe. Vor dem Hause angelangt, stiegen wir vorsichtig und lautlos die Treppe hinauf. Durch eine Glastür erblickten wir Rudolf in der Küche, die geöffnete Flasche mit dem Zyankali vor sich; mit einem Löffel rührte er in einem Wasserglas, um eine von den Stangen darin aufzulösen. Der Vater öffnete auf einen Wink die Küchentür, ich stürzte mich auf Rudolf, schlug ihm das Glas aus der Hand, bevor er Zeit gefunden, es an den Mund zu führen, wir rangen verzweifelt mit ihm, riefen nach Hilfe, und es gelang uns schließlich, ihn zu überwältigen. Er mußte sogleich in eine Anstalt gebracht werden. Dort ist er nach einigen Monaten schweren Leidens gestorben.

Hans Makart habe ich erst einige Jahre später wieder gesehen, im September des Jahres 1884, als er in der Währingerstraße, in einem offenen Fiaker neben seiner Gattin sitzend, an mir vorüberfuhr. Der Anblick war erschütternd! Der offenbar schwer Leidende, in dem Wagen mehr liegend als sitzend, dessen Antlitz grünlichgelb verfärbt und ganz eingefallen war, hielt die Augen fest geschlossen. Ich zog den Hut, aber mein Gruß wurde nicht bemerkt und nicht erwidert. Einige Wochen später hat auch Hans Makart, der Schweiger, im Lande des ewigen Schweigens Ruhe gefunden.

Kinderjahre des Alpinismus

Die schönsten Sommerferien, an die ich mich erinnern kann, waren jene des Jahres 1875, die ich mit meinen Angehörigen in der Umgebung von Mürzzuschlag verbrachte. Viel hat dazu auch der ganz unvermutete Besuch eines meiner Wiener Gymnasialkollegen beigetragen, der mich zu einem gemeinsamen mehrtägigen Gebirgsausflug überredete. Die Vorbereitungen waren alsbald getroffen. Generalstabskarten waren damals für das Publikum schwer zugänglich, und so waren wir für das Entwerfen unseres Reiseplanes und für dessen Durchführung auf eine recht dürftige Übersichtskarte angewiesen. Obwohl wir weder Bergschuhe hatten, noch über geeignete wetterfeste Kleidung oder sonstige Ausrüstung verfügten, beschlossen wir dennoch, der zu jener Zeit nur wenig begangenen Raxalpe einen Besuch abzustatten, von deren höchstem Gipfel gegen Naßwald abzusteigen, durch das Schwarzatal nach Kaiserbrunn zu wandern und von dort den Hochschneeberg zu besteigen.

Es war vier Uhr früh, als wir an einem wolkenlosen Julitag unsere Behausung verließen, um dem Lauf des Mürzflusses folgend, die Straße nach dem stillen Örtchen Kapellen einzuschlagen. Da noch keine Bahn durch dieses Tal führte, war die ganze Gegend recht einsam. In den Fluten des klaren, tiefgrünen Flusses vermochten wir zwar nicht, wie uns in Aussicht gestellt worden, Fischottern sich tummeln zu sehen, aber wir genossen in vollen Zügen den Morgen mit seinem tiefbeglückenden Frieden. Keinem Wagen, keinem Menschen begegneten wir auf dem ganzen Wege. Von Kapellen aus verfolgten wir auf steinigem Karrenweg den Lauf des schäumenden Raxenbaches, manchmal ging es steil empor, der Schritt rhythmisch beschwingt von dem melodischen Rauschen des wilden Gewässers und dem Gebrause freundlich grüßender Mühlräder.

So stiegen wir den immer schütterer werdenden Wald hinauf zur Wasserscheide, zum „Preiner Gscheid". Nach kurzer Rast ging es nun über wellige, blumenreich duftende Matten, zwischen überwachsene Felsblöcke, an Kuhherden vorbei, allmählich empor bis an den Fuß der gewaltigen Wetterkogelwände und, diesen entlang, zu einer steilen Geröllschlucht, die uns über Gesteinstrümmer und Felsgrate schließlich auf das Plateau der Raxalpe gelangen ließ.

Welche jubelnde Freude, als wir nun, aus der steilen Schlucht des „kleinen Fuchsloches" auftauchend, den Blick auf diese weite Welt der sanft hügeligen, von mächtigen Schneefeldern unterbrochenen Alpenmatten werfen konnten! Bald hatten wir einen schmalen Pfad entdeckt, der uns nach wenigen Minuten zu einer hölzernen „Halter-" Hütte führte. Die Tür war nur zugeklinkt, wir konnten eintreten und uns an unserem Proviant erfreuen. Ein wirkliches Schutzhaus gab es noch nicht. Nachdem wir uns etwas erwärmt hatten, ging es nun empor zum höchsten Gipfel, zu der weithin sichtbaren Holzpyramide der „Heukuppe".

Es war eine Fülle stiller Entzückungen, als ich nun, zum ersten Male in meinem Leben, über die unter dem Tritt sanft nachgebenden Teppiche der leuchtend farbigen Polsterpflanzen dahinschritt, als ich unter den Rändern schmelzender Schneefelder die lieblichen Blüten der gefransten Soldanellen, der Fettkräuter und narzissenblätterigen Anemonen hervorlugen sah. Von dem Gipfel hatten wir einen wundervollen Rundblick bis weit hinein in die steirischen Alpen, und mit Leichtigkeit vermochten wir auch tief unten in der Ferne das Tal von Naßwald zu erkennen. So beschlossen wir denn, an dieser Richtung festzuhalten und uns zunächst einer offenbar auf dem kürzesten Wege gelegenen Gruppe von Sennhütten zuzuwenden. Wegmarkierungen waren ja noch unbekannt.

Bald hatten wir die Almhütten erreicht. An einer zwischen ihnen von Vieh umlagerten Pfütze sahen wir einige Bauernburschen, die uns, offenbar unseres knabenhaften Aussehens und unserer städtischen Kleidung wegen, mit feindselig-höhnischen Mienen betrachteten. Als wir sie fragten, wie wir am besten nach Naßwald kämen, gaben sie zuerst gar keine Antwort, sondern grinsten uns lachend an; als wir aber unsere Frage eindringlich wiederholten, wies der eine von ihnen mit zurückgelegtem Daumen wortlos über seine Schulter.

Dies schien mit unserer Hauptrichtung übereinzustimmen, und so verfolgten wir ohne Bedenken unseren Weg über die blumigen Matten, bis wir plötzlich ganz unerwartet an den Rand senkrecht abstürzender Felswände gerieten. Da wir von da aus Naßwald zum Greifen nahe zu unseren Füßen zu sehen vermeinten, stiegen wir unbekümmert in die Wände ein und gelangten nach einigen schwierigen Klettereien bald in eine furchtbar wilde

Geröllschlucht, durch die wir nun rasch hinunterzulaufen gedachten.

Aber, o Schrecken, das Geröll begann sich langsam unter unseren Füßen zu bewegen und uns mit sich zu führen. Einzelne größere Felsblöcke gerieten in Bewegung, begannen zu hüpfen und verschwanden nach größeren Sprüngen lautlos in der Tiefe, ohne daß wir sie auch nur ein einziges Mal aufschlagen gehört hätten. Da begannen sich uns die Haare zu sträuben, denn wir erkannten, daß wir geradezu auf einen ungeheuren Abgrund zutrieben. Aus Leibeskräften versuchten wir in dem Gerölle aufwärts zu waten, um dem furchtbaren Strom zu entrinnen, aber alles vergeblich! Ganz erschöpft warfen wir uns schließlich, in unser Schicksal ergeben, flach auf den Rücken. Allmählich hörte aber das Gleiten auf und wir kamen zur Ruhe. Vorsichtig erhoben wir uns wieder, durchquerten langsam Schritt vor Schritt die Schlucht und es gelang uns, die eine seitliche Felswand zu erreichen, über die wir nun, keuchend unter gewaltigen Anstrengungen, das Plateau wieder zu gewinnen vermochten.

Wir kehrten zu den Sennhütten zurück; Stunden waren vergangen, seit wir sie verlassen hatten. Diesmal trafen wir dort einen älteren Mann, der uns sagte, dies seien die „Grasboden"-Hütten; die Wände, in denen wir gewesen, gehörten zu den gänzlich unzugänglichen Schluchten der „Kahlmäuer". Wollten wir in das Naßtal, dann müßten wir wieder zurück auf den Gipfel und dann auf die entgegengesetzte Seite absteigen, bis wir einen großen Steinhaufen, einen „Steinmann" erblickten. Dort beginne ein unscheinbarer Steig, der uns durch die Wände des „Gamsecks" zur „Gruber-Alpe" bringen werde, und von dort könnten wir dann leicht über den „Naßkamp" in das Naßtal gelangen.

Trotz aller Erschöpfung hatten wir bald wieder den Gipfel erreicht, im Abstieg fanden wir den erwähnten „Steinmann" und den Einstieg in die Felsen, die wir nun jubelnd, ohne die geringsten Schwierigkeiten bewältigten. Bald sahen wir auch unterhalb der Wände einen Zickzackweg durch Gerölle und Matten, der zu freundlich gelegenen Hütten führte. Das konnte nur die „Gruber-Alm" sein. Alsbald hörten wir auch die hellen Schreie einer Frauenstimme, und bei Beginn der Abenddämmerung langten wir, tief beglückt, bei den Hütten an.

Die Sennerin hatte uns längst absteigen gesehen und ihre von den Wänden mehrfach zurückgeworfenen Schreie waren uns als

Willkomm zugedacht gewesen. Es war ein ganz junges, liebliches Mädchen und sie machte den Eindruck, als sei ihr Leben von dem der Matten und leuchtend bunten Alpenblumen nicht zu trennen. Sie begrüßte uns mit kindlich vertrauender Herzlichkeit, fragte, woher wir kämen, und wies uns in einer kleinen Kammer ein Lager an. Auch bereitete sie uns das Nachtmahl: Milch in großen Holznäpfen und dazu Heidelbeeren. Da sie wochenlang keinen Fremden gesehen hatte und bloß mit ihren Kühen beschäftigt gewesen, schien sie sehr erfreut, wieder einmal menschliche Stimmen zu vernehmen. Als wir, todmüde, uns schon auf unser hartes Lager hingeworfen hatten, hörten wir sie noch, wie sie draußen in stockfinsterer Nacht umherlief, um das Vieh zusammenzutreiben, wie sie jede einzelne Kuh beim Namen rief, die eine heftig auszankte und die andere mit zärtlichen Worten herzte und belobte.

Wir schliefen einen guten, köstlichen Schlaf und erwachten frühmorgens herrlich erfrischt. Wieder erhielten wir Milch, Brot und duftende Beeren. Ein herzliches Händeschütteln zum Abschied von unserer lieben, gastlichen Beschützerin, von der wir uns nur schwer zu trennen vermochten, und, begleitet von ihren weithin dringenden Rufen, ging es in raschen Sprüngen hinab über die steilen Matten zu dem sanft geschwungenen Rücken des „Naßkamp" und von da auf langer Wanderung durch das enge Naßtal und, entlang dem wildschäumenden Schwarzafluß, nach Kaiserbrunn, wo wir abermals übernachteten.

Es ist merkwürdig, daß wir auf dem Hochschneeberg ein ganz ähnliches Abenteuer zu bestehen hatten wie jenes zwei Tage zuvor auf der Raxalpe. Beim Abstieg vom Kaiserstein, dem Gipfel des Schneeberges, gerieten wir ganz unvermutet in ein Nebeltreiben mit eisigem Wind und bald waren wir in undurchdringlich dichten Nebel gehüllt. Wir verloren die Orientierung und gerieten gänzlich in die Irre. Auch hier sahen wir uns mit einem Male vor jäh abstürzenden Wänden. Eine geröllreiche Felsschlucht, durch die wir absteigen wollten, um dem Nebel zu entrinnen, erwies sich als gänzlich unpassierbar. Wir mußten zurück, bis wir unter furchtbaren Anstrengungen neuerdings die Alpenmatten erreichten. Stundenlang irrten wir in dem eisigen Nebel umher, schutzlos der Kälte preisgegeben, bis es uns, wie durch ein Wunder, gelang, in die große Mulde des „Ochsenbodens" zurückzufinden. Nach mühevollem Suchen entdeckten wir einen Fußsteig, der uns, nach

Überschreitung des „Waxriegels", in tiefere nebelfreie Gebiete und dann zum Baumgartnerhaus brachte.

Als wir einige Wochen später unserem Physikprofessor, einem großen Naturfreund und erfahrenen Bergsteiger, von unserem Abenteuer auf dem Schneeberg erzählten, wie wir damals vergeblich daraufgewartet hätten, daß der Nebel durch den heftigen Wind von uns weggeblasen werde, lachte er und erklärte uns, wie dieser Nebel ja gerade durch den Wind hervorgerufen worden sei; denn erst beim Auftreffen auf die viel kälteren Felsen habe er seine überschüssige Feuchtigkeit in der Gestalt des Nebels an die Luft abgeben können. „Ihr hättet also auf sein Verschwinden vielleicht noch eine Woche warten können!"

Die eigenartigen Erfahrungen bei unserem Ausfluge, ihre hohen Freuden und mancherlei Schrecken, hatten tiefe Spuren bei mir zurückgelassen, und die folgenden Jahre waren ganz beherrscht von der neu erwachten Sehnsucht nach dem Hochgebirge und dem Verlangen, tiefer in seine Wunder einzudringen; aber auch die Mittel und Wege wollte ich kennenlernen, die mich gegen seine Gefahren zu wappnen vermöchten. Bald fanden sich Genossen meiner Bestrebungen, angehende Mediziner, Techniker und Naturforscher. Mit dem jugendlichen Geologiestudenten August Böhm, den Brüdern Emil, Otto und Richard Zsigmondy, dem Mödlinger Pharmazeuten Josef Aichinger und dem Juristen Gustav Gröger schloß ich mich eng zusammen.

Sie alle sind dann später berühmte Alpinisten geworden. Daß überdies Richard Zsigmondy, später Professor an der Universität Jena, für seine epochemachenden Arbeiten: die Erfindung des Ultramikroskopes und die Grundlegung der Kolloidchemie, den Nobelpreis erhalten hat, will ich nur nebenbei erwähnen. Die Mediziner Emil und Otto Zsigmondy sind durch ihre großartigen Hochtouren in der ganzen Welt bekannt geworden; leider sollte Emil ein Opfer des Alpinismus werden; er ist im Jahre 1885 bei einer mit Otto durchgeführten Ersteigung des Pic de la Meje tödlich verunglückt. August Böhms Verdienste um die geologische Erforschung der Kalkalpen sind unbestritten.

Nachdem ich im Jahre 1878 mehr als einen Monat in Gesellschaft der bekannten Bergführer Christian Ranggetiner und Josef Hetz auf den Gletschern der Hohen Tauern und der Zillertaler Alpen zugebracht und deren höchste Gipfel erstiegen hatte, war mir erst klar geworden, wie viel mir noch zu einem wirklichen

Alpinisten fehlte! Ich war daher tief erfreut, als ich mich mit Böhm, Aichinger und den Brüdern Zsigmondy zu gemeinsamen Wintertouren zusammenfinden konnte, wo wir uns auch im Gebrauche von Schneereifen, Eisaxt, Seil und Steigeisen übten und uns im Kartenlesen, dem Gebrauch der Bussole und des Barometers ausbildeten. Im Frühjahr fuhren wir miteinander regelmäßig nach der jedem Wiener vertrauten „Vorderbrühl", in deren Dolomitklausen wir die schwierigsten Klettereien durch senkrechte Wände, über schmale Felsbänder und durch enge Kamine unternahmen, bis uns alle diese, anfangs schier unüberwindlichen Stellen kinderleicht erschienen. Zum Überfluß markierten wir besonders schwierige Anstiege mit Ölfarbe und gaben ihnen Namen nach berühmten Passagen im Hochgebirge. So ist damals der erste „Klettergarten" entstanden. Auch das Biwakieren wurde geübt; und wenn ich auch nicht, wie der uns befreundete englische „Firstclimber" Mr. Passingham, um mich an das Übernachten auf Eisfeldern zu gewöhnen, einen ganzen Winter hindurch im Schlafsack auf dem steilen, beschneiten Dach eines Londoner Hauses geschlafen habe, den Sack mit dem Gletscherseil um den Schornstein geschlungen, so habe ich doch manche eisige Winternacht, in Decken gehüllt, im Hausgarten übernachtet.

Die Folge war, daß wir bald von den Bergführern ganz unabhängig wurden und zu den Ersten gehört haben, die große Gletschertouren, auch solche in der Schweiz, ohne Führer auszuführen vermochten. Im Jahre 1879 habe ich, zusammen mit Gröger und Aichinger, den Piz Bernina unter schwierigen Verhältnissen ohne Führer, direkt durch das Eislabyrinth erstiegen und noch andere Hochtouren unternommen. Das folgende Semester verbrachte ich in Graz, wo ich von den dort lebenden jugendlichen Alpinisten mit stürmischer Herzlichkeit aufgenommen wurde. Mit Karl Blodig, dem jungen Mediziner, dem Geologen Georg Geyer und dem Zoologen Robert von Lendenfeld habe ich auch in der Umgebung von Graz einen „Klettergarten" ins Leben gerufen. Auch diese drei sind berühmte Bergsteiger und Naturforscher geworden. Zu Anfang der Achtzigerjahre war ich mit Aichinger im Innern von Norwegen, wo wir bei der Überschreitung eines der ungeheuren Gletscher einige zwanzig Stunden, durch Seil verbunden, über Eis gehen mußten, davon mehr als zehn Stunden in undurchdringlich dichten Nebel gehüllt. Hier zeigten sich die Früchte unserer vielen Übungen, denn einzig auf die Bussole angewiesen, haben wir genau den von uns vorher kartographisch bestimmten Punkt gefunden, von dem aus allein ein Abstieg durch die düstern Wände möglich war. Aichinger ist später zum Prüfungskommissär für Bergführer ernannt worden.

Mehr als ein halbes Jahrhundert ist nun über meine ersten Erfahrungen im Hochgebirge dahingegangen. Seither hat mich das Leben zu anderen Abenteuern erzogen; an manchen seiner Abgründe und Klippen bin ich vorübergegangen, mancher dichte Nebel hat mir den Ausblick genommen, aber von mancher mühsam erstiegenen Höhe ist mir auch ein tröstlicher Ausblick vergönnt und neue Hoffnung zuteil geworden.

Athletische Diskussionen an den Grenzen der Menschheit

Es war ein trüber Nachmittag im Spätsommer des Jahres 1880, als ich, ein kaum zwanzigjähriger Jüngling, durch die Felswände des großen Wetterkogels im steirischen Raxgebiet emporkletterte. Ein scharfer Wind wehte und schwere Nebelfetzen verhüllten mir immer wieder den Ausblick, so daß ich mitunter die Orientierung völlig verlor.

Als die Dunstschleier endlich für einen Augenblick zerrissen, gewahrte ich, hoch über mir, in einer steilen, von Schnee erfüllten Geröllschlucht, einen Mann, der anscheinend gleich mir mit dem Einsammeln von Alpenpflanzen beschäftigt war. Als er mich erblickte, rief er mich an, sprang mit einigen mächtigen Sätzen zu mir herab und begrüßte mich: „Welch herrliches Wetter! Eine besonders schöne Hutchinsia haben Sie da gefunden, auch Ihre Saxifragen scheinen nicht schlecht zu sein. Lassen Sie sehen! Also auch ein Pflanzenfreund? Wo wollen Sie denn eigentlich hin?" Bald gab es zwischen uns ein angeregtes Gespräch und wir legten die letzte Strecke bis zur Gipfelpyramide gemeinsam zurück.

Mein Begleiter war ein noch nicht dreißigjähriger Mann von hoher Gestalt, breitschulterig, mit gewaltigem Brustkorb. Sein etwas olivbraunes, fein geschnittenes Gesicht war von einem mächtigen, im Winde flatternden, dunklen Vollbart umrahmt; die breite, faltige Stirn über einem Paar feucht-brauner Augen und die langen, dunklen Haare, glatt nach rückwärts gestrichen, gaben dem Antlitz etwas eigenartig Sinnendes. Als wir dann über die blumenreichen Alpenmatten des Plateaus dahinschritten, bückte sich mein Weggenosse mit einemmal, ergriff einen der zahlreichen herumliegenden Felsblöcke, hob ihn in Schulterhöhe, legte ihn auf die flache Hand und schleuderte ihn in gewaltigem Bogen viele Meter weit von sich. Er forderte mich auf, das „Steinstoßen" gleichfalls zu versuchen, aber, indem ich mich dazu anschickte, erkannte ich sogleich mit Staunen, um wie vieles dieser Hüne mir an Körperkraft überlegen sein müsse. Unterwegs war er unablässig mit dem Einsammeln von Pflanzen und Insekten beschäftigt und ich begann zu vermuten, daß ich einen Naturforscher vor mir habe.

Schließlich nannte er mir seinen Namen: Dr. Oskar Simony,

Dozent an der Wiener Universität, Professor der Mathematik und Physik an der Hochschule für Bodenkultur. Ich erwiderte, sein Name sei mir längst geläufig, da ich selbst leidenschaftlich mathematischen Studien ergeben sei und bei Leo Königsberger an der Wiener Universität elliptische Funktionen, höhere Algebra, Zahlentheorie und analytische Mechanik gehört hätte. Seit langem schon sei es ein geheimer Wunsch von mir gewesen, Simony einmal persönlich kennenzulernen und mit ihm zu reden. Sogleich ergriff der neue Reisegefährte meine beiden Hände und schüttelte sie so heftig, daß ich vor Schmerz fast aufgeschrien hätte. Auf meine Frage, an welchen Problemen er jetzt gerade arbeite, erzählte mir nun Simony, er sei damit beschäftigt, die Gesetze der Kristallisation aus der gegenseitigen Anziehung der Moleküle mathematisch abzuleiten.

Wir hatten mittlerweile nach einem Marsch durch das einsetzende Schneetreiben die Schutzhütte erreicht und ließen uns dort hinter dem gut geheizten grünen Kachelherd häuslich nieder. Simony ergriff mein Skizzenbuch und begann nun, mitten zwischen die recht primitiven Zeichnungen, seine analytischen Entwicklungen hinzuschreiben. Er sprach dabei voll Feuer, mit leuchtenden Augen und zunehmender Begeisterung. Aus dem ersten ganz elementaren mathematischen Ansatz wucherten immer neue, immer verwickeltere Formeln und Gleichungssysteme empor und ich folgte diesen merkwürdigen Auseinandersetzungen voll innerer Erregung und mit angespannter Aufmerksamkeit. Als ich schließlich sah, daß mein Gegenüber zu Abelschen Integralen gelangt war, schoß es mir wie ein Blitz durch die Seele: „Ha!" rief ich lebhaft, „nun begreife ich! Sie werden jetzt rationale Substitutionen einführen, und damit wäre ja möglicherweise der Weg zu den rationalen Achsenlängen bei den Kristallen schon gewonnen!?" „Keine schlechte Witterung", rief Simony, und mit einem mächtigen Prankenhieb nach meiner Schulter riß er mich an sich und gebärdete sich wie ein Trunkener. Dies war der Beginn unserer vieljährigen Freundschaft, welche bis zu Simonys allzu frühem Tode währen sollte.

Die folgenden Tage setzten wir unsere botanischen Wanderungen fort und ich hatte dadurch reichlich Gelegenheit, durch Simony eine Menge mir noch unbekannter seltener Alpenpflanzen kennenzulernen. Als Sohn eines berühmten Alpinisten, Geographen und Naturforschers, des Professors Friedrich Simony, war er von früher Kindheit an zur Naturbeobachtung angehalten und erzogen worden und hatte sich schon in jungen Jahren eine ungewöhnlich große Kenntnis unserer Tier- und Pflanzenwelt erworben.

Als wir uns später in Wien regelmäßig sahen, fuhren wir oft miteinander zu den toten Gewässern der Donauauen, wo wir zumeist stundenlang in einem rohgezimmerten Kahn zwischen Wäldern und Wiesen dahinruderten, um die Flora und die Fauna jener Gebiete und ihre allmähliche Änderung durch die vergiftenden Einflüsse der sich ausbreitenden Metropole zu studieren. In späteren Jahren hat Simony dann auch wiederholt an Expeditionen in ferne Länder als Naturforscher teilgenommen: auf dem Gipfel des Pic de Tyde in Teneriffa sind ihm wichtige spektroskopische Beobachtungen geglückt, er ist später in das Innere Arabiens vorgedrungen, und bei allen diesen Reisen hat er immer wieder neue Tiere und Pflanzen entdeckt, von welchen manche seinen Namen tragen.

Im Verfolge seiner mathematischen Arbeiten über höhere Mannigfaltigkeiten und Raumdimensionen war Simony natürlich auch auf die Werke des berühmten Leipziger Astronomen Friedrich Zöllner besonders aufmerksam geworden, der in seinen „Wissenschaftlichen Abhandlungen" hierüber kühne und oft sehr phantastische Ideen geäußert hatte. Vermutlich sind diese durch eine briefliche Mitteilung von Gauß an Olbers beeinflußt worden, der dem Genannten geschrieben hatte, wir würden „vielleicht in einem anderen Leben zu anderen Einsichten in das Wesen des Raumes kommen, die uns jetzt unerreichbar sind." Man weiß, daß Zöllner infolge solcher Gedankengänge später dem Spiritismus verfiel, daß er eine Beute des amerikanischen Berufsmediums Henry Slade geworden und daß er schließlich im Jahre 1882 tief enttäuscht und verbittert gestorben ist.

Unter den aufsehenerregenden Phänomenen, die Slade in Zöllners Gegenwart produziert hatte, war es nun insbesondere das geheimnisvolle Schürzen von Knoten in ein geschlossenes, an den zusammengebundenen Enden versiegeltes Band gewesen, welches Zöllner in die größte Erregung versetzte. Alle Einwendungen seiner Freunde, es müsse sich dabei um einen Betrug, um ein gewöhnliches Taschenspielerkunststück handeln, wies Zöllner schroff zurück, und, indem er sich auf seinen Freund, den großen

Physiker und Naturphilosophen Theodor Fechner und auf eine Abhandlung von Kant berief, erklärte er, diese Experimente Slades könnten unmöglich anders erklärt werden als durch die Annahme einer vierten Raumdimension und sie seien der von ihm so lange schon ersehnte empirische Beweis für die reale Existenz jener höheren räumlichen Mannigfaltigkeiten.

Simony, der an diesen Diskussionen den stärksten Anteil nahm, begann nun, sich auf seine Weise mit den Problemen der Verschlingungen von Bändern und des Zustandekommens von Knoten eingehend zu befassen, und nach endlosen Mühen gelang es ihm, eine ganz neue systematische Ordnung in diese Welt von Gestalten und Begriffen hineinzubringen. Was er bei seinen vieljährigen Arbeiten fand, war aber nicht so sehr ein empirischer Beweis für die Existenz höherer Raumdimensionen oder von Wesen, welche diese bewohnen, als vielmehr ein ganz neuer geometrisch-topologischer Zugang zu den Problemen der Primzahlen und ihres Bildungsgesetzes. Allerdings war er, trotz allen gewaltigen Anstrengungen, nicht imstande, diese überaus merkwürdigen arithmetischen Sätze aus allgemein mathematischen Überlegungen zu beweisen; er blieb vielmehr darauf angewiesen, sie durch immer neues Ausprobieren empirisch zu bestätigen.

Dabei konnte er sich allerdings mit Recht auf einige der größten mathematischen Genies wie Euler, Gauß und Legendre berufen, die sich wiederholt in der gleichen Lage befunden hatten, indem sie mitunter außerstande waren, mathematische Sätze, welche sie durch eine uns unbegreiflich erscheinende blitzartige Konzentration gefunden hatten, dann auch Schritt vor Schritt zu beweisen, so daß die allgemeine Richtigkeit ihrer Resultate in einigen Fällen erst Dezennien später von anderen nachgewiesen werden konnte. Es war dies insbesondere ein Satz über die Häufigkeit der Primzahlen und deren Beziehung zu dem sogenannten Integrallogarithmus, der unbeweisbar geblieben und dessen Gültigkeit Gauß einzig und allein durch empirisches Ausprobieren zu demonstrieren gehofft hatte. Mehr als hunderttausend Male nun hatte sich dieser Satz als richtig herausgestellt, aber später dann, von einer gewissen Zahl angefangen, in fast zwei Millionen der nachfolgenden Fälle nicht mehr gestimmt! Dies ist ein Umstand, dessen große philosophische Bedeutung in die Augen springt. Simonys Sätze über Primzahlen sind, soviel mir bekannt geworden, im Verlaufe der Jahre, nach vielen Tausenden von rechnerischen Verifikationen, nicht als falsch erkannt worden; ob sie allgemein richtig sind, bleibt natürlich unentschieden.

Unsere Unterhaltungen bei den regelmäßigen Zusammenkünften betrafen alle diese Gegenstände, Gedanken von Gauß und Riemann sowie die „Analysis situs" von Leibniz, vermutlich die älteste Topologie, auf welche schon Kant besonders hingewiesen hatte.

Ich machte Simony nun darauf aufmerksam, daß Kant seine Ansichten über das Raumproblem später, in der Zeit seiner größten kritischen Klarheit, wesentlich geändert habe, und nach vielen Diskussionen über diese und verwandte Themen einigten wir uns schließlich dahin, daß unser Verkehr in festere Formen gebracht werden solle: daß ich jeden Montag früh in Simonys Wohnung erscheinen möge, wo er mir seine neue Algebra der höheren Mannigfaltigkeiten vortragen wolle, während er jeden Donnerstag zu mir kommen werde, um bei mir ein Privatissimum über Descartes, Leibniz, Kants Kritik der reinen Vernunft und deren Interpretation im Sinne der Marburger Philosophenschule zu hören.

Diese Abmachung ist einige Jahre hindurch strikt eingehalten worden und hat viel zur Vertiefung unserer freundschaftlichen Beziehung beigetragen. Zumeist, wenn ich Simony in aller Frühe aufsuchte, hatte er bereits sein genau bemessenes Quantum athletischer Übungen mit Hanteln und Zentnergewichten sowie einige mathematische Arbeiten hinter sich. An einem jener Montage jedoch, im beginnenden Frühjahr, als ich wie immer um sechs Uhr früh bei ihm erschienen war, mußte ich lange an seiner Türe läuten und klopfen, bis er endlich, ganz verstört, an der Schwelle erschien und öffnete. Wortlos zog er mich in sein Arbeitszimmer und zeigte mir dort die eben gefundene höchst merkwürdige Lösung eines algebraischen Problems.

„Wie bringst du es fertig", fragte ich ihn erstaunt, „solche verborgene Dinge zu entdecken und in solche Tiefen einzudringen?" „Das will ich dir erklären", sagte er nach längerem Zögern. „Von früher Kindheit an bin ich von meinem Vater dazu angehalten worden, körperliche Schmerzen mit Gleichmut zu ertragen und mit keiner Wimper zu zucken, auch wenn mir mein Zustand schier unerträglich erscheinen wollte. Nun gibt es wenig Dinge, die so weh tun, wie das intensive Nachdenken, wenn es über einen gewissen Punkt hinausgetrieben wird. Dies ist der Augenblick, wo die meisten die Sache aufgeben. Mir aber ist die Fähigkeit anerzogen worden, auch diese Art von Schmerz zu verbeißen, und so komme ich mitunter über den Punkt hinüber, an welchem die andern alles hinwerfen, um nur Ruhe zu finden. Aber gerade einen kleinen Schritt weit über eben diesen Punkt hinaus liegen oft die neuen Erkenntnisse."

Die erwähnten Publikationen Zöllners hatten uns schließlich doch veranlaßt, uns, wenn auch widerstrebend und mit der größten Vorsicht, mit dem Spiritismus zu beschäftigen; der oft genannte Okkultist Baron Lazar von Hellenbach, ein alter Bekannter Simonys, hatte sich uns zur Verfügung gestellt, um erforderlichen Falles Medien herbeizuschaffen. Eines Tages brachte er uns voller Freude die Nachricht, es sei Aussicht vorhanden, den Amerikaner Henry Slade, das berühmte Medium des Professors Zöllner, nach Wien zu bekommen. Simony wollte diese Gelegenheit, Slade bei seinen Geistermanifestationen scharf zu überwachen, nicht ungenützt vorübergehen lassen und dachte daran, ihn bei sich einzuquartieren. Da sich aber verschiedene häusliche Schwierigkeiten ergaben, bat er mich, ich möge den Amerikaner in meiner Junggesellenwohnung unterbringen. Ich war damit einverstanden und schrieb an Slade nach London, wir interessierten uns außerordentlich für ihn und seine Phänomene und es wäre mir eine besondere Freude, ihn für einige Zeit als meinen Gast bei mir beherbergen zu dürfen. Slade antwortete sogleich, er wolle meine Einladung gerne annehmen. Als aber dann einige Tage später ein zweiter Brief von ihm eintraf, in welchem es hieß, er könne nur dann nach Wien kommen und bei mir wohnen, wenn ich auch seine Cousine bei mir unterbrächte, lehnte ich dankend ab, so daß aus der ganzen Sache nichts wurde. War es uns doch völlig klar, daß die unvermeidliche „Cousine" jede ernste Kontrolle Slades unmöglich machen würde. Da auch die früheren Erfahrungen, welche wir mit Medien gemacht hatten, wenig erfreulich gewesen waren, so hätten wir uns sicherlich von all diesen recht zweifelhaften Dingen ein für alle Male abgewendet, hätte nicht gerade damals ein besonderer Umstand unser Interesse dafür aufs neue in Anspruch genommen.

Zu jener Zeit weilte nämlich der berühmte englische Physiker Lord Rayleigh in Wien, der etwa zehn Jahre später das Argon entdeckt und dafür den Nobelpreis erhalten hat. Ihn hatte Simony wiederholt aufgesucht und sich mit ihm über verschiedene mathematische und physikalische Themen auseinandergesetzt. Einst, nach einer solchen Begegnung, kam er in großer Erregung zu mir und erzählte, Lord Rayleigh habe ihm, als er über Zöllners „Transzendentale Physik" gesprochen, mitgeteilt, er hätte wiederholt gewisse indische Asketen gesehen, die weit entfernte Gegenstände vor seinen Augen durch bloße Willensanspannung in Bewegung versetzt und auf sich hätten zukommen lassen, so etwa, wie man zahme Tiere durch Lockrufe dahin bringe, daß sie sich einem nähern. Die in Madras vor kurzem gegründete „Theosophische Gesellschaft" beschäftige sich unablässig mit diesen und ähnlichen merkwürdigen Vorgängen und mit den neu entdeckten, uralten Lehren des „esoterischen Buddhismus".

Auf die erstaunte Frage Simonys, wie er sich die von ihm beobachteten Fernwirkungen jener Inder erkläre, habe Lord Rayleigh kurz geantwortet: „Durch die tätige Einwirkung von Geistern." „Wie? Sie glauben in der Tat an Geister? Wie ist das möglich?" „Ich glaube an Geister", habe Lord Rayleigh erwidert, „weil ich sie sehe!" Die Antwort des großen Forschers hatte meinen Freund völlig verblüfft und so sehr aus der Fassung gebracht, daß seine Erregung noch nachzitterte, als er mir davon erzählte. Wir waren darüber einig daß wir den Berichten über jene so merkwürdigen Vorgänge weiter nachgehen müßten, wenn es auch kaum zu begreifen sei, daß ein so genialer und scharfsinniger Mann der Wissenschaft wie Lord Rayleigh zugleich ein den tollsten Halluzinationen zugänglicher Visionär sein könne.

Es war uns längst als überaus merkwürdig erschienen, daß auch sonst eine beträchtliche Anzahl hervorragender Gelehrter wie etwa William Crookes, Theodor Fechner, Friedrich Zöllner und Sir Alfred Russell Wallace, bei der strengsten Disziplin des Denkens und der Fähigkeit zu höchst abstrakten Begriffskonstruktionen, doch zugleich auch eine unbegreifliche Hinneigung zu geradezu animistischen Vorstellungen aufwiesen, wie solche eigentlich weit mehr dem Geistesleben primitiver und wilder Völker angemessen schienen als dem großer Naturforscher.

Wenn wir uns nun von allem Anfange an auch gegen die von den Theosophen vorgebrachten Phänomene kaum weniger mißtrauisch verhielten als gegen die Spiritisten, so erschienen mir die erwähnten Mitteilungen des Lord Rayleigh doch so ungewöhnlich, daß ich mich kurz entschloß, mit den Häuptern der Theosophischen Gesellschaft sogleich in Verbindung zu treten. Ich begann eine rege Korrespondenz nach allen Seiten, reiste in die Schweiz und in die Rheinprovinz, nach Belgien und England, machte die persönliche Bekanntschaft der damals berühmten Madame H. P. Blavatsky, des Colonel Olcott, des Colonel Sinnett und einiger junger Inder, welche zu jener Zeit an der Spitze der Theosophischen Gesellschaft standen. Nach Wien zurückgekehrt, brachte ich auch eine Anzahl theosophischer Schriften mit, welche wir nun eifrigst studierten. Was aber die dort beschriebenen okkulten Vorgänge betrifft, so nahm unser Mißtrauen gegen diese um so mehr zu, je mehr wir davon zu hören und zu lesen bekamen. Es wurde uns dabei immer klarer, daß wir keineswegs die richtigen Leute seien, um solche Erscheinungen erfolgreich zu überprüfen, daß dies überhaupt nicht so sehr die Aufgabe von Mathematikern, Physikern oder anderen Männern der Wissenschaft sei, als vielmehr die von geschickten und erfahrenen Taschenspielern, und daß für das Verständnis „okkulter" Phänomene weniger Abhandlungen über Ätherschwingungen, Spektralanalyse oder Elektrodynamik, noch Zöllners Bücher über die Natur der Kometen oder die „Transzendentale Physik" die richtige Vorbildung seien, als vielmehr Werke über Salonmagie.

Ich habe schon erwähnt, wie sehr unsere Beschäftigung mit den höheren Mannigfaltigkeiten und Raumdimensionen im Zusammenhang mit metageometrischen Phantasien, uns zu den Ideen des Astronomen Zöllner und den philosophischen Schwärmereien Fechners hingeführt hatten, zu dessen tief poetischer „Vergleichenden Anatomie der Engel", dem wundervollen „Büchlein vom Leben nach dem Tode" und insbesondere zu seinem großartigen „Zend-Avesta". Nun aber glaubten wir, in einigen von der Theosophischen Gesellschaft herausgegebenen Publikationen ähnliche Gedanken in neuer Form zu finden. Unter den Schriften, welche ich aus London mitgebracht hatte, war es insbesondere eine von Mabel Gollins herausgegebene: „Light on the path" („Licht auf den Weg"), deren eigenartige Sprache und Ethik uns besonders gefangennahm.

Simony, der schon in früheren Jahren wiederholt mit dem damals in Prag weilenden berühmten Physiker Ernst Mach über mathematisch-philosophische Probleme korrespondiert hatte, legte den größten Wert darauf, die Meinung dieses verehrten Forschers auch hierüber einzuholen. War doch Mach der erste gewesen, der schon in den Sechzigerjahren in seinen Studien über

Raum und Zeit sowie in seinen Vorlesungen an der Grazer Universität versucht hatte, gewisse physikalische und chemische Erscheinungen durch die Einführung höherer Mannigfaltigkeiten zu erklären. Simony meinte daher, niemand sei mehr berufen, über die Lehren der neuen Theosophie und insbesondere über das erwähnte Büchlein zu urteilen als Ernst Mach; da er aber gerade damals mit einem gefährlichen Ohrenleiden darniederlag, bat mich Simony, an seiner Statt ausführlich nach Prag zu schreiben und die kleine Schrift beizuschließen. Nach etwa einer Woche traf Machs Antwort ein. Dieser bisher unbekannt gebliebene, noch jetzt in meinem Besitz befindliche Brief lautet:

„Hochgeehrter Herr College!
Mit bestem Dank sende ich Ihnen die Schrift „Licht auf den Weg" zurück.
Es ist allerdings bei der poetischen Ausdrucksweise, die wahrscheinlich durch die Übersetzung noch an Bestimmtheit verloren hat, schwer, sich klar zu machen, wie viel in der Schrift wirklich steht, wie viel man hineinliest; so viel ich aber absehen kann, möchte ich aus meiner Grundanschauung beiläufig dieselben praktischen Konsequenzen ziehen, welche in der Schrift enthalten sind. Wie weit die theoretische Grundanschauung übereinstimmt, wage ich nicht zu entscheiden.
Interessant und wichtig und belehrend ist mir, daß von der reinen Askese, die man sich gewöhnlich vorstellt, hier keine Rede sein kann.
Mit nochmaligem Dank und hochachtungsvollem Gruß
Ihr ergebenster
Prag, 9. November 1887. E. Mach."

Der wenige Tage vor Theodor Fechners Tode geschriebene Brief übte, trotz den zustimmenden Worten, auf unseren Enthusiasmus dennoch eine stark ernüchternde Wirkung aus; wenn ich aber jetzt, nach so vielen Dezennien, „Licht auf den Weg" und manche von den Büchern wieder lese, die uns damals in so große Begeisterung versetzt hatten, so bin ich erstaunt, mit wie ganz verschiedenen Gefühlen ich sie nun betrachte, und es erscheint mir nur allzu begreiflich, daß der um vieles ältere und überlegen besonnene Ernst Mach sich damals mit so vorsichtiger Zurückhaltung über diese Dinge geäußert hat.

Erlebnisse mit Mathematikern und Zauberern

Die Mathematiker teile ich in zwei Klassen: in solche, welche die ‚Disquisitiones generales' von Gauß, seine ‚allgemeinen Untersuchungen über krumme Flächen' gelesen und verstanden haben und in solche, natürlich die Mehrzahl, bei denen dies nicht der Fall ist." — Also sprach im Jahre 1883 mein verehrter Freund Oskar Simony; und sein Ausspruch fiel mir zentnerschwer auf die Seele, weil ich mir eingestehen mußte, daß ich, vorläufig wenigstens, in die zweite von diesen Klassen gehörte. Und da mir Simony als einer der größten Gelehrten und tiefsten Mathematiker jener Tage bekannt war, beschloß ich, diesem beschämenden Zustande sogleich ein Ende zu setzen. So stürzte ich mich in das Studium jener schwierigen lateinischen Abhandlung des unsterblichen Gauß. Diese Lektüre aber zwang mich zu stets größerer Einsamkeit und bald war ich dahingelangt, daß ich täglich um vier Uhr morgens mit dem Studium begann. Nach einigen Wintermonaten harter Arbeit konnte ich meinem Freunde melden, daß ich glaubte, des Buches Herr geworden zu sein und mich nun zur ersten seiner Klassen zählen dürfe. „Jetzt wird man mit dir bald auf gleichem Fuße verkehren können", erwiderte Simony lachend.

Damals konnten wir allerdings nicht ahnen, daß diese Abhandlung von Gauß einige Jahrzehnte später eine von den Grundlagen für die kühnen Spekulationen der „allgemeinen Relativitätstheorie" Einsteins bilden werde; für Simony war sie damals schon ein Gegenstand des Entzückens und er zeigte mir, welche weiten philosophischen Ausblicke sie dem Kundigen zu eröffnen vermöge. Auch hatte er daran gedacht, sie für seine Arbeiten über Knoten und Verschlingungen von Bändern heranzuziehen. Einige Jahre vorher hatte er nämlich jenes ganz neue Gebiet der Mathematik entdeckt, die „Topologie", zu der es bis dahin nur ganz bescheidene Ansätze gegeben hatte.

Diese Studien und Experimente über die topologischen Eigenschaften der Knoten hatten aber Simony, wie gleichfalls schon erwähnt, zu den zeitgenössischen Arbeiten Friedrich Zöllners geführt, der im Verlaufe seiner Studien über die Natur der Kometen und durch seine „Transzendentale Physik" ganz unvermutet mitten in den Spiritismus hineingestolpert war und dessen sonderbare Experimente mit dem amerikanischen Medium Mr. Henry

Slade in der ganzen Welt Aufsehen erregt hatten.

Auch hier, bei der Fesselung der Versuchsperson und bei anderen Experimenten, spielten die Verknotungen von Schnüren eine beträchtliche Rolle, und nachdem Zöllner, um die ihm unbegreiflichen Vorgänge zu erklären, schließlich seine Zuflucht zu Betrachtungen über eine vierte Raumdimension genommen hatte, begann nun auch Simony sich für diese Dinge näher zu interessieren. Vor allem hieß es, die Zöllnerschen Experimente zu wiederholen, um sich durch den Augenschein ein eigenes Urteil zu bilden. Durch diese Versuche wurde Simony nun methodisch zu der Grundfrage hingeführt: Kann man, wie dies angeblich Slade durch seine „Geister" bewirkt hatte, in einer ringförmig geschlossenen Schnur, ohne diese quer zu durchschneiden, einen oder mehrere Knoten erzeugen, und wie müßte dies eventuell gedeutet werden? Hier war nun der Punkt, wo vielleicht Simonys neu entdeckte Topologie ihr Licht verbreiten konnte.

Nach einer ermüdenden Reihe von „Sitzungen" hatte Simony aber immer deutlicher die völlige Aussichtslosigkeit aller dieser spiritistischen Veranstaltungen erkannt und so kam es, daß er schließlich die Medien Medien sein ließ und sich nur mehr mit seinen tausendfältigen Modellen von Knoten beschäftigte, deren merkwürdige Verschlingungen ihn nun immer tiefer in ein wirkliches Reich des Geistes hineinführten: denn hier ergaben sich ihm erstaunliche Beziehungen zwischen jenen Knoten und den unergründlich tiefen Gesetzen der Primzahlen, der letzten „Atome" aller Zahlen.

Gerade zu jener Zeit erhielt nun Simony von einer sehr einflußreichen Persönlichkeit die Einladung, an einer spiritistischen Sitzung mit einem weltberühmten Medium teilzunehmen und diese wissenschaftlich zu überwachen. Nur ungern und nach langem Schwanken leistete er der Aufforderung schließlich Folge. Die ganze Sitzung war eine Kette von Mißerfolgen; wie von spiritistischer Seite behauptet wurde, wegen der von vornherein feindseligen Haltung des Hausherrn, der das Medium durch seine höhnischen Bemerkungen reizte und gänzlich aus der Fassung brachte. Auch Simony war wütend, denn ihm schien dieses Verhalten als eine Verletzung des Gastrechtes und er fand, daß dem Medium gerade dadurch eine billige Ausrede für jegliches Mißlingen geboten werde.

Nach einem üppigen Souper und nachdem die anderen Gäste

sich verabschiedet hatten, wurde Simony von dem Hausherrn zu einer vertraulichen Äußerung zurückbehalten. „Nun, Herr Professor", meinte er, „wie beurteilen Sie als Physiker eigentlich diese Phänomene?"

„Meine Ansicht, Exzellenz", antwortete mein Freund, „ist die, daß es vielleicht gestattet sein möchte, das Zustandekommen ‚okkulter' Phänomene mit dem Anschießen von Kristallen aus einer gesättigten Lösung zu vergleichen: auch hier bedarf es zur Bildung schöner Gestalten einer angemessenen Dauer, der Wärme, Dunkelheit und völliger Ruhe." „Welch ein wundervoller Vergleich", meinte der Gastgeber, „aber was für Schlüsse ziehen Sie daraus?" „Wenn man aber", fuhr Simony unbeirrt fort, „in einer Salzlösung mit einem Knüppel umrührt, dann können sich keine Kristalle bilden." Nach diesem Gespräch ist Simony dort nicht mehr eingeladen worden und für seine Karriere ist dies alles nicht sehr förderlich gewesen.

Bald nach jener Zusammenkunft lud ich Simony mit einem meiner Freunde, einem hervorragenden Ingenieur und Erfinder, der sich aber nebenbei auch viele Jahre mit dem Studium „okkulter Phänomene" beschäftigt hatte, zu einem Abendessen. Als von den Vorfällen der ebenerwähnten Séance die Rede war, lachte der Ingenieur in sich hinein. „Lieber Herr Professor!" sagte er zu Simony, „ein Mann der Wissenschaft, der sich dazu hergibt, ‚okkulte Phänomene' zu ‚überwachen', tut mir herzlich leid, denn er kann sich dabei nur blamieren. Um nämlich über diese Dinge ein Urteil zu erlangen, genügt es nicht, ein bedeutender Physiker oder Philosoph zu sein und die Literatur der Mystik zu kennen; dazu ist vor allem auch erforderlich, daß man ein erfahrener Taschenspieler sei; denn, nur wer darin Meister ist, kann den Wert spiritistischer und antispiritistischer Vorführungen richtig beurteilen. Erst wenn man die Taschenspielerkunst kennengelernt hat, versteht man, daß es dabei nicht allein auf Fingerfertigkeit ankommt, sondern vor allem auf ein gutes Stück praktischer Psychologie. Wer von diesen Dingen eine Ahnung bekommen will, der lese die Schriften des berühmten Salonmagiers Robert Houdin; diesen hatte einst die französische Regierung nach Algier entsendet, damit er dort auf die Marabouts, die Aissauas und andere Fakirsekten durch seine Zauberkünste Eindruck mache und sie zum Gehorsam zwinge, was ihm auch vollkommen gelang. In Houdins Schriften finden sich auch die fünfzehn psychologischen Prinzipien angeführt, ohne welche auf diesem Gebiete kein Erfolg möglich ist."

Während wir, an dem Speisetische sitzend, ihm zuhörten, erschien das Stubenmädchen mit einem Tragbrett, auf welchem sich dampfende Schüsseln und Karaffen befanden. „Einen Augenblick", sagte der Ingenieur zu dem Mädchen, nahm ihr das Tablett ab und schleuderte es mit gewaltiger Kraft gegen die Decke, in der es geräuschlos zu verschwinden schien.

„Sehen Sie", sagte er lachend, als wir ihn sprachlos ansahen, „dieses Kunststück habe ich nach dem Prinzip ‚L'oeil' Houdins ausgeführt, dem dritten in seiner Liste. Es lehrt, wie man die Aufmerksamkeit der Zusehenden durch eine Überrumpelung irgendwo anders hinbannt, während man offen und ungeniert vor ihren Augen operiert." Er zeigte nach rückwärts und auf einem Diwan erblickten wir das Brett mit den dampfenden Speisen.

„Die erste von den fünfzehn Lehren Houdins ist die, daß man unter keinen Umständen vorher mitteilt, was man machen werde; ein anderes Prinzip, daß der Magier niemals ein Kunststück wiederholen dürfe, am wenigsten ein mißglücktes, aus welchem er vielmehr mit großem Applomb ein anderes zu machen habe, und daß man das Publikum niemals um Nachsicht bitten solle. Ein wichtiges Hilfsmittel aller Zauberei ist das ‚Boniment', jenes sinnverwirrende Geschwätz, das man von Jahrmarktbuden und von Marktschreiern her kennt. Eine besonders wirksame Form solch verworrenen Gewäsches ist das ‚Amphigouri', das in verzweifelten Fällen Wunder wirken kann, besonders wenn es mit dem erforderlichen Pathos vorgebracht wird."

Man sieht, dies sind nicht bloß die Prinzipien der Salonmagie und der Vorführung okkulter Phänomene: es sind auch wichtige Hilfsmittel aller Rhetorik, allen sozialen Verkehrs; und die fünfzehn Punkte Houdins sind nicht minder auch in manchen philosophischen Systemen erfolgreich angewendet worden. Auch das „Boniment" und das „Amphigouri"!

Im Leben Oskar Simonys haben, gerade nach seiner Abwendung vom Okkultismus, die topologischen Entdeckungen einen Wendepunkt bedeutet, und er hat an diesen Problemen bis zu seinem Tode unermüdlich weitergearbeitet. Wer in die Erhabenheit der Zahlengesetze, etwa in die Abgründe des „Goldbachschen Problems" oder des „Fermatschen Satzes" einen Blick getan hat, wird keinen Augenblick darüber im Zweifel sein, daß auch Simony dem Reiche des „Übersinnlichen" mit seinen Arbeiten näher gekommen ist, als ihm dies durch irgendwelche indische, afrikanische oder andere Magie und Mystik möglich gewesen wäre!

Erziehung durch Musik

Die Brandruinen von Wiener-Neustadt

Gegen Ende der Siebzigerjahre gab es in Mödling einen recht merkwürdigen Kreis von jungen Leuten, die Sommer und Winter regelmäßig dort zusammenkamen, nicht allein, um miteinander in den Felswänden der Vorderbrühl halsbrecherische Kletterübungen zu machen, sondern auch zu botanisieren, zu musizieren und über philosophische Probleme zu streiten.

Es wird damals in ganz Europa schwerlich viele Leute gegeben haben, die, gleich uns, über Friedrich Nietzsche und über die „Geburt der Tragödie" leidenschaftlich erregte Kontroversen geführt hätten. Der Älteste von uns, Emil Kirschbaum mit Namen, wurde, da er sogar schon verheiratet war, mit besonderem Respekt behandelt. Er war ein vortrefflicher Musikpädagoge und es dauerte nicht lange, daß ich sein Schüler wurde. Ich habe mit ihm nicht allein Klavier- und Orgelspiel betrieben, er hat mich auch zuerst in die Mysterien der Harmonielehre und des Kontrapunkts eingeweiht, etwa fünf Jahre, bevor ich Privatschüler von Anton Bruckner werden durfte. Da er viel mit dem wenige Jahre vorher verstorbenen berühmten Musikschriftsteller August Wilhelm Ambros verkehrt hatte, war ihm ein lebhaftes Interesse für Musiktheorie und Musikgeschichte geblieben, und so kam es, daß er auch sein ganzes Geld für solche Bücher und Drucke ausgab. In dem schönen Landhause, welches er in der Mödlinger „Klause" Sommer und Winter bewohnte, gab es eine sehr wertvolle Bibliothek mit erlesenen seltenen Büchern und Musikalien, die er sein eigen nannte. Wie viele köstliche Stunden habe ich in diesem behaglichen, an die senkrechten Felswände angeschmiegten alten Gebäude zugebracht! Dort studierten wir Bach und Händel, er lehrte mich, Gesangspartituren in den alten Schlüsseln zu lesen, und er führte mich in die geistvollen Theorien von Francois Joseph Fétis ein, dessen gesamte Werke er besaß. Gemeinsam mit den übrigen Mitgliedern unseres Kreises wurden mitunter auch unter seiner Leitung Musikstücke von alten Meistern aufgeführt: ein Chor von Josquin Déprés, Choräle von Bach und manches andere weniger bekannte Werk; und so verbrachten wir einige Jahre, voll der tiefsten Freuden und Anregungen.

Eines Sonntags, Anfang Dezember 1881, war ich nach einer längeren Pause wieder einmal nach Mödling hinausgefahren, um dem „Husarentempel" und dem dort mitten im Nadelwalde gelegenen Felszacken, dem „Matterhörndl", einen Besuch abzustatten. Es war schon die Abenddämmerung hereingebrochen, als ich auf dem Rückwege bei Kirschbaum für einige Minuten vorsprach. Da ich um sieben Uhr in Wien sein mußte, konnte diesmal mein Besuch nur sehr kurz sein. „Haben Sie neue Erwerbungen gemacht?" fragte ich ihn, nachdem wir uns begrüßt hatten. „Eigentlich nichts Besonderes", meinte er; „es ist kaum der Rede wert. Doch halt! da fällt mir eben eine recht merkwürdige Sache ein, die ich vorige Woche durch Zufall bekommen habe. Es ist ein eigentümliches Musikstück von Karl Czerny, dem Schüler Beethovens und Lehrer von Franz Liszt, den Sie ja von der „Schule der Geläufigkeit" her genügend gut kennen. Das Stück hat eine Opuszahl um Op. 350 herum; aber bei Czerny ist das doch nichts Besonderes; Sie wissen ja, daß er über tausend Opera hervorgebracht hat. Ich habe das Stück, zusammen mit einigen anderen, zu einer Rolle zusammengebunden, um einen Pappenstiel gekauft und anfänglich gar keinen Wert darauf gelegt. Erst als ich den Titel näher ansah, begann ich neugierig zu werden, und bald hatte ich auch entdeckt, daß dieses Werk längst vergriffen, aus dem Musikalienhandel gänzlich verschwunden und eine große Seltenheit geworden sei."

„Und nun gar dieser sonder bare Titel: ‚Die Brandruinen von Wiener-Neustadt von Karl Czerny. Der Ertrag wird den verunglückten Bewohnern von Wiener-Neustadt zugewendet werden', heißt es auf dem Umschlag, der durch einen gewaltigen Doppeladler mit Zepter und Krone geschmückt ist. Hier ist dieses Opus, sehen Sie sich es an, oder besser noch, setzen Sie sich zu mir ans Klavier, ich werde Ihnen gleich vorspielen!" „Sehr liebenswürdig", antwortete ich, „aber ich furchte, es wird mir heute nicht mehr möglich sein, denn ich muß um sieben Uhr in Wien eintreffen, ich bin bei Freunden zum Essen geladen und muß mich noch umkleiden." „Ach was", sagte er, „das wird schon gehen, das Stück ist ja, wie Sie sehen, nicht sehr lang, und Sie haben reichlich Zeit." Und so setzten wir uns ans Klavier und Kirschbaum begann zu spielen.

Das Tonstück steht in D-moll, es beginnt mit einem etwas primitiven Presto, das offenbar die rasch um sich greifende Feuersbrunst darstellen soll. Das Presto wird immer lebhafter, leitet aber schließlich in ein stimmungsvolles Andante über, das wohl ein Gebet, einen Ruf nach göttlicher Hilfe, bedeuten dürfte. Nun aber setzt wieder ein rasch bewegtes Allegro ein, chromatische Läufe ergießen sich zischend über die Brandstätte, Feuerwehrrufe mit der Horn-Quarte, genau so wie noch heutzutage in Wien, ertönen von allen Seiten; unter dem Geplätscher von niederstürzenden Wasserstrahl-Skalen und -Läufen scheinen die Flammen allmählich zusammenzusinken; aber die chromatischen Läufe lassen nicht locker; immer weiter bohren sie sich in den glühenden Flammenherd ein; und so scheint der Sieg menschlicher Kraft und der mutigen Feuerwehr nicht mehr ferne. Und richtig! Triumph! Das Feuer scheint eingedämmt, ist besiegt! Und so schlägt auch die Tonart in Dur um, und die linke Hand greift, erst schüchtern, leise, dann immer kräftiger und selbstbewußter, in strahlendem D-dur alles übertönend, die Kaiserhymne: „Gott erhalte"; und in dieser D-dur-Tonart schließt auch, in eine Apotheose ausklingend, das ganze Stück.

Wir unterhielten uns noch einige Minuten über den köstlichen Fang, der meinem Freunde geglückt war, und über die herzerfrischende Naivität dieser aus der „Schule der Geläufigkeit" siegreich hervorgegangenen Naturschilderung.

Als ich auf die Uhr sah, erschrak ich, denn es war fraglich, ob es mir noch gelingen werde, den Zug nach Wien zu erreichen. Da es keinerlei Fahrgelegenheit zum Bahnhof gab, mußte ich den Weg dahin im Laufschritt zurücklegen; aber ich vermochte doch, den richtigen Zug im letzten Augenblick zu besteigen. Und nun erst, da ich ruhig im Waggon saß, fand ich Muße, über das sonderbare Musikstück Czernys nachzusinnen und mich an dessen kindlicher Darstellung zu erfreuen.

Ich mochte etwa eine Viertelstunde gefahren sein, als meine Aufmerksamkeit durch eine düstere Rötung des Firmaments in der Richtung gegen Wien erregt wurde. Niemand konnte sich dieses Phänomen erklären. Als wir aber Meidling erreichten, sahen wir einen gewaltigen Feuerschein. Alles rannte auf dem Bahnhof durcheinander, alles war in großer Aufregung. Und als wir auf dem Wiener Südbahnhof ankamen, hieß es, das Ringtheater am Schottenring stehe in hellen Flammen! Ich eilte auf die Straße hinab, es gelang mir, einen Wagen zu bekommen, und ich fuhr geradeaus zum Ringtheater. Dieses stand in hellen Flammen, die zum Dach herausschlugen, senkrecht in die Höhe züngelten und die ganze Ringstraße dort taghell erleuchteten. Es war ein schauriger Anblick! Ich versuchte die Straße zu überqueren, um zu erfahren, ob Menschenleben zu beklagen seien, denn ich wußte, daß eine Anzahl meiner Freunde, auch mancher aus dem Mödlinger Kreise, Karten für die Vorstellung von „Hoffmanns Erzählungen" im Ringtheater genommen hatten. Ich war also in großer Angst um sie. Aber die Wachposten, zu denen ich mich nach harten Ringkämpfen mit wild durcheinanderbrüllenden, offenbar wahnsinnig gewordenen Menschen hatte durcharbeiten können, beruhigten mich und erklärten, es sei kein Grund zu ernster Sorge, niemand sei verunglückt. So fuhr ich, wesentlich erleichtert, nach Hause.

Und am nächsten Tage erfuhr ich dann, daß der Brand dreihundertachtzig Menschenleben gekostet hatte! Man kann sich vorstellen, welcher jähe Schrecken mich bei dieser Kunde erfaßte! Sogleich eilte ich von Haus zu Haus, wo meine Freunde wohnten, um zu erfahren, was aus ihnen geworden sei. Aber, welch ein sonderbarer Zufall! Sie alle, die sich mit großer Mühe Karten für die Aufführung verschafft hatten, waren den Tag vorher davon wieder abgekommen, den Feiertagabend im Theater zu verbringen, und hatten ihre Karten zurückgegeben, da es ihnen reizvoller erschien, das schöne Wetter zu einem Winterausflug nach dem Schneeberg auszunützen. Und zu der Stunde, da das Ringtheater in hellen Flammen stand, waren die meisten von ihnen im Baumgartnerhaus auf dem Schneeberg um einen langen Tisch zu einem gemütlichen Mahle versammelt und sind später dann, noch mit dem Nachtzuge, wohlbehalten nach Wien zurückgekehrt. Die anderen aber hatten das Schutzhaus gemieden, um direkt abzusteigen und in Payerbach einen früheren Zug zu erreichen. Beim Abstiege aber war eine der Gesellschaft angehörige Dame auf einem vereisten Schneefeld ausgeglitten und in rasender Fahrt in die Tiefe hinabgeschossen! Alle dachten, sie sei tot oder doch schwer verwundet. Als man aber so rasch als möglich abgestiegen und in Reichweite von ihr gelangt war, stellte sich heraus, daß sie erstaunlicherweise ganz heil und unverletzt geblieben war; und so konnte auch dieser Teil der Gesellschaft noch den Nachtzug nach Wien erreichen. An der Stelle aber, wo die Dame, übrigens eine Verwandte des berühmten Komponisten Wilhelm Kienzl, damals ausgeglitten war, wurde dann, gerade ein Jahr später, ein Gedenkstein mit einem kunstvollen „Marterl" errichtet.

Und durch viele Dezennien hindurch pflegte sich dieser Kreis von Freunden, die es ihrer Liebe zum Schneeberg zu verdanken hatten, daß sie damals, am 8. Dezember 1881, nicht gleichfalls im Ringtheater ein Opfer der Flammen geworden waren, an jedem 8. Dezember dort oben im Baumgartnerhause zu einem stillen Mahle zu vereinigen. Und jedem von ihnen ist dort, in dem Zauber der stillen Winterlandschaft, immer wieder die unbegreifliche Zufälligkeit alles Geschehens und alles menschlichen Schicksals in tiefer Ergriffenheit zum Bewußtsein gekommen. Nun aber sind sie fast alle längst unter der Erde, und so mögen diese Zeilen ihrem Angedenken gewidmet sein!

Es ist jetzt mehr als hundert Jahre her, daß Wiener-Neustadt durch jene furchtbare Feuersbrunst fast ganz vernichtet worden ist, durch eine Katastrophe, die sich nur mit der des Ringtheaterbrandes vergleichen läßt; aber die Zeit schreitet unaufhaltsam, schicksallos, über alle Brandruinen und über alle Schrecknisse hinweg.

Mit Menschen, die Beethoven gekannt haben

Lieber, guter Herr Hofkapellmeister, jetzt lasse ich Sie aber nicht mehr aus, jetzt müssen Sie endlich Ihr Versprechen einlösen und mir Näheres über Ihre Begegnungen mit Beethoven erzählen! Wo haben Sie ihn getroffen, was hat er mit Ihnen geredet, wie hat seine Stimme geklungen, wie hat er ausgesehen, wie war sein Gesichtsausdruck, wie war er gekleidet?

Ja, mein lieber junger Freund, antwortete der so Angeredete, recht gerne erzähle ich Ihnen alles, dessen ich mich noch entsinnen kann; aber so einfach, wie Sie zu glauben scheinen, ist das doch nicht; es ist ja schon so furchtbar lang her! Also: Es war an einem Donnerstag im Hochsommer, so gegen fünf Uhr nachmittags, die Jahreszahl kann ich nicht mehr genau angeben; wie meistens am Donnerstag, hatte ich in Döbling zu tun; ich war damals noch ein ganz junger Sängerknabe, ein rechter „Mistbub". Und wie ich dort, schon ziemlich weit draußen, bei dem Wirtshaus „Zum Auge Gottes" vorbeikomme, sehe ich in dem schattigen Vorgarten den Beethoven sitzen. Vor sich ein Glas Wein, las er in einem kleinen Buch. — Jawohl, Herr Hofkapellmeister, soweit kenne ich die Geschichte schon, das haben Sie mir ja schon einige Male erzählt; aber was war dann? — No ja, antwortete er, das ist eben sehr schwer zu schildern. Wissen Sie, es war ein fürchterlich heißer Tag, die Sonne hat nur so heruntergebrannt; kein Wunder, daß auch Beethoven, besonders bei seiner zu warmen Kleidung, damals sehr durstig war! — Da werden Sie schon recht haben, Herr Hofkapellmeister, meinte ich; aber was war dann? Sie sagen, Sie hätten mit Beethoven gesprochen? — Freilich, erwiderte er, natürlich habe ich mit ihm gesprochen. Und es ist nicht das erste und nicht das letztemal gewesen! — Wie überaus merkwürdig, sagte ich, welch eine Erinnerung für das ganze Leben! Aber, nun sagen Sie mir auch, lieber, verehrter Herr Hofkapellmeister, was haben Sie mit Beethoven gesprochen, hat er, der damals schon ganz taub gewesen sein muß, Ihre Worte verstanden? Und was hat er Ihnen geantwortet? —

Aber es war wiederum alles vergeblich; auch diesmal sollte es mir nicht gelingen, aus dem lieben, vornehmen alten Herrn, dem berühmten Hofkapellmeister Professor Gottfried Preyer, mehr über sein wiederholtes Zusammensein mit Beethoven herauszubringen, soviel ich mich auch bemühte und so oft ich es später auch versucht habe! Immer wieder, wenn ich mit meinem Anliegen kam, rückte er seine schmale Stahlbrille zurecht, zupfte nervös an seiner weißen leinernen Vatermörderkrawatte, machte sich mit seinem grauen Zylinderhut zu schaffen und begann die alte Erzählung von vorne, ohne daß diese jemals einen Schritt vorwärtsgekommen wäre! So gab ich es denn mit der Zeit auf, in ihn zu dringen und war zufrieden, wenn er mir ausführlicher von seiner Organistentätigkeit in den Dreißigerjahren und von seinem Kontrapunktmeister Simon Sechter erzählte, der ja später dann auch Anton Bruckners Lehrer geworden ist.

Glücklicherweise hatte ich aber in Wien noch einen Bekannten, der in seiner Jugend Beethoven noch des öfteren gesehen und ihn sprechen gehört hatte; das war der gleichfalls hochbetagte Herr August Artaria, der Chef des gleichnamigen, historisch bedeutsamen Verlagshauses. Wie oft bin ich dort, in dem uralten Gebäude am Kohlmarkt, in dem niedrigen, gewölbten Verkaufslokal gewesen, um mir die Landkarten für meine Fußwanderungen und Bergtouren zu besorgen. Häufig kam dann der alte Herr aus seinem rückwärtigen Zimmer hervor, um mir dabei zu raten und behilflich zu sein, denn er schien sich sehr für meine Reisen zu interessieren und geradezu aufzuleben, wenn ich ihm in jugendlichem Ungestüm von meinen Erlebnissen und Abenteuern erzählte. Mit seinem glattrasierten feinen, von schneeweißen Haaren umrahmten Gesicht, seinem hochgeschlossenen langen schwarzen Tuchrock, der Atlaskrawatte mit mächtiger Perle und dem an einem Seidenbande baumelnden Lorgnon erschien er mir wie ein Bote aus längst vergangenen Zeiten.

Zum Dank für meine Reiseberichte sprach er mir dann häufig von seiner Jugend in Oberitalien, von dem schönen väterlichen Landhaus am Comersee und von der Gründung seiner Firma, die lange vor der französischen Revolution stattgefunden habe; wie dann auch die beiden Verlagshäuser Diabelli und Spina aus der Firma Artaria hervorgegangen seien; und wie er damals Beethoven dort häufig habe aus- und eingehen gesehen, als dieser die Drucklegung seiner Werke betrieb; wie Beethoven insbesondere mit dem ihm befreundeten Antonio Diabelli viel verkehrt habe, der nicht nur Verleger, sondern auch Komponist gewesen, und daß er sogar einen von dessen ganz veralteten, steifleinenen Walzern bearbeitet habe. Natürlich meinte Artaria die „Dreiunddreißig Veränderungen über einen Walzer von Diabelli" in C-dur, Op. 120, die Beethoven im Jahre 1823 geschrieben hatte, eines der kühnsten und tiefsten Klavierwerke aller Zeiten. Artaria zeigte mir auch ein treffliches Bild von Diabelli, einen Stich aus jener Zeit.

Als er meine innere Erregung über seine Mitteilungen bemerkte, lud er mich ein, mit ihm nach dem ersten Stock hinaufzusteigen, wo er mir das „Heiligtum seines Hauses" zeigen wolle. Wir traten in einen hellen geräumigen Salon mit alten Bildern und Schränken an den Wänden und einem mächtigen, von pfirsichfarbenen Brokatstühlen umgebenen langen Tisch. Der alte Herr lud mich ein, Platz zu nehmen, öffnete einen eisernen Schrank und breitete vor mir ein großes Paket mit Noten auf dem Tisch aus. Es war das Manuskript der Neunten Symphonie, Beethovens Handschrift! Langsam, mit angehaltenem Atem, begann ich, in dieser geheiligten Partitur zu blättern. Welch ein Gefühl, alle diese mir so innig vertrauten Klänge jetzt vor mir zu haben, wie sie einst von Beethovens eigener Hand in der größten Erregung, oft kaum leserlich, auf das nun längst vergilbte Papier hingeworfen worden waren! Und dann, in dem letzten Satz der Symphonie, das Rezitativ! Und die merkwürdige Stelle, wo Beethoven in dem „Lied an die Freude" ein Wort Schillers abgeändert und in dem Satze: „was die Mode streng geteilt", das Wort „streng" durch „frech" ersetzt hatte! Das muß man aber im Original sehen! Mit einem dicken Zimmermannsrotstift ist das Wort „streng" durchstrichen und mit zollgroßen braunroten Buchstaben das Wort „frech" darübergeschrieben! Welche verhaltene Wut bricht übermächtig aus dieser Schrift hervor! Artaria nahm das Paket wieder an sich und, bevor er es sorgfältig wieder verschloß, breitete er neue Stöße von Beethovens Handschriften vor mir aus: Symphonien, Quartette, Lieder und Klavierwerke! Alle diese Schränke seien ganz angefüllt mit den Manuskripten, welche Beethoven, Haydn und andere Meister einst den engverbundenen Firmen Artaria und Diabelli zum Druck übergeben hatten!

Als ich dann nach Jahren wieder einmal dort vorsprach und um die Erlaubnis bat, eines der Beethoven-Manuskripte einzusehen, wurde mir bedeutet, alle diese Handschriften seien samt und sonders nach Berlin gewandert, wo sie sich in der Kgl. Bibliothek befänden. Welch ein ungeheuerer, unersetzlicher Verlust für Wien und für Österreich!

Außer dem Hofkapellmeister Preyer und August Artaria habe ich aber noch eine dritte Persönlichkeit gekannt, die einst mit Beethoven verkehrt hatte, und dies war kein Geringerer als Franz Liszt. Wiederholt habe ich Franz Liszt am Klavier gehört, im Wiener Bösendorfer-Saale und an anderen Orten, auch als Orchesterdirigenten und als Festredner habe ich ihn erlebt; in Wien, in Budapest und in Bayreuth; am stärksten aber war der Eindruck, den ich von diesem Meister gewonnen habe, als mir schließlich auch das Glück zuteil wurde, mit ihm zusammen in einem befreundeten Privathause eingeladen zu sein und sein Spiel im engsten Kreise zu genießen. Es war dies in dem Hause meines längstverstorbenen Freundes, des Komponisten Adalbert von Goldschmidt, der mit Liszt eng verbunden gewesen und dessen Werke der Meister sehr schätzte. Dort, in seiner Wohnung am Opernring, fanden mehrere Winter hindurch an den Sonntagnachmittagen musikalische Zusammenkünfte statt, zu denen sich, bei Tee und Butterbrot, eine erlesene Anzahl vornehmer und geistig hervorragender Menschen zusammenfand.

Die überaus anmutige, höchst kultivierte und künstlerisch begabte Hausfrau, Frau Paula von Goldschmidt, hatte es mit ihrem hohen Geschmack verstanden, immer neue wertvolle Anregungen zu bieten, und der Hausherr selbst, der mit seiner Gattin lange Jahre in Paris gelebt hatte, mit Alphons Daudet befreundet gewesen und diesem auch in der Erscheinung sehr ähnlich war, verstand es ebenso wie seine Gemahlin vortrefflich, durch eigene Darbietungen und das Heranziehen befreundeter Künstler den Gästen Außerordentliches zu bieten.

Als nun im März 1886 Franz Liszt in Wien weilte, folgte er freudig einer Einladung Goldschmidts, bei einer dieser Sonntagveranstaltungen zu erscheinen. Kurz vorher hatte Liszt eine großartige Phantasie über Motive aus Goldschmidts Oratorium „Die sieben Todsünden" geschrieben, welche am Abend vorher im „Schottenhof", wo Liszt bei seinen Verwandten abgestiegen war, in Gegenwart Liszts, Goldschmidts und seiner Freunde von Liszts Schüler August Göllerich zur Freude aller Anwesenden virtuos vorgetragen wurde.

Am nächsten Nachmittag erschien Liszt bei Goldschmidt am Opernring. Von der Hausfrau inständig gebeten und ans Klavier geleitet, präludierte der Meister und spielte dann mit ganz unvergleichlichem Ausdruck eines seiner Lieblingsstücke von Franz Schubert, das „Ungarische Divertissement", Op. 54. Als ich, unmittelbar neben dem Klavier stehend, seine Gestalt vor mir sah, wie er, diesem Werk ganz hingegeben, mit zärtlicher Liebe dessen verborgenste Schönheiten zutage förderte, da wurde mir blitzartig bewußt, daß dies derselbe Mann sei, der einst, als er noch ein Knabe gewesen, im Konzertsaal, nach seinem Spiel, von Beethoven, der auf das Podium gestürzt war, stürmisch umarmt und geküßt worden ist. Und als ich später dann Franz Liszt vorgestellt wurde, er mich mit mildem Lächeln ansah und mir die Hand reichte, als ich mich tief vor ihm verneigte, da überkam mich das beglückende Gefühl, als empfinge nun auch ich ein Weniges von dem segnenden Kusse Beethovens!

Palestrina-Kult im alten Wien

Seit unvordenklichen Zeiten ist die Stadt Wien ein Mittelpunkt kirchlicher Bestrebungen gewesen und dort hat auch die geistliche Musik immer neue Anregungen und liebevolle Pflege gefunden.

In der Augustinerkirche und dem uralten Stephansdom, insbesondere aber in der Hofburgkapelle, konnte man bis zum Beginn des Weltkrieges jeden Sonntag vormittags Messen, Offertorien, Gradualien und andere sakrale Stücke in vorbildlichen, enthusiastisch dargebotenen Aufführungen miterleben.

In der Hofburgkapelle war die Pflege eines hohen Musikstils – und vor allem Palestrinas – eine alte, streng gehütete Tradition; hatte doch hier schon zur Zeit des Spanischen Erbfolgekrieges der aus der Steiermark eingewanderte Johann Joseph Fux als Dirigent gewirkt, einer der größten Meister des A-capella-Gesanges, der bald darauf „Sr. Kaiserlichen und Königlichen Catholischen Majestät Karls des Sechsten Ober-Capellmeister" geworden ist. Sein berühmtes Buch über Kontrapunkt, der „Gradus ad Parnassum", hat vielen Geschlechtern bis auf unsere Tage als eine wichtige Grundlage für die höhere musikalische Ausbildung gegolten.

Unter der Leitung von Fux wurden in der Hofkapelle auch die Knabenchöre zu großer Vollendung gebracht, und gerade dieser Umstand hat bewirkt, daß man dort von den sonst kaum zugänglichen A-capella-Werken Palestrinas und des Orlando di Lasso Aufführungen von wundervoller Reinheit und hoher Schönheit hat hören können, wie sonst wohl kaum irgendwo. Aber auch in späteren Zeiten sind es immer die größten Künstler gewesen, denen es als eine besondere Auszeichnung erschienen war, in der Hofkapelle wirken zu dürfen, und der Schreiber dieser Zeilen hat oft genug Anton Bruckner an der Orgel, wie auch häufig die bedeutendsten Instrumentalsolisten und Sänger, zusammen mit einem ganz erlesenen Orchester und dem berühmten Knabenchor des Löwenburgschen Konvikts unter der Leitung von Dirigenten wie Hans Richter und Josef Hellmesberger gehört.

Obwohl das Hochamt erst um elf Uhr vormittag begann, war doch zumeist schon nach zehn Uhr der kleine Vorhof in der alten Hofburg und die von dort zur Kapelle emporführende Freitreppe mit Andächtigen und Musikverehrern dicht angefüllt. Wenn dann drinnen die Predigt beendigt war und die Tore wieder geöffnet wurden, drängte die Menge heftig nach vorne, nur mühsam von den beiden riesenhaften, gleichsam in den Boden gewurzelten Hofgendarmen in großer Paradeuniform im Zaum gehalten, während vorne, geradeaus in der Apsis, über den rötlichflackernden Wachskerzen des in Weihrauch gehüllten Hochaltars und den drei in vollem Ornat zelebrierenden Priestern davor, die Sonne durch die bunten Fenster brach, die Orgel dröhnte und die hellen Knabenstimmen vom Chor herab wie Lerchen im ersten Frühling den fugierten Introitus schmetterten.

Zu ganz besonderer Innigkeit und Weihe steigerte sich aber dieser Gottesdienst um die Osterzeit, denn vor die eigentliche mystische „Quindena Paschalis", die liturgische Karwoche, hat die katholische Kirche eine Zeit der stillen Seeleneinkehr und tiefsten geistigen Bußsammlung gestellt, die „Fastenzeit" jener sechs „stillen" Wochen, die von lautem Fastnachtstaumel zur Passionswoche hinüberleiten sollen. Kein lärmender Orchesterklang darf während jener düsteren Tage in den Kirchen gehört werden, ja nicht einmal die Orgel ihre sanften Stimmen erklingen lassen, und so ist es die Zeit, wo Messen und Hymnen für Singstimmen allein, ohne jegliche Instrumentalbegleitung, die „A-capella"-Chöre, liebevollste Pflege finden, wo man Palestrina, Allegri, Orlando di Lasso, Vittoria, Perti, Barnabei und manche andere große Meister aus alter Zeit kennenlernen kann, denen man sonst in dem geschäftigen Marktgetöse unserer Konzertsäle kaum begegnen wird.

Allerdings erfordert es das größte Maß musikalischen Feingefühls, nicht allein um diese Werke richtig zu Gehör zu bringen, sondern auch um sie bloß aufnehmend zu fassen und ihren Gehalt sich anzueignen. Der Aufführung, etwa einer Messe oder Motette von Palestrina, stellen sich viele Schwierigkeiten entgegen: diese Werke müssen ganz besonders rein gesungen und durchaus eigenartig intoniert werden, völlig anders als moderne Lieder oder Chorgesänge; die stützende Hilfe eines begleitenden Orchesters, einer Orgel, eines Klaviers oder sonst eines Instrumentes, daran das Ohr des Sängers einen festen Halt gewänne, fehlt gänzlich, und ein Chor, der für solche Art erhabenen Gesanges nicht ganz besonders geschult und eigens erzogen worden ist, wird schon nach wenigen Takten in die Irre geraten. Dazu kommt, daß diese Kompositionen durchaus in den alten Kirchentonarten abgefaßt, dem verweichlichten modernen Ohr erst nach längerer Übung faßlich werden, daß sie dabei in völlig reiner, untemperierter Stimmung gesungen werden müssen, so daß eigentlich kaum ein einziger von den gesungenen Tönen oder Intervallen auf der Orgel oder dem Klavier überhaupt vorkommt. Aber auch die Art der Stimmführung ist oft von gewaltiger Kühnheit: die einzelnen Gesänge kreuzen sich häufig, so daß etwa der Alt, ja sogar der Sopran, unter den Tenor hinabsteigt oder dieser den Alt überspringt. Gerade diese Stimmenkreuzungen sind nun für den Palestrinastil so durchaus charakteristisch und die engelhafte Wirkung, die er ausübt, kommt oft gerade von jenem freien Schweben der sich kreuzenden, sanft beschwingten Stimmen, die, heiligen Schwänen gleich, sich selig im Lichte zu wiegen scheinen.

In meiner Jugendzeit habe ich das hohe Glück genossen, bei trefflichen Aufführungen jener unsterblichen Meisterwerke von Palestrina, Vittoria, Orlando di Lasso und Gallus des öfteren mitzuwirken, und die Erinnerung an jene kostbaren Stunden ist mir bis in mein Alter eine unverlierbare Freude und Erhebung geblieben! Wie deutlich steht noch jetzt eine Darbietung von Vittorias „Jesus dulcis memoria" nach der herrlichen Dichtung des Bernhard von Clairvaux vor meiner Seele und gar die jenes zweichörigen Responsoriums: „Velum templi" von Palestrina über einen aus zwei Evangelien zusammengestellten Text: „Velum templi scissum est et omnis terra tremuit" — „Und siehe, der Vorhang des Tempels zerriß und die Erde erbebte" — Latro de cruce clamavit dicens: Memento mei, Domine, dum veneris in regnum tuum" — „Und der Schächer am Kreuze rief: Gedenke meiner, Herr, wenn du in dein Reich kommst" — „Petrae scissae sunt et monumenta aperta sunt et corpora sanctorum, qui dormierunt, surrexerunt" — „Und die Felsen zerrissen, und die Gräber taten sich auf, und stunden auf viele Leiber der Heiligen, die da schliefen." Kann man die Schrecknisse dieses Augenblicks gewaltiger und eindringlicher darstellen, als dies hier bei Palestrina geschehen ist? Erst die breit getragenen Akkorde der Einleitungsworte, dann, ganz unvermittelt, eine erschütternd lange Generalpause, so daß dem Eintritt der Worte: „Latro de cruce clamavit" eine erwartungsvolle, atemberaubende Bangigkeit vorhergeht. Und dann die flehende Klage des Schächers: „Memento mei, Domine, dum veneris in regnum tuum", wo durch eine kanonische Überschiebung der einzelnen Stimmen eine eigenartig zusammenklingende Anhäufung der bebenden Silben „me", „men", „mi", „ne" entsteht, wie sie sich aus der melodischen und sprachlichen Kontrapunktik der Worte „me-men-to me-i Do-mi-ne" ergibt, so daß der Todesseufzer des sterbenden Übeltäters zur schrecklichen Gewißheit wird, während die nun folgenden Worte mit dem Pianissimoeintritt der Bässe und dem dorischen Schluß mit erhöhter Terz „dum veneris in regnum tuum" in einen wundervoll verklärten Trostgesang ausklingen.

Und dann das unvergleichliche „Stabat mater" Palestrinas, achtstimmig, in zwei vierstimmigen, gegeneinander bewegten Chören! Schon gleich der Anfang klingt für moderne Ohren fremdartig genug, und es ist gewiß nicht ohne tiefere Bedeutung, daß, wie Wilhelm Tappert hervorgehoben hat, Richard Wagner gerade diese eigentümlichen Harmoniefolgen in seinen „Parsifal" hinübergenommen hat, dort, wo es galt, die unnahbare Heiligkeit des Karfreitags durch besondere Klänge zu charakterisieren. Es ist ja bekannt, daß sich Wagner damals ganz in Palestrinas Musik versenkt hatte und daß er es auch nicht verschmäht hat, das Stabat mater, in wundervolles Deutsch übertragen, mit einer Fülle genauer Vortragsbezeichnungen versehen, herauszugeben. Dieses Werk Palestrinas bildet ein Studium für sich und es ist schwer zu entscheiden, was ergreifender ist, die Dichtung des Jacopone da Todi oder die Musik des großen Meisters.

Nur wer selbst bei Palestrina-Aufführungen oft mitgesungen hat, kennt die verborgenen seraphischen Schönheiten dieser Werke, aber auch die ungemeinen Schwierigkeiten der Ausführung. Alle diese Kompositionen eignen sich nicht für den gemischten Chor, denn die Frauenstimmen wirken da viel zu weichlich, und Sopran wie Alt müssen von Knabenstimmen vorgetragen werden, deren eigenartig strenge und herbe kindliche Schönheit für die richtige Klangerscheinung des Ganzen unerläßlich ist. Wie wundervoll wirken sie in der Tiefe, dort wo Alt und Tenor sich begegnen, so daß man oft glauben möchte, die singenden Engel auf den Altarbildern des Fra Angelico oder des van Eyck zu hören, wie sie mit weitgeöffnetem Munde ihre Chöre in den blauen Himmel hinausjubeln.

Leider können wir so manches von diesen Werken heute überhaupt kaum mehr zu Gehör bringen, weil uns die eigenartigen Kapellensänger von einst fehlen, die Kastraten der römischen Sixtina, welche einen Alt und Tenor umfassenden Umfang hatten. Diese Stimmen wären wir jetzt genötigt, auf zwei zu verteilen, was aber das Ganze unfehlbar verderben müßte. So wollte es uns damals, trotz der vortrefflichen Leitung unseres Chores und all der unendlichen Mühen, durchaus nicht gelingen, Palestrinas fünfstimmige Motetten aus den „Cantica Canticorum", Salomos Hohem Liede, gut und fehlerfrei herauszubringen, und besonders nicht die allerschönste von ihnen, an der mein ganzes Herz gehangen: „Introduxit me rex in cellam vinariam", wo die Kunst Palestrinas vielleicht ihren höchsten Gipfel erreicht hat!

Es möge hier vermerkt werden, daß schon im Jahre 1883 der musikgelehrte Jesuitenpater Th. Schmid aus Feldkirch auf die eigenartigen inneren Beziehungen zwischen der Stelle „quia amore langueo" in jener Motette Palestrinas und der Klage des kranken Amfortas: „Tod! Sterben! Einzige Gnade!" in Wagners Parsifal hingewiesen hat, und schon auch aus diesem Grunde ist es sehr zu beklagen, daß gerade diese herrlichen Motetten für die meisten Menschen ganz unerreichbar bleiben. Dagegen konnte man einst in der Fastenzeit viele andere Hymnen, Motetten und einige der wundervollen Messen, wie vor allem die weltberühmte sechsstimmige „Missa Papae Marcelli", in der Wiener Hofkapelle in vortrefflicher, mustergültiger Aufführung, von Männer- und Knabenstimmen vorgetragen, zu hören bekommen, auch die Messe „Aeterna Christi Munera" oder eine der beiden „Iste Confessor"-Messen.

Und dann in der Karwoche selbst, die Lamentationen! „Incipit lamentatio Jeremiae Prophetae", so beginnt der uralte Choralgesang, der auch jetzt noch im Stephansdom in Georg Lickls tief ergreifender Bearbeitung für eine Singstimme mit Orgelbegleitung so unvergleichlich schön gesungen wird: „Quomodo sedet sola civitas plena populo" — „Wie liegt die Stadt so wüste, die voll Volks war!" Und zwischen den einzelnen Verszeilen singt der Chor immer wieder vierstimmig in Palestrinas Polyphonien die Namen der hebräischen Buchstaben: Aleph, Beth, Ghimel, Daled...alle der Reihe nach, mit denen diese Bußpsalmen liturgisch numeriert worden sind; trotz dem scheinbaren Widersinn, dennoch von der größten und zartesten Wirkung! In der nun folgenden Nacht vom Gründonnerstag auf den Karfreitag wurde im Stephansdom zumeist der wundervolle Chorsatz von Jacobus Gallus gesungen: „Ecce! Quomodo moritur justus et nemo percipit corde." — Gallus, ein Zeitgenosse des Palestrina, in der Gegend von Laibach zu Hause, hat später, bis zu seinem Tode, als Domkapellmeister des Kaisers Rudolf II. in Prag gewirkt und dort sind auch seine Werke zuerst gedruckt worden.

Dann aber, wenn die „Feria sexta in Parasceve", der Karfreitag, vorüber war und die ersterbend gehauchte Klage der „Improperien", jener schmerzlichen Vorwürfe gegen die ganze Menschheit, an dem aufgewühlten Herzen des Hörers vorbeigezogen: „Popule meus, quid feci tibi?...responde mihi!" „Mein Volk, was habe ich dir getan?...Gib Antwort!", wenn die letzten Lichter verlöscht sind und darauf, mit der Wiederkehr frohen Glockenklanges, das Osterfest angebrochen ist, dann treten auch die Pauken und Trompeten und schmetternder Orchesterklang neu in ihre Rechte und Mozarts und Haydns jubelndes „Gloria in excelsis". Und so schließt sich, nach den hellen Tagen von Pfingsten und Trinitatis, über die langen Abendschatten von Advent und Epiphanias, nach Jubilate, Te Deum und Miserere, immer wieder aufs neue der Ring des Sonnenjahres.

Frédéric Chopin in Wien

In schwerem Fieber lag ich dumpf darnieder, das glühend heiße Haupt des Zwölfjährigen in Eisbeutel vergraben. Aus einem entfernten Zimmer drangen die Klänge einer Chopinschen Mazurka. Sie sickerten mir ins Blut und verbanden sich auf seltsame Art mit den wirren Fiebergesichten, die mich beherrschten. Auch später noch, als ich längst genesen, glaubte ich oft diese fremdartig-schwermütigen Akkorde und Rhythmen, lockend wie aus einem fernen Wunderlande, wieder zu vernehmen. Und wenn ich im Laufe der Jahre von Richard Wagner in Bann geschlagen worden und dann zum Verständnis von Bach, Beethoven und Mozart herangereift war, so kamen doch immer wieder Augenblicke, wo das innere Erklingen jener Chopinschen Mazurka mich tief erregte und mitten in jene Fieberträume aus meiner Kindheit zurückversetzte.

Kein Wunder, daß es mich mächtig ergriff, als mir im Winter 1879 das Glück zuteil wurde, Franz Liszt zu hören und nun von ihm ganz unvermutet in die Zauberwelt Chopins geleitet zu werden! Wie in einem Märchen kam es mir vor, daß ich einen der bedeutendsten Zeitgenossen Chopins, der mit diesem auf das engste befreundet gewesen, hier leibhaft am Flügel vor mir sitzen sah und seinem unvergleichlichen Spiel lauschen konnte. War doch Liszt nur um zwei Jahre jünger als Chopin und das geistige Zusammenleben der beiden Freunde zeitweise so enge gewesen, daß es unmöglich schien, zu sagen, welcher von ihnen der Gebende und wer der Empfangende sei. Als hätte ich den vor dreißig Jahren dahingegangenen Chopin selber vor mir gehabt, erschien es mir, wenn Liszt, ganz versunken in dessen düstere Weisen, mächtige Harmonien erklingen ließ und dann wieder seine Hände gleich tändelnden Schmetterlingen zart und geisterhaft über die Tasten huschen ließ. Ganz berauscht von der Gewalt des Erlebten, verließ ich mit einem Freunde den Konzertsaal Bösendorfers.

Wie merkwürdig! rief mein Begleiter, als wir wenige Schritte gegangen waren, dort, gerade vor uns, dieses alte Gebäude am Kohlmarkt! Dort, im dritten Stockwerk, hat Chopin gewohnt, als er, neunzehn Jahre alt, in Wien weilte. Wie viele Nächte mag er da oben an seinem Instrument gesessen haben, halb erstarrt, gänzlich in seine inneren Gesichte versunken? So etwa, wie damals in Paris, als, während er einsam am Klavier phantasierte, eine Feuersbrunst das ganze Haus in Rauch und Flammen hüllte und man ihn, nach all dem wüsten Lärmen und Geschrei, unbeirrt an seinem Flügel antraf! Oft dachte ich daran, einmal da hinaufzusteigen, um diese Zimmer anzusehen, wo Chopin gehaust hatte. Und gerade dort hat er jene wundervollen „Polenlieder" geschrieben, die wir so eben Franz Liszt spielen gehört hatten. Aber diese Wohnräume waren seit langem schon in eine öde Kanzlei umgewandelt worden und keine Spur wies darauf hin, welch ein großer Geist sie einst belebt hatte.

Auch die anderen Örtlichkeiten, wo Chopin während der acht Monate seines zweiten Aufenthaltes aus- und eingegangen war, als er im Jahre 1830 in Wien lebte, vermochte ich nicht mehr aufzufinden. Das alte Hofopernhaus am Kärntnertor war längst abgerissen, jene Bühne, auf welcher Chopin bei seinem ganz kurzen Aufenthalt in Wien, im August 1829, sein erstes Konzert mit Orchesterbegleitung gegeben hat. Wie bedeutungsvoll ist der Triumph dieses Abends für ihn und seine Zukunft geworden; denn von hier aus hatte er ja seinen Siegeszug durch ganz Europa begonnen! Und das Gasthaus „Zum wilden Mann" in der Kärntnerstraße, dessen vortreffliche Küche Chopin so gepriesen; das ehrwürdige Gebäude stand noch immer an seiner Stelle, das Wirtshaus jedoch war verschwunden! Besonders wäre mir daran gelegen gewesen, die gemütliche Studentenkneipe in der Nähe der alten Universität besuchen zu können, wo Chopin sich nach all den großartigen, aber ach! so langweiligen aristokratischen Empfängen und Festen mitten im Kreise der akademischen Jugend ganz besonders wohlgefühlt hatte. Aber zu meinem Leidwesen war auch diese freundliche Gaststätte, das Wirtshaus „Zur böhmischen Köchin", spurlos verschwunden.

Die einzige damals noch vorhandene Behausung, in welcher Chopin viel und gerne verkehrt hatte, war das Malfatti-Schlössel am Abhange des „Küniglberges", unmittelbar hinter den kaiserlichen Gärten von Schönbrunn. Es war eine vornehme alte Villa, ganz in italienischem Geschmack, inmitten eines herrlichen Parkes mit einem unvergleichlich schönen Blick über ganz Wien. Wie oft hatte ich mich schon als Knabe mit meinen Schulkollegen da oben herumgetrieben, wenn es galt, Käfern, Grillen und Schmetterlingen nachzustellen.

Berühmt ist Chopins briefliche Schilderung eines Sommerfestes bei Malfatti, wo er die Blütenpracht und die wundervolle Mondnacht beschreibt, wo er begeistert von den Düften spricht, die der Orangerie entströmten und von den zauberhaften Fontänen, die „wie Perlensäulen in die Luft emporstiegen". Dr. Johann Malfatti, Edler von Monteregio, war ein berühmter Arzt und Naturphilosoph, der während des Wiener Kongresses ein großes Vermögen erworben hatte und als Hofarzt sowie als Freund und Ratgeber Beethovens eine bedeutende gesellschaftliche Stellung einnahm. Gleich nach seiner Ankunft in Wien wurde Chopin von ihm auf das herzlichste aufgenommen und er hat viele schöne Stunden dort in jener Vorstadtvilla verlebt. „Im ganzen geht es mir gut", berichtet er nach Warschau an die Angehörigen, „und ich hoffe, mit Gott, der mir den Freund Malfatti zum Beistand geschickt hat – oh, prächtiger Malfatti! – daß es noch besser gehen wird!"

Das alte Malfatti-Schlössel ist nun auch verschwunden; in Reih und Glied gebaute moderne Wohnhäuser haben seine Stelle eingenommen; keine Gartenfeste mit „Fontänen gleich Perlensäulen" finden dort mehr statt, kein Chopin phantasiert am Flügel im Mondenlicht an offenen Fenstern, eingehüllt in betäubende Blütendüfte!

Aber was liegt schließlich daran, daß so viele von den irdischen Spuren von Chopins Aufenthalt verweht sind; seine tiefen geistigen Einwirkungen sind zurückgeblieben; und wie der Meister einst von Wien aus seinen Weg durch die ganze Welt angetreten hat, so ist diese Stadt auch bis heute noch ein Hort, ein Mittelpunkt des Chopin-Kults geblieben.

Vielleicht gebührt in dieser Hinsicht seinem Landsmanne Theodor Leschetitzki ein besonderes Verdienst; denn er ist es gewesen, der hier seine eigene, ganz neuartige Methode und Tradition des Chopin-Spieles geschaffen hat, so daß junge Künstler aus der ganzen Welt nach Wien kamen, um an der „Klasse" in Leschetitzkis vornehmer Villa teilzunehmen. Ich bin sowohl in Wien als auch in den Sommermonaten im Salzkammergut viel mit Leschetitzki zusammengewesen und war immer erfreut, wenn ich seinen Worten lauschen konnte. Da der ziemlich nervöse, weißhaarige Mann mit dem lebhaft gefärbten Antlitz und den ausdrucksvollen Zügen zeitweilig an arger Schlaflosigkeit litt, war er stets dankbar, wenn ich ihm nachts Gesellschaft leistete. Wie gerne gedenke ich jetzt, nach so manchen Dezennien, unserer damaligen zahllosen

Gespräche, zumeist im „Café" Europe", gegenüber dem Stephansdom, wo wir so häufig geplaudert, bis die aufgehende Morgensonne die Spitzen der altehrwürdigen „Heidentürme" vergoldete. Leschetitzki liebte es, mir von seiner polnischen Heimat zu erzählen und von seinem Aufenthalt in St. Petersburg, wo seine Schwester Hofdame am Zarenhofe gewesen.

Und immer wieder sprachen wir von Chopin, von den Wundern seines Klaviersatzes, seiner verwegenen Harmonik und den erstaunlichen Schwierigkeiten seiner Rhythmen. Da ich selbst nicht Pianist bin, ist mir leider nicht mehr alles so deutlich in Erinnerung, was mir Leschetitzki damals, insbesondere über die Technik des Chopin-Spieles, mitgeteilt hat. „Wie soll man den Schüler dahinbringen", sagte er einmal zu mir, „daß er etwa den Anfang der B-moll-Nocturne, Op. 9, richtig phrasiere, jene Stelle, wo die rechte Hand zweiundzwanzig und die linke gleichzeitig zwölf gleich lange Noten zu spielen hat? Und wie erreicht man bei ihm die dazu erforderliche Unabhängigkeit der Finger?"

Immer wieder schwärmte Leschetitzki von Chopins eigenen pädagogischen Lehren, von dessen „Méthode des Méthodes", wo dieser es als gänzlich verkehrt bezeichnet, wenn man den Schüler mit dem Üben der C-dur-Skala beginnen läßt; denn diese sei zwar am leichtesten zu lesen, aber „weitaus am schwersten zu spielen". Den Anfang des Skalenspieles müsse vielmehr die Ges-dur-Tonleiter bilden, „welche die Hand gleichmäßig leitet, indem sie die langen Finger für die schwarzen Tasten benutzt." Dies brachte mich auf den Gedanken, ob nicht etwa aus dieser Ansicht Chopins dessen berühmte Ges-dur-Etude Op. 10, Nr. 5, „für die schwarzen Tasten" hervorgegangen ist? Auch über die Behauptung Chopins sprach Leschetitzki, daß es „gegen die Natur" gehandelt sei, wenn man anstrebt, jedem Finger die gleiche Kraft zu geben; der Reiz des Anschlages hänge vielmehr von der verschiedenen Bildung und Kraft der einzelnen Finger ab; es gebe so viele verschiedene Klänge wie es verschiedene Finger gibt. Und wie herrlich sei Chopins Ausspruch, daß die „Bewegung des Handgelenks beim Spielen dem Atemholen beim Singen" zu vergleichen sei.

Von einer anderen, mir ganz neuen Seite bin ich in späteren Jahren der Musik Chopins nähergetreten, als ich Gelegenheit hatte, mit einigen mir befreundeten, sehr musikalischen polnischen Edelleuten von hoher Geistesbildung über diesen Meister zu reden. Nur ein Pole, meinten sie, der, aufgewachsen in der sarmatischen Landschaft, die Lieder und Tänze der Landbevölkerung kennt und deren jähen Wechsel von tiefer Trauer und wilder Heiterkeit, sei wirklich imstande, die Musik Chopins richtig zu verstehen; aber auch das allein genüge nicht. Wer nicht Sinn und Gemüt für den romantischen Messianismus der Polen offenhält, der sei, trotz alledem, nicht fähig, Chopins letzte Intentionen zu erfassen. So seien manche von den Balladen und andere Werke Chopins unter dem Einfluß des großen Dichters Adam Mickiewicz entstanden; auch die Schriften des litauischen Mystikers Andreas Towianski und vor allem die des polnischen Philosophen Joseph Maria Wronski hätten über Chopins junge Seele ihre formende Macht ausgeübt und ihn zu jener messianischen Schwärmerei geführt, die aus seinen Tonschöpfungen immer wieder hervorklinge.

Dies alles will ich gerne zugeben, meine aber, Chopins Künstlerschaft liege doch tiefer: sie ist kein bloßer Reflex, sie strahlt aus ihrem eigenen Inneren; und daher wird es wohl auch kommen, daß sie mich, in früher Jugend schon, so mächtig ergriffen hat!

Suchende Seelen

Vegetarier, Sozialisten, Genies und andere Sterbliche

Mitten in dem vornehmsten Viertel von Wien, zwischen alten Adelspalästen und prunkvollen Staatskanzleien, an der Ecke der träumerisch stillen Wallnerstraße und der kaum zwei Meter breiten finsteren Fahnengasse, lag unser verborgenes Vegetarierrestaurant.

Eine schmale Glastür führte von der Straße über Steinstufen hinab zu dem halbdunklen Kellergewölbe, welches durch kleine, knapp über dem Pflaster gelegene vergitterte Fenster nur wenig Tageslicht erhielt, so daß von Früh bis Abend die rötlichen Schmetterlingsflammen an den armseligen Gaslustern brennen mußten.

War doch zu jener Zeit, gegen das Ende der Siebzigerjahre, der Vegetarismus noch kaum bekannt und die Zahl seiner Anhänger äußerst gering.

An der Längsseite des Kellers, gleich unter einem der niederen Fenster, befand sich unser länglicher „Stammtisch", wo wir uns täglich mittags und abends zu gemeinsamem Mahle trafen; und dort hörten wir oder hielten mitunter auch selbst Vorträge über die Greuel blutbefleckter Nahrung, über die edle und reine Lehre der alten Pythagoräer und der Neuplatoniker, über die Essener und die Therapeuten und über die weitabgewandten Gedanken des Shakya Muni. Immer wieder schwebte uns auch jene Vision des Empedokles vor von einem goldenen Zeitalter, da es bei den Menschen als der größte Frevel gegolten, „Leben zu rauben und edle Glieder in sich hineinzuschlingen", und mächtig tönte uns der Ruf dieses gewaltigen Geistes in die Ohren: „Wollt Ihr nicht aufhören mit dem mißtönenden Morden? Seht Ihr denn nicht, wie Ihr einander selbst zerfleischt in der Unbedachtheit Eures Sinnes?"

Es waren zumeist junge Menschen, die sich da trafen und an der gemeinsamen Unterhaltung teilnahmen: Studenten, Lehrer, Künstler und Angestellte der verschiedensten Berufe. Während ich selbst, wie einige meiner nächsten Freunde, nach den Thesen des Pythagoras, Sommer und Winter stets ganz in Leinen gekleidet ging, erschienen wieder andere in naturfarbenen härenen Gewändern; und wenn man dazunimmt, daß die meisten von uns bis auf die Schultern reichendes Haupthaar und Vollbärte trugen, so mochte unser Mittagstisch einen unbefangenen Zuschauer mitunter wohl irgendwie an das berühmte Gemälde des Lionardo gemahnt haben.

In einem gewissen Gegensatz zu dieser Pythagoräer-Gruppe stand die andere, mehr rationalistische der jugendlichen Sozialisten, die sich dem Vegetarismus vor allem als einem die Völker versöhnenden, auf eine bessere Zukunft hinweisenden Friedensideal zugewandt hatten. Da war vor allem, als ein ziemlich häufiger Gast, der noch nicht dreißigjährige junge Arzt Dr. Viktor Adler, der bald darauf seinen ärztlichen Beruf aufgab, um seine volle Arbeitskraft und sein sehr ansehnliches Vermögen gänzlich in den Dienst des Sozialismus zu stellen. Man weiß ja, daß er der eigentliche Begründer der österreichischen sozialdemokratischen Partei geworden ist und daß er auch an dem Zustandekommen der Wiener „Arbeiter-Zeitung" später den größten Anteil gehabt hat. Er war der erste republikanische Minister des Äußern, ist aber wenige Tage nach seiner Berufung, im Herbst 1918, gestorben.

Mit seiner beweglichen und schmächtigen Gestalt, dem blassen Gesicht und der von einer gewellten Strähne dunkelblonder Haare halbüberdeckten Stirn, dem herabhängenden blonden Schnurrbart und dem durch eine goldgefaßte Brille dringenden klaren, mitunter skeptisch-ironischen Blick aus dunklen Augen machte er im Anfang den Eindruck eines vorsichtig timiden Menschen, und erst bei näherer Bekanntschaft vermochte man seine wahre Gestalt, seine innere Wärme und seltene Opferfreudigkeit zu erkennen. Wenn er über einen Gegenstand tiefer nachsann, erschien mitten auf seiner Stirn, über der Nasenwurzel eine tiefe Furche, und unter den zusammengekniffenen Augenbrauen schweifte dann sein Blick in weite Fernen. Dazu kam noch, daß seine Sprache, besonders im Beginn einer Unterhaltung, durch allerlei Nervositäten ein wenig behindert war und erst nach einiger Zeit ihre volle Festigkeit und ihren Fluß erlangte.

Obwohl nicht eigentlich Vegetarier, war er für diese Lebensweise durch den mit ihm verschwägerten Dr. Heinrich Braun und dessen Bruder Adolf Braun interessiert worden, welche tägliche Besucher unseres Kreises und sehr eifrige Verkünder der reinen Pflanzenkost gewesen sind. Dr. Heinrich Braun ist später durch seine sozialwissenschaftlichen Arbeiten und durch seine Ehe mit Lilly von Gizycki sehr bekannt geworden, schließlich auch durch den Umstand, daß er der Vater jenes genial veranlagten „früh vollendeten" Otto Braun war, der im Alter von 21 Jahren an der französischen Front gefallen ist. Heinrichs Bruder Adolf war ein bedeutender Sozialpolitiker und sein Buch über die Gewerkschaften gilt als eine überaus wichtige und wertvolle Arbeit.

Unsere Diskussionen über Karl Marx, Engels und Albert Lange gestalteten sich meist sehr lebhaft. Insbesondere aber jene über die sozialen Probleme, welche einigen von uns mit den Lehren des Vegetarismus so eng verknüpft zu sein schienen. Dr. Viktor Adler und Adolf Braun waren nämlich der Ansicht, der Vegetarismus sei zwar ohne jeden Zweifel eine für die Zukunft des Menschengeschlechts bedeutungsvolle Perspektive; ob es jedoch, wie ich gemeint hatte, zur Zeit vorteilhaft sei, die Arbeiterschaft und die Massen des Proletariats für sie zu gewinnen, sei durchaus fraglich und sehr wohl zu überlegen, denn dies könnte doch nur zur Folge haben, daß sich dadurch die Bedürfnisse der Arbeiterschaft verringerten und ihr „Standard of living" anstatt gehoben, noch weiter herabgedrückt würde, so daß sie also, dem „ehernen Lohngesetz" zufolge, von ihren kapitalistischen Fronherren noch schlechter bezahlt, mehr ausgebeutet und schließlich gänzlich zu Kulis herabgewürdigt werden müßten.

Dr. Viktor Adler war schon damals ein vielseitig belesener, tief gebildeter Gelehrter und die Gespräche, die ich mit ihm über die Probleme des Tages, historische Gesichtspunkte, über Richard Wagner und Ibsen, über die revolutionären Dichtungen Shelleys und dessen Vegetarismus, dann wieder über Neurologie, Psychiatrie und andere naturwissenschaftliche Themen hatte, sind für mein späteres Leben eine außerordentliche Bereicherung geworden. Er verkehrte freundschaftlich mit Leuten aus allen Klassen und Berufen, mit Fabriksarbeitern und Bankdirektoren, mit Advokaten, Universitätsprofessoren und hohen Staatsbeamten. Zu seinem täglichen Umgang gehörte der Historiker Dr. Heinrich Friedjung, der jugendliche Hermann Bahr, die nachmaligen Staatspräsidenten Dr. Michael Hainisch und Dr. Thomas Masaryk, aber einer seiner besten Freunde war Siegfried Lipiner, jener meist scheu und düster dreinblickende, damals etwa vierundzwanzig Jahre alte Dichter, der gleichfalls ein häufiger Besucher des vegetarischen Restaurants und Mitglied unseres engeren Kreises gewesen ist. Kurz vorher hatte er mit Friedrich Nietzsche in regem Briefwechsel gestanden, nachdem er diesem seinen „Entfesselten

Prometheus" zugeschickt hatte. Welchen gewaltigen Eindruck diese Dichtung auf Nietzsche gemacht hat, ist jedem Kenner seines Briefwechsels bekannt. Am 28. August 1877 hat er an seinen Jugendfreund Erwin Rohde geschrieben:

„Ganz neuerdings erst erlebte ich durch den ‚Entfesselten Prometheus' einen wahren Weihetag. Wenn der Dichter nicht ein veritables ‚Genie' ist, so weiß ich nicht mehr, was eins ist; alles ist wunderbar, und mir ist, als ob ich meinem erhöhten und verhimmlichten Selbst darin begegnete. Ich beuge mich tief vor einem, der so etwas in sich erleben und herausstellen kann."

Auch auf Richard Wagner hat Lipiners ungewöhnliche Begabung einen tiefen Eindruck gemacht; der berühmte amerikanische Dichter und Kritiker Bayard Taylor hat noch kurz vor seinem Tode über Lipiners Schöpfungen begeistert geschrieben und Paul Natorp, der Marburger Philosoph, sagt über ihn, er hätte diesem „echten Dichter", der ebensosehr Musiker und Philosoph gewesen, die bedeutungsvollsten Anregungen zu danken gehabt.

Natürlich war Lipiner selbst ein großer Bewunderer sowohl Wagners wie auch Nietzsches, und unser Tischgespräch betraf häufig genug der letzteren bis dahin erschienene Werke, insbesondere die „Geburt der Tragödie", die „Unzeitgemäßen Betrachtungen" und „Menschliches, Allzumenschliches".

Ich habe nicht nur mit Viktor Adler und seinem Freunde Engelbert Pernerstorfer noch viele Jahre hindurch freundschaftlich verkehrt, auch mit Siegfried Lipiner bin ich regelmäßig zusammengekommen. Bei unserer letzten Begegnung in der Bibliothek des Reichsrats, deren Direktor er war, wenige Jahre vor seinem Tode, riet er mir dringend, mich mit Türkisch und Persisch zu befassen und insbesondere den so tiefsinnigen alten Kommentar des Sudi zu den Gedichten von Hafis deutsch herauszuheben. Er empfahl mir auch, mich von dem Studium der Mystik, das mich zu jener Zeit ganz gefangengenommen hatte, abzuwenden, um mich wieder meinen früheren mathematischphilosophischen Studien zu widmen. Er selbst sei einst der Mystik gleichfalls gänzlich verfallen gewesen; es sei ihm aber glücklicherweise gelungen, sich diesen Einflüssen völlig zu entwinden.

Auch Viktor Adler war einer der ersten Menschen in Europa, die Nietzsches Bedeutung gleich von allem Anfang an richtig erfaßt und durchschaut hatten. Während der folgenden Jahre hat er dessen eigentümliche Entwicklung mit großer Spannung verfolgt und er ist es gewesen, der mich zuerst auf den eben erschienenen „Zarathustra" aufmerksam gemacht hat.

Zu dem Kreise Viktor Adlers gehörte außer Braun und Lipiner auch Dr. Emanuel Sax, gleichfalls Vegetarier, mittelgroß, mager und hochschultrig, mit eingefallenem, scharfem Gesicht und hektischen Flecken an den etwas vortretenden Backenknochen. Auch er war ein bedeutender Kopf; tief in sozialwissenschaftliche Probleme vergraben, hatte er zu jener Zeit gerade mit der Abfassung eines umfangreichen Werkes über die Hausindustrie in Thüringen begonnen. Das Buch ist im Laufe der folgenden Jahre in drei Bänden erschienen und hat durch seine überaus eindringlich-lebendigen Schilderungen von dem furchtbaren Elend der thüringischen Arbeiterschaft das größte Aufsehen erregt; der Verfasser ist nach kurzer Zeit sehr bekannt geworden und hat sogar die deutsche Gesetzgebung beeinflußt. Leider ist er bald darauf, noch jung an Jahren, in Meran gestorben.

Man kann sich kaum eine Vorstellung davon machen, wie sehr alle diese Interessen damals unser Leben beherrschten und wie vielerlei Eindrücke unaufhörlich auf uns einstürmten. So kam der Herbst des Jahres 1880 heran, und dieser sollte uns ganz unerwartet ein für uns wichtiges Ereignis bringen. Die „Bayreuther Blätter", seit einigen Jahren das weithin tönende Sprachrohr Richard Wagners, brachten als Oktobernummer eine große Abhandlung des Meisters unter dem Titel „Religion und Kunst". In dieser Schrift, die gänzlich im Bannkreise des eben vollendeten Parsifal stand, trat nun Wagner in leidenschaftlich bewegten Worten für den Vegetarismus ein, den er als die einzige noch übrige Rettung und die alleinige Hoffnung bezeichnete, welche dem tief verderbten Menschengeschlecht verbleibe; und wenn in dieser Abhandlung auch gar vieles war, was uns befremden mußte und dem wir beim besten Willen unmöglich zuzustimmen vermochten, so waren es doch gerade jene enthusiastischen Äußerungen über den Vegetarismus und eine künftige, dem Morden abgewendete Menschheit, die uns mächtig anzogen und tiefbewegten.

„Mitten unter dem Rasen der Raub- und Blutgier", sagt Wagner in der erwähnten Schrift, sei es „weisen Männern zum Bewußtsein gekommen, daß das menschliche Geschlecht an einer Krankheit leidet, welche es notwendig in stets zunehmender Degeneration erhalte. Manche aus der Beurteilung des natürlichen

Menschen gewonnene Anzeigen, sowie sagenhaft aufdämmernde Erinnerungen ließen sie die natürliche Art dieses Menschen und seinen jetzigen Zustand demnach als eine Entartung erkennen. Ein Mysterium hüllte Pythagoras ein, den Lehrer der Pflanzennahrung; kein Weiser sann nach ihm über das Wesen der Welt nach, ohne auf seine Lehre zurückzukommen. Stille Genossenschaften gründeten sich, welche verborgen vor der Welt und ihrem Wüten die Befolgung dieser Lehre als ein religiöses Reinigungsmittel von Sünde und Elend ausübten"…

„Wie mit angstvoller Gewissensqual verfolgt diese Lehre die christliche Kirche, ohne daß diese sie je in ihrer Reinheit zur Befolgung bringen könnte", während sie doch, „sehr ernstlich erwogen, den allgemein faßlichsten Kern des Christentums bilden sollte." Schon der Umstand, daß es nicht möglich sei, die unausgesetzte Befolgung dieser Verordnung des Erlösers durch vollständige Enthaltung von tierischer Nahrung bei allen Bekennern durchzuführen, sei „als der wesentliche Grund des so frühen Verfalles der christlichen Religion als christliche Kirche anzusehen", welche auch alle unmittelbare und echte Beziehung zu unserem Leben so gut wie ganz verloren habe. „War uns der Anblick des den Göttern geopferten Stiers ein Greuel geworden, so wird nun in den sauberen, von Wasser durchspülten Schlachthäusern ein tägliches Blutbad der Beachtung aller derer entzogen, die beim Mittagmahle sich die bis zur Unkenntlichkeit hergerichteten Leichenteile ermordeter Haustiere wohl schmecken lassen sollen."

Auf uns, die wir damals für Empedokles und die Pythagoräer schwärmten, mußten die Äußerungen des Bayreuther Meisters einen tiefen Eindruck machen und uns ermuntern, auf der von uns betretenen Bahn weiterzuschreiten. Aber auch unseren sozialistischen Freunden bot die erwähnte Schrift Wagners vielen Stoff für lebhafte Diskussionen, insbesondere jene Stellen, die sich ausdrücklich mit dem Sozialismus beschäftigten: „Man könnte", heißt es dort, „und dies zwar aus inneren starken Gründen, selbst den heutigen Sozialismus als sehr beachtenswert von Seiten unserer staatlichen Gesellschaft ansehen, sobald er mit den drei zuvor in Betracht genommenen Verbindungen der Vegetarianer, der Tierschützer und der Mäßigkeitspfleger, in eine wahrhaftige und innige Vereinigung träte." Und eine solche enge Verbindung ließe auch die Hoffnung auf die Wiedergewinnung einer wahrhaften Religion und auf eine durchgängige Regeneration der Menschheit berechtigt erscheinen. Die hier angeführten emphathischen Äußerungen Richard Wagners hatten aber zur Folge, daß unser vegetarisch gesinnter Kreis sich nun rasch erweiterte und daß ihm neue Mitglieder zuwuchsen. Es waren vor allem junge Musiker, die, angeregt durch „Religion und Kunst", sich uns und der Forderung nach unblutiger Ernährung anschlossen.

Eines Tages erschien da ein schmächtiger Jüngling mit blondem Haar, flaumigem Kinn und einem Anflug auf der Oberlippe, mit blassem Gesicht und etwas stechendem Blick. Er sprach fast nie eine Silbe und seine Äußerungen waren zumeist ein feindselig-scheues Knurren. Sein Name war, wie ich später erfuhr, Hugo Wolf und es wurde von ihm erzählt, er hätte schon vor Jahren einige schöne Lieder komponiert. Besonders gegen mich, der häufig sein Tischnachbar war, pflegte er höchst unfreundlich und schroff zu sein, und ich konnte damals unmöglich ahnen, daß wir wenige Jahre später uns einander nähern sollten und daß uns eine enge Freundschaft verbinden werde.

Ein anderer neuer Besucher unseres Vegetarierkellers, den offenbar gleichfalls Richard Wagner zu uns geführt hatte, war der Pianist August Göllerich, ein Lieblingsschüler von Franz Liszt, der diesen als eine Art Privatsekretär auf seinen Reisen zu begleiten pflegte. Er war hoch gewachsen, hatte einen unreinen, stark geröteten Teint, langes braunes Lockenhaar, lebhafte Rehaugen und unwahrscheinlich lange Finger. Er hat dann auch mit Anton Bruckner viel verkehrt, dessen engerer Landsmann er gewesen ist, und eine großangelegte Biographie Bruckners hat er zwar begonnen, aber nicht mehr vollendet. Vor vielen Jahren ist er als Musikdirektor in Linz gestorben.

Und dann wieder erschienen einige junge Männer aus dem engeren Freundeskreis von Heinrich und Otto Braun und Lipiner. Einer von ihnen war eher klein von Gestalt; schon in der sonderbar wippenden Art seines Ganges machte sich eine ungewöhnliche Reizbarkeit bemerkbar, sein geistig gespanntes, überaus bewegtes und schmales Gesicht war von einem braunen Vollbart umrahmt, sein Sprechen stets sehr pointiert und von stark österreichischer Klangfarbe. Er trug immer einen Pack Bücher oder Noten unter dem Arm und die Unterhaltung mit ihm ging zumeist stoßweise vor sich.

Sein Name war Gustav Mahler, er hatte Jus studiert und das

Wiener Konservatorium absolviert. Wir wurden auf ihn besonders aufmerksam, weil er der erste gewesen ist, der zu einer Brucknerschen Symphonie den Klavierauszug gemacht hatte. Ich habe in späteren Jahren oft mit Bruckner über Mahler gesprochen und von ihm immer nur Worte der Freude über die hohe Begabung dieses jungen Mannes vernommen.

Gustav Mahler und Hugo Wolf kannten sich vom Konservatorium her und sie verkehrten miteinander freundschaftlich wie alte Schulkollegen. Hugo Wolf hat mir viele Jahre später einmal erzählt, wie er Mahler einst, als beide noch ganz jung gewesen, in der Herrengasse begegnet sei, eine Notenrolle unter dem Arm. Auf die Frage, was er da habe, erwiderte Mahler, es seien einige Lieder, die er soeben geschrieben, und er bat Wolf, sie anzusehen. Wolf las das Manuskript auf der Straße aufmerksam durch und sagte, befriedigt schmunzelnd: „Sehr schön! Famos! Gefällt mir außerordentlich!" Mahler, über dieses Urteil freudig erregt, senkte den Blick, zögerte etwas verlegen und sagte dann: „Nun, ich glaub', den Mendelssohn hätten wir!"

Einst veranstalteten wir, ich weiß nicht mehr, zu welcher Gelegenheit, ein vegetarisches Festessen mit Vorträgen und ein Konzert in dem Saale eines seither längst verschwundenen alten Hotels. Die Mitwirkenden waren durchwegs Vegetarier. Cyrill Hynais, ein Schüler Bruckners, trug am Klavier seine „Ozeansymphonie" vor, der junge Opernsänger Josef Reiff-Heissiger sang Loewe-Balladen und ich selbst gab „In diesen heiligen Hallen" zum besten. Am Klavier saß „Herr Gustav Mahler", damals einundzwanzig Jahre alt. Zu dem Zirkel von Braun, Viktor Adler und Gustav Mahler gehörte auch Rudolf Krzyzanowsky, ein hochbegabter Musiker, der bald darauf Kapellmeister in Dresden und später Hofkapellmeister in Weimar geworden ist.

Viele Mitglieder unseres Kreises fanden sich bei der ersten Aufführung des „Parsifal" in Bayreuth im Sommer 1882 wieder zusammen und wir pflegten uns dort in dem vegetarischen Speisehaus „Frohsinn" an der Ecke der Schulstraße und der Schwarzen Allee zu treffen. Auch Hugo Wolf war da, noch immer menschenscheu und knurrig wie ein Kettenhund. Gustav Mahler habe ich damals in Bayreuth nicht gesehen und ich glaube auch nicht, daß er dort war.

Bald darauf, nachdem wir, noch ganz erfüllt von den mächtigsten Eindrücken, wieder in Wien eingetroffen waren, fanden wir in der Zeitung ein Feuilleton des berühmten Eduard Hanslik, in welchem die „Wagner-Epidemie" als eine Art von Delirium tremens bezeichnet war, das in dem „Denken und Empfinden der Gebildeten die schrecklichsten Auswüchse zurückgelassen" habe. Insbesondere aber, daß Wagner so energisch für den Vegetarismus eingetreten war, erschien dem berühmten Kritiker als eine unbegreifliche Entgleisung: „Wagner also", heißt es dort, „erklärt die ausschließliche Pflanzenkost für unentbehrlich zur Reorganisation der Menschheit, und siehe da! das Gemüse wird Glaubensartikel und Parteisache der Wagnerianer". ...„Also eine förmliche Alliance zwischen Pflanzenessern und den Wagnerianern!" „Helft Ihr uns Propaganda für Wagner machen, wir wollen dagegen für Euer Grünzeug agitieren. Man traut seinen Augen nicht, wenn man derlei Albernheiten liest, die alle mit feierlichem Ernst zur Ehre des ‚Meisters' proklamiert werden. Und leider mit dessen Wissen und Genehmigung."

Man wird begreifen, daß wir von diesen und ähnlichen Äußerungen, wie sie jener damals so sehr beliebte Vertreter der Wiener bürgerlichen Gesellschaft von sich gegeben hatte, uns in tiefster Seele abgestoßen fühlten und daß wir unserem jugendlichen Ungestüm über solche Banalitäten freien Lauf ließen.

Im Grunde aber waren wir dabei doch ungerecht, denn wir hatten gänzlich außerachtgelassen, mit wie heftigen und tief verletzenden Worten Richard Wagner selbst die Gefühle der tonangebenden Kreise mit Füßen getreten hatte, indem er in der eben erwähnten Schrift über die „von unserem Schweiße gemästeten schnappenden und schmatzenden Geldsäcke unserer Zivilisation gespottet, die man, wenn sie gegen alle Versuche, zu einer wirklichen Regeneration des Menschengeschlechtes zu gelangen, ‚ihr Zetergeschrei' erhöben, ‚etwa wie die Schweine auf den Rücken legen' solle, damit sie durch den überraschenden Anblick des Himmels, den sie nie gesehen, sofort zu staunendem Schweigen gebracht werden."

Christian von Ehrenfels

Auf seinem in weltferner Einsamkeit gelegenen, von Wall und Graben umfriedeten Schloß Lichtenau im österreichischen Waldviertel ist Christian von Ehrenfels, Professor an der Prager Deutschen Universität, gestorben. Durch mehr als ein halbes Jahrhundert bin ich mit dem Dahingegangenen eng befreundet gewesen und schon in den Siebzigerjahren hatten wir beide uns dem von Felix Mottl und dem Mediziner und Sänger Karl Wolf ins Leben gerufenen „Wiener akademischen Wagner-Verein" angeschlossen, zu dessen Mitgliedern von allem Anfang an auch Anton Bruckner, Josef Sucher, der Musikgelehrte Dr. Guido Adler und der Landschaftsmaler Jakob Emil Schindler gehörten. Auch der Sozialist Viktor Adler, der Philosoph Alois Höfler, der Komponist Adalbert von Goldschmidt, der jugendliche Gustav Mahler und Hans Richter, Theodor Köchert und Gustav Schönaich zählten zu den frühesten Mitgliedern dieser Vereinigung. Ehrenfels hatte sich dort mit mir, Alois Höfler und Klemens Kreibig zu einer „philosophischen Insel" zusammengeschlossen; wir erörterten alle möglichen Wagner-Probleme und stritten über die Ansichten der Professoren Robert Zimmermann und Franz Brentano, mit denen wir damals in regem freundschaftlichen Verkehr standen. Da ich selbst mich aber schon frühzeitig der von Albert Lange und Hermann Cohen begründeten Marburger Schule zugewendet hatte, die eine neuartige, tiefere Auffassung Kants anstrebte, während meine Freunde auch weiterhin bemüht blieben, von Brentanos Ideengut aus neue Wege zu beschreiten, konnte es natürlich an Stoff für lebhafte Auseinandersetzungen niemals fehlen. Immer mehr wurde Ehrenfels dem ihm von seinem Vater vorgezeichneten Berufe eines Landwirtes entfremdet; mitten in den diesen Zwecken gewidmeten Studien und praktischen Arbeiten war er von den machtvoll in ihm sich regenden dichterischen Quellgeistern übermannt worden, so daß er sich endlich nach harten Kämpfen entschloß, manchen Erbansprüchen zu entsagen, um sich ganz der poetischen Produktion und seinen philosophischen Studien widmen zu können.

Da es ihm nicht gelingen wollte, für die musikalische Bearbeitung seiner Dichtung „Der Kampf des Prometheus" und anderer in den Formen der Antike erfundenen Chordramen einen ihm geeignet erscheinenden Komponisten zu finden, kam er schließlich auf den Einfall, sich selbst mit der Vertonung zu beschäftigen und, um den dabei auftauchenden Schwierigkeiten begegnen zu können, bat er Anton Bruckner, ihn als Kompositionsschüler anzunehmen. Bruckner stimmte zu; nach einiger Zeit aber erklärte er Ehrenfels mit freundschaftlicher Aufrichtigkeit, er hielte dessen musikalische Erfindungsgabe doch nicht für stark genug, um ihm zur Fortsetzung dieser Studien raten zu können. So mußte dieser schweren Herzens auf den Gedanken, seine Werke selbst in Musik zu setzen, verzichten.

Aber jene intensive Beschäftigung mit der musikalischen Technik sollte für ihn andere, unverhoffte Erfolge zeitigen, durch die er berühmt geworden ist und die vielleicht gerade mit seinem Mangel an unmittelbarer musikalischer Begabung zusammenhingen. Es war die nur wenigen verliehene Fähigkeit, dort zu erstaunen, wo andere nichts Verwunderliches bemerken. Viele Generationen von Musikern haben immer wieder, je nach Bedarf, Melodien von einer gegebenen Tonart in eine andere transponiert, ohne daß sie sich darüber viel den Kopf zerbrochen hätten. Ehrenfels ist nun offenbar der erste gewesen, dem es merkwürdig erschienen war, daß die in eine andere Tonart übertragene Melodie, obwohl sie nun aus ganz anderen Tönen besteht, doch die gleiche Melodie blieb. Es muß also, sagte er sich, ihr eigentlicher Charakter, ihre wirkliche „Qualität" von den einzelnen, sie zusammensetzenden Noten unabhängig sein und vielmehr in etwas anderem bestehen, als bloß in der summenhaften Zusammenfassung ihrer einzelnen Tonelemente; die Melodie müsse eine besondere Eigenschaft besitzen, welche Ehrenfels als die „Gestaltqualität" bezeichnet hat.

Dieser zufolge ist eben eine Melodie mehr als die bloße Summe ihrer Teile; es muß ihr Wesen in der durchgängigen Beziehung ihrer Töne zu dem Ganzen gesucht werden. Bald war Ehrenfels auch zu analogen Betrachtungen an räumlichen Figuren gelangt, welche gleichfalls mehr sind als die bloße Summe ihrer einzelnen Inhalte, denen vielmehr ein sinnvolles, über das Stückhafte, bloß Summatorische hinausreichendes Sein zukommt. Aus diesen Betrachtungen, mit welchen Ehrenfels dann im Jahre 1890 zum ersten Male hervorgetreten ist, hat eine ganz neue Entwicklung der Psychologie begonnen, die, im Gegensatz zu den früheren Assoziationstheorien, nunmehr als die Lehre von den „Gestalt- und Ganzheit-Qualitäten" zu völlig neuen Auffassungen hinführte.

Diese Anregungen sind dann in Deutschland von Max Wertheimer, Kurt Koffka und Wolfgang Köhler und in Italien von V. Benussi und Musatti aufgegriffen und zu einem System ausgearbeitet worden. Auch die biologische Forschung und die moderne Medizin haben sich dieser Gesichtspunkte bemächtigt und damit manche neue Orientierung gewonnen; aber sogar in der Physik, insbesondere der Quantentheorie und Wellenmechanik, hat jetzt, zufolge den von Wolfgang Köhler ausgesprochenen Ideen, die „Gestalt- und Ganzheit-Qualität" eine gewisse Bedeutung gewonnen.

Was aber die Dichtungen betrifft, die Ehrenfels hinterlassen hat, so zeigen ihn die ersten Versuche noch ganz unter dem Einfluß Richard Wagners; später allerdings nahmen seine Schöpfungen wesentlich modernere Formen an, behandelten auch zeitgemäße soziale Probleme. Insbesondere in dem wiederholt in Prag aufgeführten Schauspiel „Die Sternenbraut" wird die Möglichkeit behandelt, das menschliche Geschlecht durch eine neue sexuelle Ethik zu einer bis dahin noch ungekannten Höhe emporzuzüchten. Über diesen Gegenstand hatte Ehrenfels auch in seinem zweibändigen „System der Werttheorie", ferner in dem Buche über „Sexualethik" sowie in einigen Schriften über das Mutterrecht und das Problem einer modernen Ehe ganz neue Gedanken ausgesprochen, durch welche unsere gegenwärtigen Ansichten und unsere Gesellschaftsmoral ad absurdum geführt werden sollten.

Da er der Meinung war, daß — aus biologischen Gründen — die Hebung einer Rasse vorwiegend durch den virilen Teil erfolge, indem nämlich das männliche Element über die Vererbung und die Qualität der Nachkommenschaft entscheide, trat er, um einem Versinken der Rassen in Degeneration entgegenzutreten, für die offene und ehrliche Polygamie ein. Ohne Zweifel ist Ehrenfels als einer von den Begründern der modernen Eugenik anzusehen. In seinem 1915 erschienenen umfangreichen Buche über „Kosmogonie" entwickelt er ein dualistisches Weltbild: ein schaffendes Prinzip in seinem Überwiegen über den chaotischen Zufall ringt sich durch und manifestiert sich damit in der Weltentwicklung. Merkwürdig ist der 1921 erschienene originelle „Versuch über die Primzahlen", wo diese unter dem Aspekt der Gestaltqualität betrachtet werden. Diese Arbeit ist von zeitgenössischen Mathematikern sehr anerkennend beurteilt worden.

Obwohl Ehrenfels, wie schon erwähnt, ursprünglich ein begeisterter Schüler von Franz Brentano gewesen war, hat er sich später doch, ebenso wie Höfler, Meinong und Husserl, von dessen Lehren beträchtlich entfernt und ist seine eigenen Wege gegangen. Nach kurzer Tätigkeit als Privatdozent in Wien wurde er noch in jungen Jahren Professor der Philosophie in Prag, wo er auch bis zu seinem Tode tätig war. Wer dort seine mächtige Gestalt mit wehendem Vollbart, Röhrenstiefeln und einem wuchtigen Knotenstock erblickte, wie er oft in Gedanken verloren oder im Kreise seiner Schüler durch die Straßen wandelte, hätte in ihm alles eher vermutet als einen Universitätsprofessor und den Sproß eines Adelsgeschlechtes. Aber auch sein sonstiges Gehaben, seine schrankenlose geistige Unabhängigkeit von allem Konventionellen, jeglicher scheinheiligen Moral und kleinlichen nationalen Vorurteilen, durch welche er sich gerade in Prag recht unbeliebt gemacht hat, unterschieden diese bedeutende Persönlichkeit vorteilhaft von den meisten Zeitgenossen.

Leider ist seine weltfremde Bescheidenheit und Herzensgüte nicht immer gewürdigt worden. Sein Wirken und seine Teilnahme an dem Geistesleben der akademischen Jugend werden aber stets unvergessen bleiben. „Für Zukünftiges hat nur die Jugend Sinn", pflegte er zu sagen. Auf dem politisch so heißen Boden von Prag ist es nicht immer leicht gewesen, sich zu behaupten, ohne sich zu schwachmütigen Zugeständnissen bereitzufinden; aber gerade hierin erwies sich Ehrenfels als der wirkliche Philosoph, der die Versöhnlichkeit unter den Nationen als ein Zeichen der Weisheit predigte und zugleich dem ehrwürdigen Oberhaupte der tschechoslowakischen Republik gegenüber in wiederholter persönlicher Aussprache für die Interessen der Deutschen mit dem größten Freimut eintrat.

Durch den Weltkrieg sind viele von den stolzen Hoffnungen zerstört worden, welche Ehrenfels in seinen langjährigen Arbeiten auf eine bevorstehende höhere Entwicklung des Menschengeschlechtes gesetzt hatte; die für ihn, den Sozial-Darwinianer, quälende Vorstellung, daß durch eine grausige Kontraselektion gerade die Wertvollsten vernichtet worden sind, hat seine Nervenkraft untergraben und ihn in eine tiefe Depression versetzt, die er selbst als eine „Höllenfahrt" bezeichnete. Sie hat mehr als vier Jahre gedauert und er war ein Greis geworden, als er sie endlich hinter sich hatte. Es waren seine mathematischen Studien, besonders die Arbeiten über die Primzahlen, die ihm seine frühere Kraft und

Lebensfreude zurückgaben. Kurz vor seinem Tode sandte er mir mit überaus herzlichen Grüßen seine zuletzt erschienenen Abhandlungen; eine davon über sein „dualistisches Glaubensbekenntnis", eine andere über die „Sexualmoral der Zukunft" und schließlich eine Schrift über „Wagner und seine neuen Apostaten", in welcher er seine Ansichten über die gänzlich ungeklärte Rassenzugehörigkeit Wagners ausspricht. Mit sicherem Sinne für das Zukünftige hatte er schon in jüngeren Jahren die Bedeutung von Männern wie Anton Bruckner und Hugo Wolf richtig erfaßt, und so ist er auch später immer wieder mit bedeutenden Persönlichkeiten in regem Verkehr gewesen. Bis zuletzt unterhielt er freundschaftliche Beziehungen zu Sigmund Freud und zu Gerhart Hauptmann. Dieser hat ihm nach seinem Hingange das schöne Freundeswort ins Grab nachgerufen: „Einer der edelsten Kämpfer für höchste Ziele ist mit Ehrenfels für uns dahingegangen!"

Ahasverus und die Kaiserin

Der glühenden Mittagshitze, welche unerbittlich über dem holprigen Granitpflaster des Wiener Margarethenplatzes brütete, konnte ich nicht entrinnen, denn ich hatte auf den „Stellwagen" zu warten, der damals, zu Beginn der Achtzigerjahre, zwischen Schönbrunn und dem Stephansplatz verkehrte. Endlich sah ich den schwefelgelb gestrichenen, von zwei schweißtriefenden Kleppern gezogenen Omnibus langsam heranzotteln. Der Kutscher von der Hitze schlaftrunken und der halbverhungerte „Kondukteur" auf einem eisernen Tritt hoch über der Wagentüre balancierend. Haltestellen gab es nicht, der Wagen blieb auf jeden Zuruf stehen. Auf den mit himmelblauem Wachstuch gepolsterten Sitzen im Innern saßen die Mitfahrenden eng zusammengepreßt, und nur mit einiger Mühe gelang es mir, mich in die vordere Ecke noch hineinzuzwängen.

Mein Nachbar, ein glattrasierter älterer Herr, war über die Störung keineswegs erbaut und knurrte unwillig. Er trug einen viel zu engen Waschanzug aus hellem Nanking, die Beinkleider nur bis an die Knöchel reichend; zwischen den hoch hinaufgezogenen Knien preßte er ein mächtiges Paket Bücher zusammen, während er in den Händen, wenige Zoll vor seiner dicken Stahlbrille, ein Buch hielt. Da er überdies stark schielte, vermochte er nur mit dem einen Auge zu lesen, was mir bei der greulichen Enge, der Hitze und dem heftigen Stoßen des Wagens als ein besonderes Kunststück erschien. Als ich, etwas neugierig, einen Blick in seine Lektüre zu werfen versuchte, war ich verblüfft: er las einen Sanskrittext. Nach kurzer Fahrt stieg mein sonderbarer Reisegenosse aus und verschwand, gebeugt von der Last seiner Bücher, in einer dunklen Seitengasse. Ich hätte viel darum gegeben zu wissen, wer er sei.

Wie groß war nun mein Erstaunen, als ich einige Monate später in dem Hause eines meiner Familie nahestehenden berühmten Rechtsgelehrten unter den Gästen auch meinen schielenden ehemaligen Sanskrit-Nachbarn wiedererkannte. Es stellte sich heraus, daß er ein Studienkollege und Jugendfreund des Hausherrn war, ein gewaltiger Philolog, ein hochbegabter Dichter und Schriftsteller, namens Seligmann Heller. Wir kamen bald in ein lebhaftes Gespräch, luden einander gegenseitig zu Besuchen ein, und es ergab sich aus dieser Begegnung schließlich ein vieljähriger überaus freundschaftlicher Verkehr. Seligmann Heller kam nun regelmäßig zu uns und ich selbst und meine Schwester besuchten ihn oft in seiner merkwürdigen Behausung in der Krongasse. Ich habe später nie wieder eine ähnliche Wohnung gesehen. In einem jener halbverfallenen, feuchten Vorstadt-Zinshäuser der damaligen Zeit gelangte man von dem unsauberen Flur aus über eine schmale Treppe auf einen nach dem Hof zu offenen eisernen Gang. Solchen begegnet man in Wien auch heute noch, man nennt sie eine „Pawlatsche", offenbar nach dem tschechischen Worte Pawlac, welches so viel wie Altan oder Söller bedeutet.

Von diesem weder gegen Wind und Regen noch gegen Schnee geschützten Gang aus kam man unmittelbar durch Glastüren sowohl in die Küchen der einzelnen Wohnungen als auch zu den mehreren Mietern gemeinsamen Örtlichkeiten. Aber wie sah es in Hellers Küche aus! In dem engen, schmalen Raum konnte man nur schwer den gemauerten Kochherd entdecken, denn über der niemals geheizten, großen eisernen Kochplatte und dem massiven Abzugrohr waren fast bis an die Decke hinauf, unter uraltem Staub begraben, Bücher über Bücher aufgetürmt. Andere Folianten, Manuskripte und Lexika waren durcheinander am Boden, die Wände entlang und auch in der Mitte zu regellosen Haufen zusammengetragen. In dem Raum hinter der Küche mit zwei Gassenfenstern befanden sich zwischen vielen herumliegenden Büchern ein Tisch, einige Rohrstühle und ein schwarz überzogener Schlafdiwan, auf welchem Hellers Sohn Arnold zu schlafen pflegte. In einer anstoßenden kleinen Kammer ein elendes, ganz schmales Holzbett, so schmal, wie mir später keines mehr untergekommen ist. Dort schlief Seligmann Heller selbst.

Wie viele herrliche Stunden habe ich trotz alledem während meiner Jünglingszeit in diesen ärmlichen Räumen zugebracht! Welche Freude, wenn Heller mich in das Sanskrit-Studium einführte oder mit mir griechische Dichter las, wenn wir über die Quellen Lessings oder über Kant und Hegel debattierten, wenn er mit mir Kapitel aus Thomas von Aquino oder anderen Scholastikern und Mystikern vornahm. Noch heute besitze ich Briefe von ihm über diese Gegenstände und merkwürdige Korrespondenzkarten, ganz bedeckt mit Sanskrit-Zitaten und seinen Bemerkungen dazu, alles in so enger und kleiner Handschrift, daß sie ohne Lupe nur schwer zu lesen sind.

Heller, der aus Raudnitz in Nordböhmen stammte, war viele Jahre hindurch in Prag und in Wien Lehrer an höheren Lehranstalten gewesen und hatte sich gleichzeitig als Theaterkritiker und Redakteur der Prager „Bohemia", der Wiener „Deutschen Zeitung" und anderer Blätter einen hochgeachteten Namen gemacht. Für das große Ansehen, das er als dramaturgische Autorität genoß, zeugt schon der Umstand, daß Franz von Dingelstedt, der berühmte Direktor des Wiener Burgtheaters, als er seine neue Bearbeitung der Shakespeareschen Königsdramen abgeschlossen hatte, den Weg zu Heller in die entlegene Krongasse nicht gescheut hat, um sie ihm zur Begutachtung vorzulegen und sich mit ihm darüber zu besprechen, bevor er sie auf die Bühne brachte.

Heller war aber nicht nur ein genauer Kenner der klassischen Literaturen der christlichen Theologie und der philosophischen Schriftsteller aller Zeiten, sondern auch einer der profundesten Kenner der hebräischen Sprache und ihrer Meister, und eine seiner Dichtungen, sein umfangreiches Terzinen-Epos „Ahasverus", welches in tiefsinniger Darstellung die Wanderungen des Ewigen Juden durch die Geschichte der Menschheit zum Gegenstande hatte, zeugt, abgesehen von seinen hohen dichterischen Qualitäten, auch von Hellers gewaltigen Einblicken ebenso in die Welt des Hebräischen wie in die der Kirche. Kein Geringerer als Friedrich Rückert hat dieses Werk Hellers und dessen große Kühnheiten ohne Vorbehalt bewundert. In einem Briefe an Heller vom 12. August 1865 spricht Rückert von dem „so großartigen, im höchsten, kühnsten und strengsten Stil aufgebauten Kunstwerk ‚Ahasverus'," und in einem anderen Schreiben aus demselben Jahre heißt es, Heller habe den „großen Gegenstand groß behandelt".

Die uns erhaltenen Briefe Friedrich Rückerts geben Zeugnis von den engen freundschaftlichen Beziehungen, die sich zwischen den beiden Dichtern später entwickelt hatten. Die unvergleichlich tiefen Studien Hellers über die hebräische Mystik und Poesie des frühen Mittelalters haben ihn auch in ein engeres Verhältnis zu dem viel jüngeren berühmten Hebräisten Professor David Kaufmann gebracht, der dann auch nach Hellers Tode die Herausgabe und die Drucklegung von dessen meisterhaften deutschen Übersetzungen jener hebräischen Dichtungen besorgt hat. In seiner Vorrede zu Hellers Buch über „Die echten hebräischen Melodien", welches im Jahre 1893 bei Mayer in Trier erschienen ist, schreibt David Kaufmann, er habe es „stets als ein Glück und einen Gewinn" seines Lebens betrachtet, „Seligmann Heller zu dem nach Gestaltung rufenden Horte der mittelalterlichen jüdischen Dichtung hindrängen zu dürfen, so unvergänglich herrlichen Schöpfungen durch ein unablässiges Mahnen und Wecken ins Dasein verhelfen zu können" ... „Nie", schreibt er, „ist mir der Jammer, daß die poetische hebräische Literatur des Mittelalters teils in Trümmer zerschlagen, teils in Handschriften begraben liegt, so fühlbar und zum Greifen deutlich geworden wie in jenen Tagen." ... „Nur ein aus den reichsten Quellen philosophischen Denkens und mystischer Poesie genährter Geist konnte eine Nachdichtung aus diesen hebräischen Vorlagen heraufzaubern, die an die besten Inspirationen des Angelus Silesius erinnert und einen höheren zweiten ‚Cherubinischen Wandersmann' uns geschenkt hat."

Wer jemals Heinrich Heines „Romanzero" gelesen hat, kennt seine glühende Begeisterung für die hebräischen Dichter des Mittelalters und besonders für Jehuda ben Halevy. In dem Fragment, das diesen Namen trägt, erwähnt Heine Salomon Gabirol, Moses Ibn Esra und vor allem Jehuda Halevy selbst, der in den „Hebräischen Melodien" besonders gefeiert wird; dort spricht Heine von Halevys „bleicher und gedankenstolzer Stirne" und von „seiner Augen süßer Starrheit". „Doch zumeist erkannt' ich ihn — An dem rätselhaften Lächeln — Jener schön gereimten Lippen, — die man nur bei Dichtern findet."

Es ist bekannt, daß nur wenige Sterbliche Heinrich Heine und seine Dichtungen so sehr verehrt haben wie die Kaiserin Elisabeth von Österreich; hat sie ihm doch in ihrem „Achilleion" auf Korfu ein herrliches Denkmal errichten lassen!

Welches tiefe Verständnis für Heinrich Heine die Kaiserin gehabt haben muß, ergibt sich aber insbesondere aus dem Umstände, daß sie durch die Lektüre des „Romanzero" auch auf Jehuda Halevy geführt worden ist und daß sie alles aufgeboten hat, um Näheres über diesen Dichter und über sein Leben zu erfahren, daß sie nichts unversucht gelassen hat, um sich die Kenntnis seiner Werke zu verschaffen. Auf welchem Wege sie bei ihren Nachforschungen schließlich auf den ganz im Verborgenen lebenden Seligmann Heller geraten ist, hat niemals ganz aufgeklärt werden können.

Ein ausführlicher Bericht über diese merkwürdigen Vorgänge

findet sich in der „Vossischen Zeitung" vom 5. Juni 1907: „Kaiserin Elisabeth", heißt es dort, „mußte erfahren haben, daß Heller ein gründlicher Kenner des hebräischen Schrifttums sei; das war der Mann, der ihr den Weg zu den Werken Jehuda ben Halevys weisen konnte und sollte. Eines Tages, so erzählte Heller, stand er im bequemen Hausrocke am Fenster und blickte auf die Straße, als er eine Equipage am Hause vorfahren und halten sah. Daß es ein Hofwagen war, sah der Kurzsichtige nicht; er scherzte nur zu seinem Sohne darüber, daß ein vornehmes Gefährte vor dem alten Vorstadthause halte und ob vielleicht ihm der vornehme Besuch gelte. Wenige Minuten später klopfte es an der Türe und vor dem überraschten Dichter und Gelehrten stand die Kaiserin. In der ihr eigenen einfachen Weise, die jede Verlegenheit sofort bannte, setzte sie Heller den Zweck ihres Besuches auseinander. Sie sprach von Jehuda ben Halevy, den sie nur aus den Versen Heines kenne, dessen Dichtungen sie aber an der Hand Hellers kennenlernen möchte.

Seligmann Heller hielt der Kaiserin aus dem Stegreif einen Vortrag über das Leben und die Werke des hebräischen Poeten, aber es sei nicht leicht, die Sprache Halevys sich anzueignen, noch schwerer vielleicht, sich in die Gedanken- und Empfindungswelt des fremden Dichters hineinzudenken und einzuleben. Die Kaiserin möge sich an das ergreifende Bild halten, das Heine in einfach schönen Linien von dem Dichter entworfen, und an das ehrlich rühmende Urteil des deutschen Dichters über den hebräischen. Die Kaiserin folgte mit lebhaftem Interesse dem Vortrage Seligmann Hellers und schied von ihm mit Worten aufrichtigen Dankes."

In dem nun folgenden Winter erkrankte Seligmann Heller an einer bösartigen Grippe, aus welcher sich eine schwere Lungenentzündung entwickelte. Ich besuchte ihn fast täglich und mußte mich mit Schrecken von dem rasch fortschreitenden Verfall seiner Kräfte überzeugen. Sein Sohn Dr. Arnold Heller und andere erfahrene Ärzte umstanden sein Lager, ohne helfen zu können. Es war ein erschütternder Anblick, den ganz abgemagerten, schwer nach Atem ringenden Mann in seinem schmalen Holzbett, in Polster vergraben, liegen zu sehen. Wie sehr gemahnte er mich an die Mönche gewisser strenger Orden, die stets in ihrem Sarge schlafen, in welchem sie dann auch sterben und begraben werden. Nach wenigen Tagen wurde Heller von seinen Leiden erlöst; ich hatte den Eindruck, daß dies die Art sei, wie Epiktet und die großen stoischen Philosophen oder Ammonios Sakkas aus dem Leben gegangen sind.

Etwa acht Jahre nach Seligmann Hellers Tode, am 10. September 1898, ist die Kaiserin von Österreich in Genf ermordet worden. Bald darauf überreichte Seligmann Hellers Sohn, der schon erwähnte, gleichfalls hochgelehrte und angesehene Zahnarzt Dr. Arnold Heller, ein Majestätsgesuch, in welchem er um die Rückgabe der seinerzeit zur Verfügung gestellten Jehuda-Halevy-Übertragung bat. Aus dem Inhalte dieses Gesuches geht hervor, daß es weder seinem verstorbenen Vater noch ihm selbst möglich gewesen sei, über das weitere Schicksal einer von ihnen beiden vor Jahren gemeinsam revidierten und sorgfältig korrigierten handschriftlichen Kopie von Seligmann Hellers Jehuda-Halevy-Übertragung eine Nachricht zu erhalten. Diese Kopie sei seinerzeit hergestellt worden, nachdem der Kaiser durch eine Mittelsperson den Wunsch hatte aussprechen lassen, er wolle der Kaiserin Hellers Übertragung des Jehuda Halevy „als Angebinde unter den Weihnachtsbaum legen". Dr. Arnold Heller bitte nun um die Rückgabe dieses Büchleins. „Es würde dem Bittsteller und dessen Familie eine Reliquie von unschätzbarem Wert und ein heilig gehaltenes Erinnerungszeichen sein", heißt es in diesem Majestätsgesuch. Am 29. September erfolgte dessen Erledigung, ein mit Trauerrand versehenes, vom Grafen Bellegarde unterzeichnetes Aktenstück, in welchem dem Gesuche stattgegeben wird und das dort erwähnte Buch, „nachdem sich dasselbe in der Privatbibliothek weiland Ihrer Majestät der Kaiserin und Königin vorgefunden hat, mit Dank zurückgestellt wird."

Aber die in diesem Schreiben angekündigte Rückgabe des Buches bedeutete für den Empfänger eine große Überraschung, denn statt der einst von ihm und seinem Vater mühsam hergestellten Manuskriptkopie erhielt er nun eine wundervolle, wie in gestochenem Kupferdruck hergestellte kalligraphische Abschrift seines Buches auf starkem Büttenpapier, prachtvoll in Leder gebunden, mit Goldschnitt und reicher Golddruckpressung verziert!

Es unterliegt keinem Zweifel, daß dies das Bändchen ist, welches der Kaiser einst hatte eigens herstellen lassen, um es der Kaiserin „als Angebinde unter den Weihnachtsbaum zu legen". Es war als eine Art Gebetbuch gedacht, welches die Kaiserin bei ihren Spaziergängen oder wenn sie auf Reisen war, immer mit sich führen konnte. Dieses Buch ist aber nicht ganz das gleiche wie die später von Professor Kaufmann herausgegebenen „Echten Hebräischen Melodien" Seligmann Hellers; denn es enthält ausschließlich Gedichte des Jehuda Halevy. Der Titel lautete: „Jehuda Halevy. Aus seinem Liederschatze. Übertragen von S. Heller." Die kostbare Reliquie befindet sich jetzt sorgsam behütet im Besitze der Familie des Doktor Arnold Heller, sie gibt Kunde von gewissen geistigen Bestrebungen aus einer längst entschwundenen Zeit; aber ihr reicher Gehalt dürfte, ebenso wie damals, auch jetzt nur einer kleinen Anzahl Auserwählter zugänglich sein.

Jugendtage mit Hermann Bahr

Wie viele Stunden köstlichen Friedens und tiefer, west-östlicher Beschaulichkeit habe ich doch dem alten Wiener Kaffeehause zu verdanken gehabt, wie viele wertvolle Bekanntschaften habe ich dort gemacht, wie viele freundschaftliche Beziehungen angeknüpft! In jenen Tagen, da es im Café noch kein Lärmen gab, keinen Bier-, Wein- oder Speisendunst; wo der feine Duft frischgebrannten Kaffees und des türkischen Tabaks, den viele von den Gästen aus langen Pfeifen rauchten, alle Räume gleichmäßig durchdrang! Kein lautes Wort durfte damals den Lesenden stören; weibliche Besucher gab es nicht; Frauen hielten es für unpassend, ins Café zu gehen. Als ich im Jahre 1878 zum ersten Male das Café Griensteidl am Michaelerplatz betrat, war ich von der dort waltenden, behaglich-vornehmen Ruhe sogleich ganz gefangengenommen und so kam es, daß ich dieses Lokal durch Dezennien fast täglich besucht habe.

Da es meine Bekannten aus dem nahegelegenen vegetarischen Restaurant waren, die mich zuerst in das Café mitgenommen hatten, fand ich dort von allem Anfang an einen Kreis gleichgestimmter Geister, dem eine Anzahl bedeutender Persönlichkeiten angehörte. An dem gewaltigen runden Tisch aus weißem Marmor in der Mitte des großen Lesezimmers, wo der alte Kellner Franz ganz mit dem Gehaben eines herablassend-höflichen herrschaftlichen Kammerdieners jedem Gast außer dem Kaffee auch die ihm zukommenden Zeitungen lautlos hinlegte, erschien täglich der Dichter Ludwig Anzengruber, umgeben von seinen Getreuen aus der Redaktion des „Wiener Figaro": dem Zeichner Ernst Juch, dem Redakteur Carl Sitter und dem Humoristen Maseidek. Juch zeigte sich zumeist in einer gesteppten Ärmelweste aus speckig gewordenem, schwarzem Atlas, während zu Anzengrubers hochgewachsener Gestalt mit dem im Winde flatternden fuchsroten Vollbart und dem Kneifer auf der Nase sein Lodenmantel und Knotenstock vortrefflich paßten.

In der rechten Fensternische, wo ich selbst mit meinen Freunden regelmäßig zusammenkam, konnte man fast täglich Dr. Viktor Adler, den bekannten Sozialdemokraten, mit dem Politiker Engelbert Pernerstorfer, dem von Friedrich Nietzsche so sehr geschätzten Schriftsteller Siegfried Lipiner, dem bekannten Historiker Dr. Heinrich Friedjung, dem Advokaten Dr. Richard Ulbing und mehreren Korrespondenten auswärtiger Zeitungen beisammenfinden. Von Zeit zu Zeit kam auch Hugo Wolf, der damals als Liederkomponist noch ganz unbekannt war. Schon zu Beginn der Achtzigerjahre waren Anzengruber und seine Freunde aus dem Café verschwunden und neue Gestalten hatten ihren Platz eingenommen; Dr. Viktor Adler war für einige Zeit nach Berlin gegangen.

Eines Tages brachte uns Hugo Wolf, heiter lächelnd, einen jungen Freund, dessen stark zur Schau getragenes burschikoses Wesen mir besonders auffiel. Er war mittelgroß, bartlos bis auf einen dunklen Schnurrbart; ein Mensurenschmiß verlieh seinem Gesicht etwas Martialisches, das zu seinem sonstigen gutmütigen Wesen und den schalkhaft blickenden Augen nicht recht passen wollte. Bis vor kurzem noch hatte er durch viele Monate, gemeinsam mit Hugo Wolf und dessen Freunde Edmund Lang, als dritter im Bunde in einer Studentenbude im dritten Stock des ehemaligen „Trattnerhofes" auf dem Graben gehaust. Sein Name war Hermann Bahr.

Der Ruf eines wüsten Raufboldes war ihm vorausgegangen; die Festrede, die er nach Richard Wagners Tode auf einem Burschenschafterkommers gehalten, in welcher er von dem „doppelzüngigen Adler" der Monarchie gesprochen hatte, machte seinen Namen rasch bekannt. Und die ungeheuerliche Frechheit, mit der er bei seiner Einvernahme dem Rektor der Universität geantwortet hatte, war bald zum Gaudium der ganzen Stadt geworden. Kein Wunder, daß er relegiert wurde. Bahrs überquellender köstlicher Humor und seine ungestüme Lustigkeit hatten ihn bald zum Mittelpunkt unserer Tafelrunde gemacht. Dabei aber war er ganz dem Studium des Marxismus und sozialer Probleme hingegeben und sein Verkehr mit Pernerstorfer, Dr. Friedjung und einigen „Fabians" unseres Kreises bot ihm dafür viele Anregungen.

Im Jahre 1885 hatte Albert Schäffle, der ehemalige österreichische Handelsminister, eine Schrift unter dem Titel: „Die Aussichtslosigkeit der Sozialdemokratie" veröffentlicht. Sogleich stürzte sich Bahr auf diesen Gegner und schrieb eine höhnische Antwort, die er: „Die Einsichtslosigkeit des Herrn Schäffle" nannte. Dieses kecke Pamphlet erregte beträchtliches Aufsehen. Es hatte auch zur Folge, daß, als dann Bahr in Berlin zufällig mit Dr. Viktor Adler zusammenkam, dieser ihm erzählte, wie viel Vergnügen ihm diese anmaßende Schrift über Schäffle bereitet habe. Bahr hat in Wien viele Jahre mit Dr. Viktor Adler und seiner Familie freundschaftlich verkehrt und auch an unserem Tisch in der Fensternische des Café Griensteidl pflegten sich die beiden von nun ab fast täglich zu treffen. Nach längerem Aufenthalt in Berlin war nämlich Bahr im Jahre 1887 nach Wien zurückgekehrt, um hier sein Einjährig-Freiwilligen-Jahr zu absolvieren.

Jetzt war er ganz Soldat geworden. Die dunkelblaue Infanterieuniform kleidete ihn vortrefflich und er liebte es, das „Fesche" seiner Erscheinung hervorzukehren und auf die Spitze zu treiben. So trug er, ähnlich den damaligen „Deutschmeistern", die Haare an beiden Schläfen mit Klebwachs angebürstet, so daß sie gleich Hahnenfedern in kühnem Bogen hinter den Ohren hervortraten. Dort, über dem Ohr, pflegte er auch den Strohhalm zu tragen, mit welchem er seine lange Virginierzigarre während des Gespräches immer wieder anzündete.

Um diese Zeit tauchte in unserem Kreise ein völlig bartloser blasser Jüngling auf, ganz schlank, mit langem Haar von dunkler Färbung. Eine scharfe Brille gab seinem Blick etwas Stechendes und mit seinem langen, bis über die Knie reichenden schwarzen Tuchrock, der hochgeschlossenen Weste, der schwarzen Lavallière und dem ganz altmodischen Zylinderhut, machte er durchaus den Eindruck eines schlecht genährten Theologiekandidaten. Sein Name war Dr. Rudolf Steiner. Ich hatte ihn früher des öfteren schon in der Gesellschaft des bekannten Goethe-Forschers Prof. Karl Julius Schröer getroffen und wir hatten manche Auseinandersetzung über Goethes Symbolik gehabt. Mittlerweile war ihm irgendwie zu Ohren gekommen, daß ich mit der damals viel besprochenen Madame Blavatsky und den führenden Mitgliedern der „Theosophischen Gesellschaft" in Madras in Verkehr war.

Dr. Steiner erklärte mir, wie sehr ihm daran liege, über diese Dinge Näheres zu erfahren und bat mich, ihn in die „Geheimlehre" einzuweihen. Damit begann mein regelmäßiger Verkehr mit ihm, der viele Jahre währte und ihn schließlich, nach langen Wandlungen und Zwischenfällen, allmählich zur Ausgestaltung seines eigenen „anthroposophischen" Systems hinführte. Bei den übrigen Mitgliedern des Griensteidl-Kreises fand er wenig Anklang; mit Hermann Bahr konnte er sich nur schwer verständigen und es war für uns immer ein besonderes Vergnügen, zuzuhören, wenn die beiden hart aneinandergerieten und gegeneinander ein Feuerwerk von scharfen Invektiven abbrannten.

„Rudolf Steiner ist nicht fähig, meinen Gedanken zu folgen", erklärte einmal Bahr, „denn er ist in seinen gänzlich überlebten, primitiven Ideen unbeweglich eingerostet."

„Ganz im Gegenteil!" erwiderte Steiner, „nichts leichter für mich, als gerade Hermann Bahr zu verstehen: dazu habe ich nur nötig, mich ganz in jene Zeit zurückzuversetzen, da ich noch gar nichts gelernt hatte!" Schallendes Gelächter begleitete dieses Wortgefecht und man kann sich denken, wie scharf der über alle Begriffe schlagfertige Bahr seinem Gegner geantwortet hat.

Eines Tages brachte mir Bahr ein gedrucktes Heft eines noch ganz unbekannten Autors, eine lyrisch-dramatische Szene, die den Titel „Gestern" führte. Der Autor nannte sich Theophil Morren. Bahr bat mich, die kleine Schrift zu lesen und ihm möglichst bald meine Meinung darüber mitzuteilen. Der Verfasser sei erst achtzehn Jahre alt und noch im Gymnasium. Ich fand die Schrift überaus merkwürdig, von ganz erstaunlicher Begabung zeugend, meinte aber, die altkluge Art, mit welcher dieser frühreife Knabe über die Frauen und das Leben urteile, hätte für mich etwas geradezu Erschreckendes. Bahr lächelte still in sich hinein. Tags darauf aber erschien er im Café mit seinem neuen Schützling, der, wie sich nun herausstellte, eigentlich Hugo von Hofmannsthal hieß, ein vornehm aussehender „Ephebe" mit schmalem Gesicht, das von stärkster Lebendigkeit Zeugnis gab. Mit seiner hohen, etwas spitzen Stimme bemerkte er zu mir von oben herab: „Bahr sagt mir, meine kleine Arbeit hätte Ihren Beifall gefunden; aber manches darin sei Ihnen recht altklug erschienen. Nun, ich bin sicher, Sie werden Ihr Urteil in diesem Punkt mit der Zeit korrigieren." Natürlich war ich über diese Äußerung eines dem Knabenalter kaum Entwachsenen einigermaßen verblüfft.

Der junge Hofmannsthal kam nun regelmäßig ins Café" Griensteidl, wir haben uns Jahre hindurch fast täglich gesehen, und es ist zwischen uns sehr bald zu einer engen, herzlichen Freundschaft gekommen. Zwischen Bahr, Hofmannsthal und mir hat bis zu Hofmannsthals Tode ein reger Verkehr bestanden, der zumeist philosophische und religiöse Probleme betraf. Im Jahre 1912 war ich durch einen Zufall auf eine Akademieschrift von Konrad Burdach über „Faust und Moses" gestoßen, die auf mich einen tiefen

Eindruck machte, weil hier den altrabbinischen und frühmittelalterlichen Quellen tiefster Mystik nachgegangen wurde, aus welchen Goethe seine unsterbliche Dichtung geschöpft hatte. Als ich Hofmannsthal diese wertvolle Arbeit mitteilte, war auch er davon mächtig ergriffen und wir beschlossen, die Schrift sogleich auch an Hermann Bahr weiterzusenden. Bei ihm war die Wirkung womöglich noch stärker und er konnte sich nicht genugtun, mir für dieses „geistige Geschenk" zu danken.

Im Frühjahr 1917 brachte mir Hofmannsthal einen Brief Bahrs aus Salzburg. Dieser bat ihn darin, wegen einiger ihm schwierig erscheinender Begriffe der mittelalterlichen Scholastik bei mir anzufragen. Es handelte sich um den Einfluß der altjüdischen „Pardes"-Mystik auf die Lehren des Thomas von Aquino und um die Dialektik der „Coincidentia oppositorum", wie sie Nicolaus Cusanus behandelt hat. Ich beantwortete Bahrs Anfrage sogleich in einem ausführlichen Brief, den ich Hofmannsthal übergab. Wenige Tage später erhielt ich aus Salzburg Bahrs Antwort vom 23. April 1917. „… Hofmannsthal hat mir Deinen Brief geschickt", heißt es in diesem Schreiben, „ich danke Dir herzlichst, lieber, alter Freund, er hilft mir sehr, und an den sehr merkwürdigen Stellen, wo mein Denken jetzt Gott sei Dank herumflattert, ist es mir ein wunderliches Erlebnis, gerade Deine Hand zu ergreifen, die ich denn in Erinnerung an schöne Vergangenheiten herzlichst drücke als Dein getreuer alter Hermann Bahr."

Erst nach dem Weltkrieg bin ich ihm wieder begegnet und auf stundenlangen Spaziergängen haben wir uns auch über diese uns beiden so merkwürdigen Gegenstände unterhalten können.

Anton Bruckner

Erlebnisse mit Anton Bruckner

Der Augenblick, da ich Anton Bruckners ungewöhnliche Erscheinung zum erstenmal vor mir sah, ist mir in ganz frischer Erinnerung, obgleich mittlerweile fast sechs Jahrzehnte darüber hingegangen sind.

In angeregtem Gespräch war ich an einem schönen Herbsttage des Jahres 1879 mit einem mir befreundeten Kapellmeister dem Josephsplatz zugeschritten, als uns in dem Engpaß zwischen der spanischen Hofreitschule und dem Redoutensaale ein etwas beleibter, dunkelgekleideter älterer Herr entgegenkam, der den Gruß meines Begleiters mit einer Verbeugung erwiderte. Wie er dabei den schwarzen Schlapphut bis zur Erde senkte, vermochte ich seinen mächtigen, kahlgeschorenen Schädel zu erblicken, über den er dann, während des folgenden Gesprächs, des öfteren mit einem umfangreichen blauen Seidentuch hinstrich. Lachend sprach er einige freundliche Worte, erzählte von einer Unterredung mit dem Direktor Hellmesberger, hielt uns seine Schnupftabakdose hin, klopfte sorgfältig daran, nahm selbst eine Prise, deren Reste an den Stoppeln seines Schnurrbartes hängen blieben, grüßte mit gutmütigem Winken und ging seines Weges.

„Das ist Professor Anton Bruckner", sagte mein Freund, „es wird sicher nicht viele so merkwürdige Menschen geben und die Meinungen über ihn gehen beträchtlich auseinander. Er lehrt Harmonie und Kontrapunkt am Konservatorium, wo ich selbst seinen Vorträgen beigewohnt habe; er ist aber auch Lektor an der Universität und gilt mit Recht als einer der größten Theoretiker. Was seine Kompositionen betrifft, so habe ich den Eindruck, daß sich niemand damit auskennt: während die einen lästerlich schimpfen, gibt es wieder eine kleine Anzahl von Musikern, die Bruckner für einen ganz großen Meister halten." Aus eigener Erfahrung, meinte mein Begleiter, könne er darüber nicht urteilen, denn er habe noch nie Gelegenheit gehabt, einen Ton aus Bruckners Werken zu hören, seit Jahren sei davon nichts mehr aufgeführt worden; wahrscheinlich darum, weil das letztemal das Publikum vor dieser Musik die Flucht ergriffen hatte und die Kritik völlig ratlos dastand. Daß aber Bruckner ein gewaltiger Orgelspieler sei, daß sich mit ihm, insbesondere was die Improvisation auf diesem Instrument betrifft, niemand messen könne, darüber gebe es keinen Streit.

Nach dieser ersten Begegnung mit Bruckner hatte ich dann öfters Gelegenheit, den Meister wieder zu treffen und mit ihm einige Worte zu wechseln: auf der Straße, im Café, im Konzertsaal und in der Oper. Aber erst viel später, im Jahre 1881, bin ich durch die Vermittlung meiner Jugendfreunde Schalk, Löwe und Hynais, die alle Bruckners Schüler gewesen sind und bald zu den Verkündern seines Genius werden sollten, mit dem Meister in näheren persönlichen Verkehr gekommen. Während eines Oratorienkonzertes, dem wir gemeinsam im Stehparterre beiwohnten, gesellte sich Bruckner zu uns, auf dem Heimweg wurde lebhaft debattiert und endlich beschlossen, daß wir in einem benachbarten Gasthause das Nachtmahl miteinander einnehmen sollten. Bruckner pflegte, ebenso wie Hugo Wolf, Gustav Mahler und andere bedeutende Musiker jener Tage, die Konzerte vom Stehparterre aus anzuhören, und es hat uns immer zu denken gegeben, wenn wir Johannes Brahms oben, in einsamer Abgeschiedenheit thronend, in der sonst unzugänglichen Direktionsloge erblickten.

Das Zusammensein mit den Freunden im Restaurant bildete einen erfreulichen harmonischen Abschluß des schönen Abends. Bruckner behandelte mich von allem Anfang an mit großer Herzlichkeit und ich empfand es als eine besondere Auszeichnung, daß er mich aufforderte, bald wieder einen Abend mit ihm zu verbringen. Mit der Zeit wurde daraus eine ständige Einrichtung und ich habe durch Jahre hindurch alle meine freien Abende im Kreise Bruckners und seiner Lieblingsschüler zugebracht. Auch wurde mir von Bruckner der zärtliche Spitzname „Samiel" verliehen, weil ich ihn mit meiner „wilden" Haartracht an den Höllenfürsten in Webers „Freischütz" gemahnte. Josef Schalk dagegen hieß der „Generalissimus", ob des hohen Ansehens, das er unter uns Jüngeren genoß.

Obwohl ich schon jahrelang bei verschiedenen Lehrern Musiktheorie studiert hatte, hoffte ich doch, es werde mir einmal möglich sein, mich unter Bruckners Leitung darin weiter auszubilden; und als ich ihn eines Abends nach Hause begleitete, wagte ich die schüchterne Frage, ob er nicht geneigt wäre, mir Privatstunden im Kontrapunkt und der Fuge zu geben. Ich war nun peinlich berührt, als der Meister diese Bitte schroff ablehnte mit der Begründung, ich sei ja Techniker, und für einen Chemiker oder Ingenieur hätte es doch wenig Sinn, sich so tief in die Musiktheorie einzulassen. Ich mußte also auf diesen Lieblingswunsch verzichten. Es sollte aber nicht sehr lange dauern, daß sich eine Situation ergab, die meinen Absichten günstig war.

Als ich eines Nachmittags planlos durch die Stadt schlenderte, vernahm ich plötzlich Feuerlärm. Ich folgte der rennenden Menschenmenge und fand auf der Seilerstätte das Stadttheater in hellen Flammen. Während ich im Gedränge erregt dem eigenartigen Schauspiel zusah, wie Möbel, Bücher und Teppiche durch die raucherfüllten Fenster auf die Straße geworfen und angsterfüllte Menschen über Feuerleitern herabgetragen wurden, fühlte ich mich plötzlich ungestüm am Arm gerüttelt und, mich umwendend, erblickte ich Bruckner, der bleich nach Worten rang. Als schließlich die ärgste Gefahr vorüber war, brachte ich den Meister in ein Café, wo wir uns bei einer Tasse Tee ein wenig erholten. Nach einer Ruhepause griff Bruckner in die Tasche seines Mantels, entfaltete ein Notenblatt und frug mich, ob ich ein guter Lateiner sei. Er habe zwar einstens selbst etwas Latein getrieben, hier aber begegne er doch einigen Schwierigkeiten. Es handelte sich um eine Dichtung des Bernhard von Clairvaux und Bruckner war verblüfft, als ich die mir bekannten Verse, ohne näher hinzusehen, von der ersten bis zur letzten Zeile auswendig hersagte. Er bestürmte mich, ihm zu sagen, woher ich dieses Gedicht so genau kenne; und als ich ihm dann die deutsche Übersetzung zu Papier gebracht, sagte er plötzlich ganz unvermittelt: „Da fallt mir eben ein, daß Sie einmal bei mir wegen Privatstunden angefragt haben. Sollte es Ihnen damit Ernst sein, so kommen Sie morgen nachmittag zu mir, damit wir mit dem Studium beginnen." So wurde ich, zu meiner freudigen Überraschung, schließlich doch noch Bruckners Privatschüler.

In der Mitte seines Arbeitszimmers in der Heßgasse befand sich zwischen einem langen, veralteten, ziemlich abgespielten Bösendorferflügel und einem nie benützten Orgelharmonium das kleine, viereckige, mit grüner Ölfarbe gestrichene Tischchen, an welchem Bruckner die meisten seiner Symphonien, das Quintett, das Te Deum und manches andere niedergeschrieben hatte. Und an diesem tintenbekleckten Tischchen habe ich jahrelang, dreimal in der Woche, unter Bruckners Anleitung gearbeitet. Zwischen uns die Schnupftabakdose, das Tintenfaß und eine Holzschale mit blauem Streusand.

Mit der Zeit wurde ich von Bruckner mit der Erledigung mancher von seinen „profanen" Angelegenheiten betraut; und so kam es, daß ich mich im Laufe der Jahre immer mehr in die Nebenrolle seines freiwilligen Privatsekretärs hineinlebte, indem ich die für ihn einlangenden Briefe beantwortete, Verlagsangelegenheiten erledigte und wegen Konzertaufführungen verhandelte. Auch Dichtungen, zumeist Dramen, die von den Autoren geschickt wurden, damit Bruckner sie womöglich in Musik setze, sollte ich lesen und dem Meister darüber berichten. So viel ich mich erinnere, ist es aber in keinem einzigen Fall zu einer Bearbeitung durch Bruckner gekommen.

Als ich eines Tages in der Heßgasse erschien, übergab mir der Meister ein ausführliches Schreiben von Hans Paul von Wolzogen in Bayreuth, in welchem dieser bekannte Freund und Ratgeber Richard Wagners bei Bruckner anfragte, ob er nicht geneigt wäre, den „Sonnenhymnus" des heiligen Franciscus von Assisi als Oratorium zu komponieren. Dem Brief war die italienische Dichtung beigeschlossen. Da Bruckner des Italienischen nicht mächtig war, las ich ihm die ersten Zeilen vor, um ihm einen Eindruck von den klanglichen Wirkungen dieser Verse zu verschaffen. Der Hymnus, der „Cantico de lo Frate Sole", beginnt mit den Worten:

> „Altissimo omnipotente bon signore:
> Tue son le laude la gloria et l'honore et ogni benedictione."

Da Bruckner jedoch auch eine möglichst gute Übertragung dieser Verse zu sehen wünschte, brachte ich ihm die damals sehr bewunderte von Johann Heinrich Schlosser, dem bekannten Übersetzer vieler Kirchenlieder:

> „Höchster, allmächtiger gütiger Herr:
> Dein ist der Preis, die Herrlichkeit und die Ehre und jegliche
> Benedeiung."

So lauten die beiden ersten Zeilen dieser etwas hölzernen Übertragung. Bruckner war erstaunt, als ich ihm mitteilte, daß der

Sonnenhymnus schon von Franz Liszt, und zwar für Baritonsolo, Männerchor, Orgel und Orchester komponiert worden sei, und er bat mich, ihm die Partitur zu leihen. Als ich aber nach einigen Tagen wieder bei ihm vorsprach, erklärte er mir mit voller Entschiedenheit, es sei ihm gänzlich unmöglich, sich in den Hymnus hineinzufinden; dieser sage ihm nichts und darum könne er ihn auch nicht in Musik setzen. Daß Franz Liszt zu dieser Dichtung einen Zugang gefunden habe, könne er sehr gut verstehen; aber seine eigene Art, Musik zu machen, sei eben von der Liszts gänzlich verschieden.

Ich habe mich später des öfteren gefragt, ob die Ablehnung Bruckners, den „Cantico de lo Frate Sole" zu komponieren, nicht auch damit zusammenhing, daß Bruckner seine Jugend in Oberösterreich unter dem Einflüsse der Augustiner-Chorherren zugebracht hatte und daß er vielleicht gerade darum der ganzen Richtung der Franziskaner ziemlich fremd gegenüberstand, während hingegen eine Individualität wie die Liszts von ihr gänzlich in Bann geschlagen worden ist.

Mir selbst verblieb nun die etwas undankbare Aufgabe, in einem Brief an den mir seit langem persönlich bekannten Freiherrn von Wolzogen die Gründe von Bruckners Ablehnung anzudeuten. Dies alles schien mir aber nicht so ganz einfach, weil ich der Ansicht war, daß hinter der ganzen Sache Henry Thode, der Schwiegersohn von Frau Cosima Wagner, stand, dessen umfangreiches Buch über Franz von Assisi damals gerade erschienen war.

Als ich einige Monate nach dem Briefwechsel wegen des „Sonnenhymnus", Mitte November 1885, einmal in der Heßgasse erschien, reichte mir Bruckner eine eben aus Leipzig eingelangte Zuschrift des Verlegers E. W. Fritzsch. Dem Briefe war auch eine Photographie des Meisters beigeschlossen und der Schreiber bat um Nachricht, ob das Bildnis als geeignet befunden werde, um in dem von Fritzsch herausgegebenen „Musikalischen Wochenblatt", zusammen mit einigen Angaben über Bruckners Lebenslauf und seine hauptsächlichen Kompositionen, abgedruckt zu werden. Diese Anfrage sollte ich nun beantworten und zu diesem Zwecke wollte mir der Meister die ihm nötig erscheinenden Angaben auf einem Bogen Papier zusammenstellen. Als ich das nächste Mal zur Lektion erschien, übergab mir Bruckner dieses Blatt, das ich bis zum heutigen Tage sorgsam aufbewahrt habe.

Der Verleger E. W. Fritzsch war mir kein Unbekannter mehr,

denn ich hatte ihn einige Jahre vorher in Bayreuth in Gesellschaft von Fräulein Elisabeth Nietzsche, der anmutigen Schwester des Philosophen, kennengelernt und ihn dann auch im Hause Wahnfried getroffen, wo er, als der Herausgeber von Richard Wagners sämtlichen Schriften, großes Ansehen genoß. Er war ein Mann in mittleren Jahren, von einfachem und anspruchslosem Wesen; ein rötlicher Vollbart umrahmte das schmale, blasse Gesicht. Zu jener Zeit stand Fritzsch noch in den herzlichsten Beziehungen zu Friedrich Nietzsche, dessen Werke er, offenbar Richard Wagners Empfehlung zufolge, gleichfalls herausgegeben hatte. In den Briefen an seine Freunde spricht Nietzsche von ihm nur als dem „guten", dem „trefflichen" Fritzsch, bei dem er auch als Gast gewohnt und an dem er „wirklich herzliche Freude" gehabt habe. Später aber, im Jahre 1887, sollte es mit einem Male zu einem völligen Zerwürfnis kommen, weil Nietzsche es als eine arge Taktlosigkeit empfand, daß sein eigener Verleger Fritzsch, in dem von ihm herausgegebenen „Musikalischen Wochenblatt" einen gehässigen Artikel von Wilhelm Fohl abgedruckt hatte, in welchem Nietzsche auf das gröblichste beleidigt und verhöhnt wurde.

Zu der Zeit aber, als der erwähnte Brief von Fritzsch bei Bruckner eintraf, waren seine freundschaftlichen Beziehungen zu Nietzsche noch völlig ungetrübt.

Es kam nun darauf an, die beste Form zu finden, um dem von Fritzsch geäußerten Wunsche zu entsprechen. Dieser hatte angefragt, ob Bruckner nicht geneigt wäre, die erforderlichen Daten Dr. Theodor Helm, dem Kritiker der Wiener „Deutschen Zeitung", zu übergeben, damit dieser zu dem erwähnten Porträt Bruckners den Text verfasse. Dr. Helm war nämlich der einzige Musikreferent jener Tage, der mit einigem Verständnis über Bruckner geschrieben, und es war erst ein Jahr her, daß er auch eine kurze Notiz über Bruckners Werdegang veröffentlicht hatte. Bruckner war also damit einverstanden, daß er auch diesmal einige Zeilen schreiben und dem Bild hinzufügen möge. Es wurde daher beschlossen, ich solle Dr. Helm, einen guten Bekannten von mir, aufsuchen und ihm alle wünschenswerten Angaben machen. Zu diesem Zweck übergab mir nun Bruckner den schon erwähnten, von ihm eigenhändig geschriebenen Zettel, der ein recht lückenhaftes Curriculum vitae darstellt und folgenden Wortlaut hat:

„Anton Bruckner, 4. September 1824 zu Ansfelden in Oberösterreich geboren.

Bis 1855 Lehrer und provisorischer Stiftsorganist in St. Florian; bis 1868 Domorganist in Linz; seither Hoforganist und Professor am Conservatorium der Musik in Wien. Von 1875 auch Lector für Harmonielehre und Contrapunkt an der k. k. Universität.

Studien über Harmonielehre und Contrapunkt von 1855 bis 1861 bei Prof. Sechter in Wien; über Composition von 1864 bis 1865 bei Kapellmeister Otto Kitzler.

Unter sieben Sinfonien sind nur die dritte (D-moll bei Rättig) und die siebente (E-dur, bei Gutmann in Wien) im Drucke erschienen. (Die achte Symphonie ist zu erwarten.)

Das Streichquintett ebenfalls gedruckt bei Gutmann.

Das Te Deum bei Rättig.

Ebenfalls ungedruckt sind drei große Messen; u. Dergl.

Germanenzug für Männerchor und Harmoniebegleitung, gedruckt bei Kränzl in Ried (Oberösterreich).

Mehrere Gradualien und Offertorien sind bei Rättig erschienen.

Ungedruckt sind mehrere kleinere und große Männerchöre."

Gestützt auf diese dürftige Zusammenstellung und einige ihm von mir zur Verfügung gestellte Ergänzungen hat nun Dr. Helm bald darauf zu dem Bruckner-Bilde eine umfängliche, über vier Nummern der „Musikalischen Wochenschrift" sich erstreckende Arbeit verfaßt, in welcher auch eine schöne und gründliche thematische Analyse einiger Symphonien geboten wurde.

In jenen Tagen war Bruckner täglich viele Stunden mit seiner Achten Symphonie beschäftigt. Mit der Ausarbeitung der ersten Sätze verging der ganze Winter und erst im Frühjahr 1885 wurde das Adagio abgeschlossen.

Welch ein überwältigendes Erlebnis, als Bruckner mir zum ersten Male das Hauptthema des ersten Satzes aus der Skizze vorspielte; diese harmonisch und rhythmisch unvergleichlich kühne, durch atemberaubende Pausen immer wieder unterbrochene Baßfigur, die sich unter einem geheimnisvoll schimmernden Pianissimo-Tremolo der Streicher weit ausgreifend dahinbewegt! Und dann die Durchführung des gewaltigen Satzes! Eines Abends zeigte mir der Meister den eben niedergeschriebenen Abgesang dieses großen Themas; und als er mir die Stelle vorspielte, wo Puls und Atem immer schwächer zu werden scheinen, da konnte ich wahrnehmen, wie Bruckners Antlitz sich veränderte, wie die

Mundwinkel herabsanken und ein Erschauern über ihn hinwegzog. Indem er sich während des Spieles zu mir herüberneigte, sagte er kaum hörbar: „Das ist die Totenuhr, die schlägt jedem; die gibt nicht nach und schlägt, bis alles vorüber ist!"

An dem wundervollen Adagio in Des-dur hat Bruckner dann lange gearbeitet und so oft ich nun zu ihm kam, spielte er mir daraus vor, was er eben neu geschaffen hatte. Besonders erwähnenswert erscheint mir dabei ein Umstand: die ganze Zeit über, bei unseren gemeinsamen Abendunterhaltungen im Kreise der Freunde wie auch während meiner Lektionen, hatte Bruckner immer wieder erklärt, in eine richtige Symphonie gehörten keine Harfen. Zwar habe ja Liszt sie sehr wirkungsvoll verwendet; aber dessen Schöpfungen seien eben Tonmalerei, Programmusik, symphonische Dichtungen, aber keine eigentlichen Symphonien im strengen Sinne. Und darum hatte Bruckner selbst für seine Symphonien auf den Klang der Harfe grundsätzlich verzichtet.

Bald darauf aber stand ich unter dem Eindruck, als sei in der Durchführung des Adagios eine gewisse Stockung eingetreten; denn seit Wochen schon hatte Bruckner von seiner Arbeit nicht mehr gesprochen und mir auch nichts mehr vorgespielt. Eines Tages nun, als ich zur Lektion erschien, fand ich den Meister in seltsam gehobener Stimmung. Schon im Vorzimmer rief er mir entgegen: „Samiel, ich hab' für das Adagio doch Harfen geschrieben! Ich hab' einfach müssen, es hat keinen anderen Ausweg gegeben!"

Und nach einigen Worten der „Rechtfertigung" setzte er sich ans Klavier und spielte mir das neu umgearbeitete Adagio vom Anfang an vor. — Tief erschüttert lauschte ich dem feierlichen Eintritt der drei Harfen, die über den getragenen Chor der mehrfach geteilten Streicher ihre Zauberklänge breiteten und den ganzen Satz damit über alles Irdische hinauszuheben schienen.

Als Bruckner sich vom Klavier erhoben, versanken wir beide in ein langes, lautloses Schweigen der Entrücktheit. Schließlich faltete ich, ohne ein Wort hervorzubringen, bittend die Hände. Bruckner verstand, setzte sich neuerdings an das Instrument und spielte das ganze Adagio noch einmal.

So bin ich, außer dem Meister selbst, sicherlich der erste Sterbliche gewesen, dem es vergönnt war, diese unvergleichlich erhabenen Psalmenklänge zu vernehmen!

Die Arbeit an seinem neuen Werk nahm Bruckners gesamte

Kräfte in Anspruch und er litt schwerer als je unter der Bürde seiner dienstlichen Obliegenheiten, die ihm allzuviele Zeit und Energien wegnahmen. Die Folge davon war eine stets zunehmende Irritation des gesamten Nervensystems, die mitunter recht sonderbare Formen zeitigte.

Ich erinnere mich noch, wie er in dem furchtbar heißen Sommer an dem Scherzo dieser Symphonie arbeitete, wie er mir fast jedesmal daraus vorspielte und sich über meine Begeisterung freute. — So wie er für seine Freunde sonderbare Spitznamen hatte, so pflegte er auch seinen Themen Kosenamen zu verleihen, denn diese waren für ihn ganz lebendige Wesen mit ihren eigenen Schicksalen.

Eines von seinen Lieblingsthemen hieß der „Zizipeh", weil es an den Ruf einer Meise erinnert, ein anderes, wie schon erwähnt, die „Totenuhr", eines das „Beserl" und das störrisch immer wiederkehrende Thema im Scherzo der Achten Symphonie nannte er den „Deutschen Michel" oder auch zärtlich seinen „Michi".

Da dem Meister bei seinem Eingesponnensein in die Arbeit das Gefühl für Raum und Zeit immer mehr abhanden kam, hatte er mich gebeten, ihn auch abends zur bestimmten Stunde in seiner Wohnung aufzusuchen und ins Gasthaus abzuholen. Ich solle darauf dringen, daß alles mit einer gewissen Regelmäßigkeit vor sich gehe. Aber mit welchen Schwierigkeiten war dies mitunter verbunden! An besonders heißen Tagen fand ich Bruckner meist nur mit dem Nötigsten bekleidet, am Klavier oder am Arbeitstisch. Eines Abends erklärte er, als ich bei ihm erschien, er sei eben mit seinem Pensum fertig geworden und werde sich rasch ankleiden. Im letzten Augenblick ergaben sich jedoch allerlei unvorhergesehene Hindernisse: zuletzt der Ärger, daß er seine Strümpfe nicht finden konnte; die frisch aus der Wäsche gekommenen waren auf rätselhafte Weise aus dem Schrank verschwunden und die kurz vorher abgelegten gleichfalls. Nach endlosem Suchen auf dem Fußboden und in allen Zimmerecken, vermochte ich sie endlich — im Klavier — zu entdecken!

An einem anderen Abend schien alles ohne Zwischenfälle zu verlaufen. Bevor wir uns aber auf den Weg machten, setzte sich Bruckner noch einmal ans Klavier, um mir mit großer Begeisterung aus der eben notierten Partiturskizze eine besonders merkwürdige Behandlung des „Deutschen Michel"-Themas vorzuspielen. Dann aber verließen wir rasch die Wohnung, denn es war schon spät geworden. Als wir endlich auf die Treppe gelangt waren, warf mir Bruckner einen angsterfüllten Blick zu und fragte, ob er nicht etwa vergessen habe, den Wasserhahn in der Küche zu schließen? Meine Versuche, ihn darüber zu beruhigen, blieben ganz erfolglos. Nein, nein, mein Lieber, rief er, ich bin ganz sicher, das Wasser rinnt! Also mußte umgekehrt werden. Mit großer Umständlichkeit öffnete Bruckner die Wohnungstür, untersuchte sorgfältig die ganze Wohnung und die Küche, verschloß, an den Türen heftig rüttelnd, alle Schlösser und die Reise konnte neuerdings beginnen. Mitten auf der Treppe ein neuer Angstanfall: ob nicht im Arbeitszimmer das Gas ausströme? Wie gefährlich das wäre! — Nur mit der größten Mühe vermochte ich den Meister davon abzuhalten, daß er abermals umkehre.

Endlich ganz unten im Hausflur angelangt, erklärte mir Bruckner plötzlich, er müsse unbedingt noch einmal in die Wohnung zurück; er habe auf seinem Arbeitstisch etwas sehr Wichtiges vergessen. Auf meine Frage, was es sei, vermochte ich keine klare Antwort zu erhalten. Mein Angebot, ich wolle rasch hinaufgehen und das Gewünschte in Ordnung bringen, wurde schroff abgewiesen, und da ich bemerkte, daß Bruckner sehr aufgeregt wurde, mußte ich es geschehen lassen, daß er bei der furchtbaren Hitze noch einmal die vier Stockwerke hinaufstieg. Ich hatte lange zu warten, bis er endlich, schweißbedeckt und ganz außer Atem, wieder unten ankam. „So", sagte er keuchend, „jetzt können wir endlich gehen, aber rasch, denn ich bin furchtbar hungrig und ich verdurste." Als wir schon eine ziemlich große Strecke schweigend nebeneinander hergegangen waren, zog mich Bruckner unversehens zu sich heran und sagte mir leise ins Ohr: „Den Michi hab' ich zudecken müssen!"

Zunächst verstand ich kein Wort; bald aber begann mir aufzudämmern, was gemeint war: Bruckner hatte das Manuskript mit dem Scherzothema des „Deutschen Michel", so wie er zuletzt daran gearbeitet, offen auf dem Tisch liegen lassen. Im Herabsteigen über die Treppe war er aber von dem Gefühl gequält worden, daß es unerträglich sei, dieses sein kürzlich erst in die Welt gesetztes Kind so gänzlich unbedeckt, aller Unbill ausgesetzt, liegen zu lassen; und darum war er umgekehrt, um seinen „Michi" mit einem weißen Blatt Papier sorgfältig zuzudecken!

Daß dies keine vage Vermutung oder willkürliche Deutung

von mir war, sondern sich genau so abgespielt hat, ist mir von Anton Bruckner selbst später zugestanden worden.

Reisen mit Anton Bruckner

Fast jedesmal, wenn ich Bruckner in seiner Wohnung in der Heßgasse besuchte, fand ich ihn an seinem altmodischen, unförmlich langen Bösendorferflügel sitzend, ganz in die Partiturskizze zu einer von seinen Symphonien vertieft und mühsam, mit zitternden Händen, die Akkorde greifend. Diese Entwürfe waren merkwürdig genug. In der Regel war nur die oberste Zeile der Holzbläser oder die Geigenstimme ausgefüllt und ganz unten jene der Bässe; dazwischen aber eine gähnende Leere, die erst einer späteren Niederschrift der Noten für die übrigen Orchesterstimmen harrte. Der harmonische Zusammenhang des Ganzen, ebenso wie die instrumentale Gruppierung, war dem inneren Ohr des Meisters bereits völlig deutlich und nur hier und dort war, unterhalb der Baßzeile, eine Notierung, gewöhnlich ein großer Buchstabe, der, als Wegweiser gleichsam, den harmonischen „Fundamentalton" der betreffenden Stelle angeben sollte.

Aber welche Fülle bisher ungeahnter Schönheiten offenbarten mir gleich die ersten Takte dieses wunderbaren Werkes, der vor kurzem begonnenen Siebenten Symphonie, dort wo die Tremoli der Streicher eine tief ergreifende, tonal in sich zurückkehrende Sequenz mit einer prachtvoll klingenden Kette von Vorhalten zu Gehör bringen, die das von Hörn und Cello vorgetragene Hauptthema in eine ganz eigenartige, sonnenhaft strahlende Beleuchtung stellen!

Bruckner liebte es mitunter, uns Jünglingen und oft genug auch mir allein, zumeist in seiner Wohnung, aus seinen Werken, insbesondere aber aus der damals noch unvollendeten Siebenten Symphonie in E-dur vorzuspielen, gewöhnlich, was er kurz vorher niedergeschrieben hatte.

Da mir Bruckner im Laufe der Zeit fast die ganze Siebente und später auch die Achte Symphonie allmählich vorgespielt und erläutert hat, ist mir, ebenso wie dann bei seinem Te Deum und bei anderen seiner Werke, das besondere Glück zuteil geworden, daß ich, neben dem theoretischen regelmäßigen Unterricht in Harmonielehre und Kontrapunkt, auch das Entstehen und den allmählichen Aufbau dieser Werke in einem gewissen Sinne habe miterleben dürfen. Nimmt man dazu, daß hier und da ein erläuterndes Wort Bruckners, seine gelegentlichen Bemerkungen über die Eigentümlichkeiten und Intentionen der Harmonik, der Thematik und der Instrumentation jener Kompositionen mich in den Stand setzten, in manche von deren Tiefen einzudringen, so mag man ermessen, in welche Rauschzustände einer beseligenden Hingabe der jugendliche Schüler damals geraten mußte!

Allerdings sollte es auch an trüben Stimmungen keineswegs fehlen. Die Haltung des Wiener Konzertpublikums und der Presse war Bruckner gegenüber zu jener Zeit keineswegs freundlich, und wenn es auch stets eine Menge empfänglicher Schwärmer gab, die dem Meister bei jeder Gelegenheit enthusiastisch zujubelten, so waren diese doch sehr in der Minderzahl und füllten einzig das Stehparterre oder die oberste Galerie; das eigentliche erbgesessene Konzertpublikum mit der Gesinnung und dem geistigen Gehaben der Satten und Besitzenden lehnte Bruckner schroff ab und es wurde dabei von der zünftigen Kritik der einheimischen Tagespresse aus Leibeskräften unterstützt und ermutigt. Dies aber hatte zur Folge nicht allein, daß sich der „Mob in Seidenhüten" gegen den Meister im Konzertsaal recht ungezogen benahm; es bewirkte auch, daß seine Werke damals in Wien weder gedruckt noch des öfteren aufgeführt werden konnten.

Gerade zu jener Zeit nun, als Bruckners Aussichten auf den tiefsten Punkt herabgedrückt zu sein schienen, erhielt er rasch hintereinander von Artur Nikisch aus Leipzig und von Hermann Levi aus München begeisterte Briefe, aus denen hervorging, daß die neue Symphonie, deren Manuskriptpartitur einige Zeit vorher an jene beiden berühmten Dirigenten gesandt worden war, diesen einen so mächtigen Eindruck gemacht habe, daß sie beschlossen hätten, die Symphonie so bald als möglich aufzuführen. Bruckner nahm freudig beide Einladungen an, sowohl die von Nikisch nach Leipzig als auch jene Hermann Levis nach München. Wie schon erwähnt, hatte mein fast tägliches mehrstündiges Zusammensein mit dem Meister zur Folge gehabt, daß ich von ihm immer mehr und mehr mit der Erledigung seiner weltlichen Angelegenheiten betraut worden war, und so kam es auch, daß Bruckner mich dringend bat, ich möge ihn bei diesen Reisen begleiten. Leider war es mir nicht möglich, die Fahrt nach Leipzig mitzumachen; wohl aber fügten es günstige Umstände, daß ich den Meister bald darauf nach München und etwas später auch nach Graz begleiten konnte, wo Muck ebenfalls eine Aufführung der Siebenten Symphonie vorbereitet hatte.

Unsere Reise nach München fand Anfang März 1885 statt, nachdem Bruckner einen Winter voll harter Arbeit, argen Enttäuschungen und vielen schmerzlichen Kränkungen hinter sich hatte. Umsomehr mußte also Hermann Levis enthusiastischer Brief Bruckner die größte Freude bereiten, ihn mit neuem Leben erfüllen und in ihm Hoffnungen auf eine bessere Zukunft erwecken. Hatte er doch niemals vorher eine so enthusiastische Zuschrift erhalten; und wenn auch ehedem Richard Wagner und Johann Herbeck, Saint-Saens und später insbesondere Arthur Nikisch ihn durch rückhaltslose Anerkennung und tief verständnisvolles Eingreifen auf seine Werke ermutigt und nach so vielen Enttäuschungen aufgerichtet hatten, so waren ihm doch nie zuvor so innige Worte der Bewunderung zugekommen, wie er sie nun von Hermann Levi über seine Siebente Symphonie vernahm.

In seinem Schreiben schilderte Levi den überwältigenden Eindruck, den er bei dem Studium dieser Symphonie erhalten, so daß er sich entschlossen habe, das Werk sogleich einzustudieren, um es in dem nächsten Konzert der Musikalischen Akademie dort aufzuführen; Bruckner möge darum so bald als möglich nach München kommen, um an den Orchesterproben gleich von deren Beginn an teilzunehmen. Dieser war dazu sofort entschlossen, und so reisten wir denn gemeinsam in den ersten Tagen des März nach München, wo wir mit dem Nachtzuge, etwa um sieben Uhr früh, eintrafen. Wir begaben uns, der Verabredung gemäß, unverzüglich in die Wohnung Levis, der jedoch bei unserem Eintreffen noch in tiefem Schlafe lag. Die Wirtschafterin geleitete uns in den schönen Musiksalon; auf dem Klavier, neben dem Pult sahen wir Bruckners Symphoniemanuskript aufgeschlagen, von den Wänden blickten herrliche Bilder von Anselm Feuerbach, dem erst wenige Jahre vorher verstorbenen Freunde Levis, auf uns herab. Dieser selbst erschien nach kurzer Zeit, begrüßte Bruckner, den er noch nie gesehen hatte, mit stürmischer Herzlichkeit, bat uns, an seinem Frühstück teilzunehmen, sprach dabei unaufhörlich von den gewaltigen Eindrücken, die er von Bruckners Werk erhalten hatte, und setzte sich dann ans Klavier, um die Symphonie teils auswendig, teils aus dem Manuskript durchzuspielen, wobei er sich immer wieder unterbrach, um bei den einzelnen Stellen mit Bruckner dessen künstlerische Intentionen zu erörtern.

Dann, gegen 11 Uhr, verließen wir das Haus, um miteinander

ins Odeum zur ersten Orchesterprobe zu gehen. Von dieser Probe ist mir unter anderem noch der Umstand erinnerlich, daß der beste Bläser im Orchester der Vater von Richard Strauß war. Nach einer Anzahl sehr sorgfältig vorbereiteter Proben kam es schließlich zu einer ganz wundervollen, tief ergreifenden Aufführung des Werkes, die Bruckner in einen wahren Freudentaumel versetzte, ihm aber auch einen der größten äußeren Erfolge seines Lebens brachte. Nach der Aufführung wurden wir von Konrad Fiedler, dem berühmten Kunstschriftsteller, und seiner ungewöhnlich geistvollen und anmutigen Gattin zum Abendessen geladen und wir verbrachten dort gemeinsam mit Hermann Levi unvergeßlich schöne Stunden. Fiedler und Bruckner verstanden sich von allem Anfang an vortrefflich und ein enges Freundschaftsbündnis war bald zwischen ihnen geschlossen.

Am nächsten Tag waren wir von der Münchner Künstlervereinigung „Allotria" zu Tisch geladen. Das Festessen fand in dem Klubraum statt, einer in der Art romanischer Krypten mit Oberlicht gebauten Halle. Levi hielt eine Ansprache, in welcher er Bruckner als den einzig berufenen Nachfolger und Erben Beethovens bezeichnete. Es sprachen noch Konrad Fiedler und Musikdirektor Fischer. Am nächsten Tag waren wir vormittag von Hermann Kaulbach in dessen Atelier im Englischen Garten zu einer Porträtsitzung gebeten; obwohl Kaulbach den ganzen Vormittag an dem Bild Bruckners gearbeitet hatte, fanden wir es schließlich doch recht unähnlich und nicht sehr gelungen. Von dort begaben wir uns in Kaulbachs Wohnung am Viktualienmarkt, wo wir von dessen liebenswürdiger Gattin auf das herzlichste empfangen und bewirtet wurden. Außer uns und Hermann Levi waren noch eine Anzahl illustrer Gäste da, darunter der damals sehr bewunderte Dichter Karl Stieler mit seiner jugendlich schönen, hellblonden Gattin.

Bruckner war in glücklichster Stimmung, gab den Bitten der Anwesenden nach und setzte sich nach dem Essen ans Klavier, um einiges aus der Siebenten Symphonie, seinem „Te Deum" und aus anderen Kompositionen vorzuspielen. Dabei gestattete er mir, daß ich vereinzelte, allzutief gelegene Baßnoten, die er selbst nicht zu greifen vermochte, in „dreibändigem" Spiel anschlagen durfte.

Abends waren wir von Levi zur Aufführung der „Walküre", die dieser selbst dirigierte, in die Oper geladen. Auch Josef Schalk und Ferdinand Löwe, die mittlerweile noch rechtzeitig zur Symphonieaufführung in München eingetroffen waren, hatte Levi gebeten. Da das Haus längst bis auf den letzten Platz ausverkauft war, ließ Levi für uns Stühle mitten ins Orchester stellen, so daß wir das ganze Bühnenwerk nun einmal aus der Perspektive des Dirigenten genießen konnten. Nach Schluß der Aufführung, schon gegen Mitternacht, als das Publikum das Theater bereits verlassen hatte, hielt Levi an die Orchestermitglieder eine feierliche Ansprache, in der er Bruckners hohe Bedeutung verkündete. Dieser erwiderte tief ergriffen und dankte für die herrliche Aufführung seiner Symphonie, wie auch für die Erlaubnis, die „Walküre" vom Orchester aus hören zu dürfen. Er war mächtig bewegt, als das Orchester seinen inständigen Bitten nachgab und, trotz der großen Ermüdung aller und der späten Stunde, ihm jene wundervolle Totenklage aus dem Adagio seiner Siebenten Symphonie vorspielte und sie sogar dreimal wiederholte.

Die Aufführung dieser gewaltigen, düsteren Tubenklänge in dem leeren, finsteren Hause, nach Mitternacht, war ein unvergleichliches Erlebnis.

Einige Monate nach jenen herrlichen Tagen in München fuhren wir nach Graz, um Mucks Aufführung der Siebenten Symphonie beizuwohnen. Auch diese war ungewöhnlich schön und tief eindrucksvoll. Allerdings gab es hier wieder mancherlei Aufregungen, denn der Bläserchor der Wiener Philharmoniker, der an jener Aufführung zur Aushilfe teilnehmen sollte, um die Stellen, wo im Adagio die Tuben ertönen, vorzutragen, war nicht eingetroffen, so daß Muck sich schon um einen Ersatz dieses Bläserchores durch einheimische Bläser und gewisse Militärinstrumente umzusehen begann. Diese Hörner hätten jedoch, trotz einer gewissen Ähnlichkeit der Klangfarbe, dennoch kaum vermocht, die volle Wirkung des Tubenchores hervorzubringen. Glücklicherweise aber erschienen die Wiener Tubenbläser, wenn auch im letzten Augenblick, doch noch rechtzeitig und die Aufführung wurde eine der schönsten, die es je gegeben hat.

Der Einfall, die Wagner-Tuben zur Not eventuell durch Militärinstrumente zu ersetzen, war sicher nicht schlecht und ich möchte hier eines Gespräches gedenken, das ich einst mit meinem mittlerweile dahingegangenen Jugendfreunde Ferdinand Löwe, dem späteren Bruckner-Dirigenten, über diesen Gegenstand gehabt habe. Auf meine Frage, wie denn Richard Wagner selbst, von dem Bruckner die Tuben in sein Orchester übernommen hatte, auf die Idee gekommen sei, im „Ring des Nibelungen", insbesondere für das „Walhall-Thema", diese Instrumente zu verwenden, sprach Löwe die interessante, wahrscheinlich auch zutreffende Vermutung aus, Wagner habe, als er während der Arbeit an dem „Ring des Nibelungen" in Venedig geweilt, das damals noch unter österreichischer Herrschaft gestanden, am Markusplatz häufig die österreichische Militärkapelle spielen gehört, die zu jener Zeit schon ähnlich klingende Tubeninstrumente verwendet hatte. Deren eigenartiger Klang habe nun auf Wagner einen so starken Eindruck gemacht, daß er diese Art Instrumente in sein Orchester aufgenommen habe. Wir wissen aber, daß sie von da aus auch in Bruckners spätere Symphonien übergegangen sind, und sie haben ohne Zweifel den gewaltigen, monumentalen Adagioklängen dieser Werke ihren ganz eigenartigen, feierlich-erhabenen Charakter verliehen.

Anton Bruckner als Pädagoge

Über Anton Bruckners hohe Meisterschaft und den Rang, den seine Symphonien in der Geschichte der Tonkunst einnehmen, herrscht kein Zweifel mehr und es wird schwerlich einen gebildeten Musiker geben, der sich dem überwältigenden Eindruck dieser Werke zu entziehen vermöchte.

Anders dagegen verhält es sich mit den mancherlei Ansichten über Bruckners pädagogische Begabung und über die Wirkungen, welche von seiner Tätigkeit als Lehrer ausgegangen sind. Weil aber hierüber zumeist recht unklare, einseitige und verkehrte Meinungen im Umlauf sind, wird es vielleicht im Interesse der historischen Wahrheit angebracht erscheinen, wenn ein ehemaliger Schüler des Meisters, der jahrelang seines Privatunterrichtes teilhaftig geworden ist und überdies auch Bruckners Universitätsvorlesungen regelmäßig frequentiert hat, seine eigenen Erfahrungen hierüber mitteilt.

Bei der Beurteilung von Bruckners pädagogischer Tätigkeit wird zumeist nicht genügend berücksichtigt, wie eng seine Lehrmethode mit seinem so ungewöhnlichen und eigenartigen Lebensgang verknüpft gewesen ist und wie gerade aus diesem Umstande sich die in ihrer Art ganz einzige, großartige Tiefe und Konsequenz seines Lehrsystems, aber auch dessen schwierige Zugänglichkeit erklärt.

War es Bruckner doch erst verhältnismäßig spät möglich geworden, sich nach unsäglichen Schwierigkeiten und Kämpfen zur Geltung zu bringen, nachdem er lange Zeit hindurch ein Leben voll harter Arbeit und ärgster Entbehrungen geführt hatte.

Oft hat er mir erzählt, wie er in jungen Jahren, als Gehilfe des Dorfschullehrers von Windhaag in Oberösterreich, um das nackte Leben zu fristen, häufig genug gezwungen war, für einen „Silberzwanziger" den Bauern die ganze Nacht zum Tanz aufzuspielen, und welcher unendlichen Mühe es bedurft habe, bis es ihm allmählich gelang, in St. Florian Organist, dann in Linz Domorganist und schließlich in Wien Hofkapellenorganist und Professor am Konservatorium zu werden.

Aber gerade diese harte Schule seines Lebens hat zur Folge gehabt, daß Bruckner weder sich selbst noch auch andern irgendwelche Weichlichkeiten gestatten wollte, und ebenso wie er selbst seine Künstlerschaft durchaus von den ersten Elementen aus in unablässigem, angespanntem Ringen mit dem schwierigen Gegenstand gestaltet hatte, so verlangte er nun auch von seinen Schülern eine fest und sicher auf der unerbittlichen Logik des Handwerks und auf verläßlichen Grundlagen aufgerichtete Technik.

Für Bruckner, dessen gesamte musikalische Produktion von dem tiefen Grundgefühl „Non confundar in aeternum" getragen wurde, war die Musik die geheimnisvolle Offenbarung höchster Erkenntnisse; und darum erschien ihm auch sein Lehrberuf als ein heiliges, priesterliches Amt, welches er mit unerbittlicher Strenge in seiner Reinheit zu verwalten gesonnen war.

Deshalb zeigte er sich auch gegen alle „Genieschwünge" seiner Schüler oder anderer, die ihm oft genug mit ihren zumeist lächerlich schlechten oder schalen Kompositionen kamen, höchst mißtrauisch und schroff abweisend, so daß immer wieder solche bedauernswerte Kunstjünger erschreckt oder tief gekränkt das Weite suchten. Erst solle man etwas Rechtes von Grund auf lernen, pflegte Bruckner in solchen Fällen zu sagen, bevor man ihn mit solchen Produktionen behelligen wolle; dann würde es sich für ihn ganz von selbst erübrigen, verfehlte Kompositionen zu kritisieren oder auszubessern.

Und wie Albrecht Dürer und andere große Meister ihre Schüler lange Zeit hindurch vorerst einzig in der Kunst des richtigen Farbenreibens, Mischens und Grundierens unterwiesen, bevor sie malen durften, so mußten auch Bruckners Jünger Jahre hindurch in treuer Arbeit die Grundelemente der Harmonie und des klassischen strengen Satzes zu erlernen sich mühen, bevor ihnen das Recht der freien Komposition zugebilligt wurde. Bruckners Lehrplan beruhte eben auf einem tiefdurchdachten, auf altehrwürdige Überlieferung gegründeten System, demzufolge die Stammakkorde und deren Anteile sich nach Gesetzen bewegen und verknüpfen sollen, welche zu denen des freien Falles der Naturkörper eine eigenartige Analogie aufweisen. Und aus diesem Grundprinzip wurde dann auch die kontrapunktlich-polyphone Behandlung der Stimmführung methodisch abgeleitet und zu immer freieren und kühneren Bildungen hinangeführt.

Daher kam es auch, daß der Meister oft sehr ärgerlich werden konnte, wenn ihn ab und zu ein ungeduldiger Schüler mit vorwitzigen, seinem Lehrgang weit vorauseilenden Fragen bedrängte. „Wer mir vertrauensvoll, geduldig und aufmerksam folgt, der wird dies alles, wenn es an der Zeit ist, ganz von selbst und tausendmal besser verstehen lernen, als wenn ich auf diese nervösen Fragereien jetzt einginge", hörte ich ihn in solchen Fällen des öfteren sagen.

Und so kam es denn, daß die Schüler an der Hand jenes strenggegliederten Unterrichtes allmählich an Sicherheit gewannen und daß sie in Feinheiten und tiefe „Geheimnisse" des klassischen Satzes eingeweiht wurden, von welchen andere Musiker zumeist keine Ahnung hatten, so daß Bruckners Jünger auch wie von selbst mitunter Akkordfolgen hervorzubringen vermochten, welche geradezu an jene unvergleichlichen Arpeggien in J. S. Bachs „Chromatischer Phantasie" gemahnten.

Immer wieder hat es Bruckner ausgesprochen, daß der strenge Satz die Grundlage jedes freien Stils bilden müsse und daß, wer jenen nicht beherrsche, auch in diesem nur Mittelmäßiges zu leisten vermöchte. Auch in den kühnsten Harmonieverbindungen Richard Wagners vermöge man die unerbittlich strenge Logik des klassischen Satzes deutlich durchzufühlen.

Bruckner liebte es sehr, seine musikalischen Theorien durch derbanschauliche Gleichnisse aus dem täglichen Leben zu illustrieren, und ich entsinne mich noch genau, wie er mir das Verhältnis zwischen dem strengen und dem freien Satz durch eine solche Analogie erklärte: „So nämlich, wie ein vornehmer englischer Lord sich unter Umständen in feiner Gesellschaft sehr frei bewegen könne und sich manches ungestraft herausnehmen dürfe, weil man dabei doch stets vorzüglicher Erziehung, während ein ungebildeter Tölpel immer unfrei über jede seiner Bewegungen wachen müsse, so könne auch ein im strengen Satz wahrhaft durchgebildeter Musiker sich in seinen Kompositionen manche kühne Freiheit gestatten, die der weniger tief geschulte ängstlich vermeiden müsse."

Wer nun diesen strengen Lehrgang Bruckners nicht mitmachen wollte oder konnte, der mußte eben draußen bleiben und der Meister war keineswegs unglücklich, wenn er solche eitel auf ihre Begabung pochende Jünger verlor. Dies war aber nicht, wie man mitunter gemeint hat, der Ausdruck einer schulmeisterlichen Pedanterie, sondern vielmehr ein Zeichen von der gewaltigen Kraft des großen Künstlers, die keinerlei Zugeständnisse an einen falsch verstandenen „galanten Stil" oder an eine flache Originalitätshascherei zu machen gesonnen war.

Man wird nun begreifen, daß es mir einen sehr sonderbaren Eindruck machen mußte, als ich einige Jahre nach Abschluß meiner Studien bei Bruckner, im Anfang der Neunzigerjahre, die persönliche Bekanntschaft des berühmten Opernkomponisten Jules Massenet zu machen Gelegenheit hatte, dem ich dann auch in dem gastlichen Hause eines mir befreundeten Wiener Universitätsprofessors öfter begegnen sollte.

Eines Abends, als wir dort zu einer gemütlichen Mahlzeit versammelt waren, sprach der neben mir sitzende französische Meister von den Schicksalen seiner Opern und von seinen zukünftigen Plänen. Dann erzählte er mir auch von seiner Lehrtätigkeit am Pariser Konservatorium und wie er immer alles daransetzte, daß seine Kompositionsschüler von Anfang an zu eigener Produktion angeregt und erzogen würden, gleichgültig, ob ihnen ihr sonstiges technisches Können es ermöglichte, einen fehlerlosen Satz zu schreiben oder nicht. „Unlängst", erzählte Massenet lachend, „kam ein ganz junger Bursche mit einem eben komponierten Lied zu mir, welches mir immerhin einige Begabung zu verraten schien.

‚Wirklich sehr nett', sagte ich zu ihm. ‚Sag' einmal, du hast doch sicher eine liebe kleine Freundin? Nun gut, dann spiel' ihr dieses Lied vor, es wird ihr sicher sehr gut gefallen, und das weitere wird sich dann schon finden.'"

Das ist natürlich auch eine Art von Musikpädagogik, der eine gewisse Wirksamkeit nicht abzustreiten sein dürfte; von der Methode Anton Bruckners ist sie allerdings himmelweit entfernt.

Mit Anton Bruckner in Mayerling

An einem eisig kalten Februarmorgen des Jahres 1889 wurde ich etwas nach sieben Uhr ganz unvermutet durch heftiges Läuten und ungestümes Pochen an meiner Wohnungstür aus den herrlichsten Träumen aufgescheucht. Da das Zimmer ungeheizt war und die Fenster weit offen standen, dauerte es doch einige Zeit, bis ich die Energie aufbrachte, mich dem warmen Bette und der schmiegsamen Hülle von Decken zu entwinden, um nachzusehen, was eigentlich los sei.

Im Begriffe, die Tür zu öffnen, hörte ich schon die mir, ach! so wohlbekannte, befehlshaberisch-rauhe Stimme von „Frau Kathi", Anton Bruckners resoluter Wirtschafterin. Sie sei ganz außer Atem, denn sie komme in aller Eile aus der Heßgasse herüber. Als sie nämlich dort zeitlich früh erschienen sei, um den Professor zu wecken, habe Bruckner ihr aufgetragen, sofort wieder kehrtzumachen, zu mir zu gehen, mich gleichfalls zu wecken und mich zu fragen, ob ich nicht Lust hätte, mit dem Meister gemeinsam und, wie es für solche Fälle ein für alle Male abgemacht war, auf gemeinsame Kosten eine Schlittenfahrt, diesmal nach Heiligenkreuz, zu unternehmen. Es sei ja während der Nachtstunden ein so herrlicher Schnee gefallen und es gäbe eine so wundervolle Kälte, daß eine Schlittenpartie doch ein unvergleichliches Vergnügen sein müsse. Ich überlegte nicht lange und erklärte mich mit Freuden dazu bereit. Frau Kathi klatschte donnernd-vergnügt in ihre mächtigen Hände und erklärte mir, der Professor werde in längstens einer Stunde mit einem „Einspänner" bei mir vorfahren, um mich nach dem Südbahnhof mitzunehmen, damit wir zunächst mit der Bahn nach Baden führen, wo wir einen Schlitten aufnehmen könnten. Da es damals bei uns noch kein Telephon gab und auch keine elektrische Straßenbahn, hatte Frau Kathi den fast drei Kilometer weiten Weg zu mir zu Fuß zurückgelegt.

Etwas nach acht Uhr läutete es abermals und an meiner Schwelle erschien Anton Bruckner selbst, in freudigster Stimmung, ein Lachen über das ganze glattrasierte, von der Kälte tiefgerötete Gesicht, und angetan mit der mir längst bekannten, besonderen Ausrüstung für Schlittenpartien; denn dies war keineswegs die erste Unternehmung dieser Art, auf der ich den Meister zu begleiten hatte. Zu dem schwarzen Schlapphut trug er einen schweren Winterpaletot aus schwarzem Loden; ein mächtiger grauer Wollschal war um den Nacken geschlungen und über den Arm trug er eine dicke Wolldecke. Ich selbst hatte gleichfalls eine Decke vorbereitet und so bestiegen wir denn gemeinsam das von einem dürren Klepper angetriebene Gefährt, um zum Bahnhof zu gelangen. Gegen neun Uhr trafen wir in Baden ein, wo Bruckner sogleich daran ging, einen geeigneten Schlitten für uns ausfindig zu machen. Bei der Wahl war er überaus kritisch und ich konnte bemerken, daß er ein besonderer Kenner dieser Art von Fahrzeugen sein müsse, denn ihm fielen gewisse Mängel an den Schlitten selbst und an den vorgespannten Pferden auf, die ich selbst niemals bemerkt hätte. Endlich war die Wahl getroffen und der Fahrlohn für die Zeit bis zum letzten Abendzug nach Wien ausgehandelt. Rasch wurde in einem Badener Café eine Tasse heißen Kaffees hinabgestürzt und nun konnte die Fahrt in die Winterkälte beginnen.

Wiederholt hatte ich mit Bruckner im Laufe der Jahre Schlittenfahrten nach Klosterneuburg, Laxenburg und nach anderen Orten in der Umgebung von Wien unternommen; und jedesmal konnte ich bemerken, wie das lautlose Dahingleiten durch den tiefen Schnee, die Stille der Wälder und das eintönige Schellengeklingel der Pferde den Meister in einen Zustand stiller Entzückung versetzten. Eng aneinandergepreßt, in die Decken und Pferdekotzen fest eingewickelt, saßen wir in dem schmalen Gefährt, das uns durch die liebliche kleine Stadt im Fluge nach dem Helenental brachte, wo nun die Straße an steilen, von uralten Burgruinen gekrönten Wänden vorbei und durch einen wild-romantischen Felstunnel hindurchführt, um in anmutigen Windungen immer tiefer in den Wienerwald hineinzuführen.

Nun ging es an den herrlichen Buchen- und Föhrenwäldern vorbei, die Beethoven einst so sehr geliebt hatte, und an den moosüberwachsenen Felsblöcken am Ufer des plätschernden Baches, wo dieser Gewaltige auf seinen einsamen Wanderungen auszuruhen pflegte und wo ihm mancher unsterbliche Einfall geworden sein mag. Bruckner war die ganze Zeit über schweigsam, in sich gekehrt und ganz dem Zauber der Winterlandschaft hingegeben. Erst nach längerer Zeit begann er zu reden und bald konnte ich bemerken, wie seine Gedanken sich allmählich wieder jenem Gegenstande zuzuwenden begannen, der ihn die letzten Tage so ganz beschäftigt hatte: der ganz unerwartete Tod des

Kronprinzen Rudolf, die Katastrophe von Mayerling.

War es doch kaum eine Woche her, daß sich alle diese furchtbaren Dinge zugetragen hatten, die Bruckner die ganze Zeit über mit tiefem Schrecken erfüllt hatten. Nun begann er wieder einmal, wohl zum hundertsten Male, mit mir über diese Ereignisse zu reden und mich um meine Ansicht zu befragen. Schließlich eröffnete er mir, der eigentliche Zweck der heutigen Schlittenfahrt sei für ihn nicht so sehr das Bedürfnis, endlich wieder einmal in frischer Luft zu sein und die Winterlandschaft zu genießen, als vielmehr sein unstillbares, übermächtiges Verlangen, den Schauplatz aller dieser Greuel zu besuchen, die Örtlichkeiten genau kennenzulernen und womöglich von einzelnen der dort lebenden Persönlichkeiten Näheres über den Hergang dieser ungeheuerlichen Ereignisse zu erfahren. Und darum habe er beschlossen, vorerst einmal nach dem uralten Zisterzienserstift Heiligenkreuz zu fahren und zu versuchen, ob er nicht von einzelnen Ordensbrüdern oder vielleicht sogar von dem ihm persönlich befreundeten Abt, von dem es hieß, er habe damals zu mitternächtiger Stunde die Leiche eingesegnet, Näheres über die Geschehnisse erfahren könnte. So näherten wir uns denn, dem Laufe des Gebirgsbaches entgegen, an einem mächtigen, weithin glühenden und rauchenden Kalkofen vorbei, dem an der Kreuzung mehrerer Waldwege gelegenen Stift, wo wir den Schlitten in einem Wirtshause einstellten und ein höchst bescheidenes Mittagessen einnahmen.

Beim Betreten der uns seit langem vertrauten Klostergebäude, der uralten Kreuzgänge und Höfe in romanisch-gotischem Stil, überkam uns wieder einmal das Gefühl tiefer Beschaulichkeit und Sammlung. Bruckner bat einen Klosterbruder, ihn bei dem Abt anzumelden und zu fragen, wann er seinen Besuch machen könne, worauf er sich nach der gegenüberliegenden Kirche begab. Ich selbst benützte die Gelegenheit, um den mir persönlich bekannten Bibliothekar des Stiftes, den jungen Frater Johannes, aufzusuchen, der mich herzlich begrüßte und mir in der gewaltigen Bibliothek eine Anzahl erlesener Inkunabeln, Codices und anderer Kostbarkeiten zeigte.

Ein Diener erschien, um zu melden, daß Professor Bruckner mich in dem Kreuzgang erwartete, um mit mir zusammen dem Abt seine Aufwartung zu machen. Bruckner wurde mit inniger Ehrerbietung empfangen und stellte mich scherzend als seinen „getreuen Famulus" und Schüler „Samiel hilf!" vor. Wir wurden in dem gemütlichen, angenehm warmen Raum zum Sitzen genötigt und bald entspann sich ein Gespräch allgemeiner Art: von dem Ernst der Zeit, von gewissen kirchlichen Angelegenheiten, den Wiener Musikzuständen und manchen anderen Dingen; keine Silbe über den Tod des Kronprinzen und die Katastrophe von Mayerling. Bruckner begann, sichtlich ungeduldig zu werden, und ich sah den Augenblick kommen, wo er von dieser diplomatischen Konversation genug haben werde. Richtig platzte er denn unversehens mit der Bitte heraus, ob ihm der Abt nicht über die Vorfälle jener kritischen Stunden in Mayerling Näheres mitteilen wolle?

Der so in seiner Rede Unterbrochene schien mit liebenswürdigem Lächeln die Frage zu überhören; aber Bruckner ließ nicht locker und wurde immer dringender. Schließlich entschloß sich der in die Enge getriebene Priester doch zu einer ernsthaften Antwort: er habe wohl damals unter ganz ungewöhnlichen Umständen und zu einer ungewöhnlichen Stunde eine Leiche eingesegnet, sei aber von all diesen Ereignissen noch immer so tief erschüttert, daß es ihm ganz unmöglich sei, darüber zu reden. Auch wäre dies ja eine gröbliche Verletzung seiner beschworenen Schweigepflicht.

Bruckner, sehr enttäuscht, gab es nun auf, weiter in den Abt zu dringen; so kam das Gespräch wieder in seine früheren Bahnen und wir wurden nach einiger Zeit mit freundschaftlichen Beteuerungen entlassen, nicht ohne daß der Abt seinen Gast gebeten hätte, vor seiner Rückkehr nach Wien in der Kirche zum Abendsegen die große Orgel zu spielen. Der Meister zeigte sich gerne dazu bereit und so hatte ich bald darauf wieder einmal das Glück, ihn spielen zu hören, wie er, inmitten tiefster Waldesstille, dieses ehrwürdige, gewaltige Instrument erbrausen ließ. Der Stiftsorganist, Professor Josef Finck, ein vortrefflicher Musiker, der einst am Wiener Konservatorium Bruckners Schüler gewesen, begab sich mit dem Meister auf die Orgelempore, um für ihn die Register zu ziehen. Bruckner phantasierte längere Zeit über ein Choralthema, das ihn zu jener Zeit gerade beschäftigte, und er wußte dieser so einfachen Melodie die ergreifendsten Klänge abzugewinnen.

Es mochte gegen sechs Uhr sein, als wir wieder unsere Schlitten bestiegen. Zu meiner Überraschung gab Bruckner dem Kutscher den Auftrag, nicht zurück nach Baden, sondern vorerst nach Mayerling hinüberzufahren, das wir nach einer wundervollen

Fahrt durch die in tiefe Finsternis gehüllten bewaldeten Schluchten bald erreichten. Ganz im stillen hatte Bruckner gehofft, es werde ihm doch gelingen, den einen oder den anderen Einwohner zum Sprechen zu bringen und den Schauplatz jener mörderischen Ereignisse genau besichtigen zu können. Aber auch hier sollte seiner eine arge Enttäuschung harren. Das in tiefster Abgeschiedenheit gelegene Jagdschloß war ganz im Dunkel, alle Eingänge fest geschlossen und verrammelt, weit und breit kein menschliches Wesen zu erblicken. Wir stiegen aus dem Gefährt, um das Schloß genauer betrachten zu können, aber nichts zeigte sich. Als wir schließlich das Gebäude abschritten, gewahrten wir an einem der letzten Fenster einen schwachen Lichtschein, der aus einem zur ebenen Erde gelegenen Raum zu kommen schien. Drinnen erblickten wir einige Nonnen mit tief schwarzen Schleiern, die bei dem rötlich flackernden Kerzenlicht lautlos in ihren Brevieren lasen und Gebete murmelten. Der unvermutete Anblick war so schaurig, daß Bruckner mich tief erschrocken heftig am Arm faßte. Nun war es klar, daß wir hier nichts mehr zu suchen hatten und daß uns nichts übrig blieb, als unverrichteter Dinge umzukehren.

Wortlos, im Banne tiefen Schweigens, wurde die Fahrt nach Heiligenkreuz zurückgelegt. Dort machten wir noch einmal halt, um uns zu erwärmen und zu stärken. In dem romanischen Gewölbe des Stiftskellers trafen wir, um den mächtigen Eichentisch versammelt, eine Anzahl von Mönchen in ihren unförmig groben, weißen Kutten bei einem Glase heimischen Weines. Der köstliche Trunk, der uns kredenzt wurde, verscheuchte bald die Nachtgespenster, und neu belebt, setzten wir in rasender Fahrt unseren Weg nach Baden fort, um dann, gegen neun Uhr abends in Wien angelangt, in unserem gewohnten Gasthaus auf der Seilerstätte das wohlverdiente Abendessen einzunehmen. Bruckner war todmüde und drang in mich, daß ich ihn bald nach Hause bringen möge.

Aus Anton Bruckners religiösem Leben

Welche Verkettungen des Schicksals dazu führen mögen, daß unter den Millionen durchschnittlich begabter Menschen einmal ein großer Meister geboren wird, dies zu ergründen, wird uns wohl nie gelingen, wenn uns auch noch so viel über die Einflüsse der Vererbung und der Lebensumstände bekannt werden möge.

Daß man von solchen seltenen Boten aus dem, ach, so fernen Reiche des Geistes auch ein eigentümliches Verhalten den Menschen, der Welt und dem Unendlichen gegenüber zu erwarten habe, darüber mußte ich bald ins klare kommen, als mir das Glück eines freundschaftlichen Verkehrs mit Anton Bruckner zuteil geworden. Sicherlich hatte der Meister manche Sonderlichkeiten und es ist auch kein Zweifel, daß sein oft über Gebühr angespanntes Gehirn sich in manchen an das Abnorme grenzenden Zuständen äußerte, die den Fernstehenden gänzlich unverständlich, den Freunden hingegen als aufschlußreiche Zeichen erschienen.

Man weiß ja, welch große Rolle in Bruckners Leben das religiöse Empfinden gespielt hat; daß er ein gläubiger Katholik gewesen, der auch dem kirchlichen Zeremoniell durchaus ergeben war, ist gleichfalls bekannt genug. Ich erinnere mich, daß er vor jeder wichtigen Entscheidung die Kirche aufsuchte und daß er niemals eine solche Stätte betreten hat, ohne vor dem Altar ins Knie zu sinken und das Kreuz zu schlagen. Auch, daß er die vorgeschriebenen Fasttage streng einhielt und ganz verstört wurde, wenn ihm in dieser Hinsicht einmal ein Versehen unterlaufen war, muß damit in Zusammenhang gebracht werden. Als ich Bruckner eines Tages besuchte, erzählte er mir, er habe vormittags dem Erzbischof einen Besuch abgestattet und ihn bei dieser Gelegenheit um eine Generaldispens für die Dauer eines ganzen Jahres gebeten, die ihn für diese Zeit von allen Fasten befreien solle. Da er dabei seine etwas angegriffene Gesundheit und die große Überlastung mit Arbeiten geltend gemacht, habe ihm der Kirchenfürst die Erlaubnis sogleich erteilt und ihm, auf seinen Wunsch, schließlich darüber sogar ein schriftliches Attest ausgestellt. In seinem Kalender war das Ende der Dispens sorgfältig vermerkt, damit er sich nur ja keiner Überschreitung schuldig mache!

In seinem Verkehr mit hohen geistlichen Würdenträgern hat Bruckner diese immer mit warmer Herzlichkeit behandelt und ihnen gegenüber niemals jenes sonderbar unterwürfige Betragen zur Schau getragen, das man in seinem Umgang mit amtlichen Vorgesetzten oder gar mit Kritikern so oft beobachten konnte. Dabei hat er mir oft genug davon gesprochen, wie selten wirkliches Musikverständnis bei diesen Leuten zu finden sei, von denen man doch wahrlich anderes erwartet hätte; und daß vielen von ihnen zumeist auch die für ihren Beruf erforderliche musikalische Bildung fehle. Darum habe ich solche übertriebene Reverenz, besonders Personen gegenüber, die ihn in Zeitungsartikeln schmählich verhöhnt und herabgesetzt hatten, immer höchst peinlich empfunden.

Man hat viel von Bruckners sonderbarer „Zählmanie" gesprochen und es ist richtig, daß er in dieser Hinsicht mitunter ein eigentümliches Verhalten zeigte. Auch ist mir erinnerlich, daß die Zahl elf bei diesen numerischen Phantasien eine bedeutende Rolle gespielt hat. Eine Reihe von Punkten oder in gleichen Abständen angeordneten gleichen Gegenständen, wie etwa die Fenster eines großen Gebäudes, veranlaßten bei ihm des öfteren einen sonderbaren Zählzwang. Der Rhythmus einer solchen Reihe hatte für ihn den Zauber einer symbolischen Schicksalsbedeutung, ganz ähnlich wie einst auch Beethovens Gemüt durch eine Anzahl gleicher Schläge beim Anklopfen erschüttert worden ist. Wer sich des Beginnes seiner Fünften Symphonie und einer Stelle im „Fidelio" entsinnt, wird verstehen, wovon hier die Rede ist.

Aber wir kennen noch einen anderen Fall, der viel deutlicher an Bruckners Zählmanie gemahnt. In seinen „Soirées d'Orchestre" berichtet Hector Berlioz über ein sonderbares Betragen Napoleon Bonapartes bei einem ihm zu Ehren veranstalteten Hofkonzert. Der Kaiser sei plötzlich von seinem Fauteuil aufgesprungen und habe mit Zurücklassung des Programmblattes hastig und erregt den Saal verlassen. Es stellte sich dann heraus, daß am unteren Ende des Zettels, unter der Liste der vorzutragenden Stücke, eine Reihe von dreizehn Sternchen angebracht war und daß deren unvermuteter Anblick das Entsetzen Napoleons hervorgerufen hatte.

Was aber Anton Bruckner betrifft, so war für ihn vor allem der Eindruck, den ein einzelner Punkt in ihm hervorrief, besonders wenn er selbst ihn am Ende eines Wortes gesetzt hatte, überaus aufregend und ich habe des öfteren bemerkt, daß sein Gemütszustand dabei der eines ehrfürchtigen Erschauerns, dann aber wieder der einer sonderbaren Beglückung war, und ich hatte den Eindruck, daß es sich dabei um etwas wie eine mystisch-religiöse, an Anbetung grenzende Stimmung handelte.

Unvergeßlich bleibt mir eine andere Szene, die mir gleichfalls Einblicke in Bruckners Seelenleben eröffnet hat. Einer seiner Lieblingsschüler, an dem er sehr gehangen und auf den er die größten Hoffnungen für die Zukunft gesetzt hatte, Hans Rott, starb plötzlich und ganz unvermutet. Bruckner war darüber trostlos und beschloß, dem furchtbaren Wetter trotzend, an der Bestattung teilzunehmen. Als ich ihn dann nach dem Begräbnis traf, fiel mir auf, wie verstört er aussah und daß er kaum fähig war, ein Wort hervorzubringen. Er erzählte mir dann auch, wie tief ihn das jüdische Begräbnisritual und die hebräischen Grabgesänge erschüttert hätten.

In dem selben Jahre, um die Osterzeit, hatte ich einmal mit Bruckner ein Gespräch über Wagners „Parsifal", dessen erste Aufführung in Bayreuth wir im Sommer 1882 miteinander erlebt hatten. Als ich auf die berühmte Karfreitagmusik zu sprechen kam, meinte Bruckner, das eigentliche Mysterium der Karfreitagstimmung liege vielmehr in der Nacht des Gründonnerstages und dem ersten Anbrechen des Karfreitagmorgens, wo das geheimnisvolle Umschlagen aus hoffnungsvollem Frühlingssehnen in die düstere Leidenswelt der Kreuzigung uns erschauern läßt. Er liebe darum auch ganz besonders den wundervollen Chorsatz für die Nacht vom Gründonnerstag zum Karfreitag, den Jacobus Gallus über einen Vers aus dem Propheten Jesaias a capella gesetzt hat: „Ecce, quomodo moritur justus et nemo percipit corde." – „Siehe, wie der Gerechte dahinfahrt, und niemand nimmt es sich zu Herzen."

Hugo Wolf

Die erste und die letzte Begegnung zwischen Hugo Wolf und Anton Bruckner

Ein Spaziergänger, der um die Mitte der Achtzigerjahre die Straßen der inneren Stadt zu durchstreifen gewohnt war, konnte dort leicht innerhalb einer oder mehrerer Stunden den drei größten Männern der absoluten Musik seit Beethovens und Schuberts Tode begegnen: Hugo Wolf, Johannes Brahms und Anton Bruckner. Hugo Wolf war damals ein Jüngling von etwa fünfundzwanzig Jahren, von kleiner und schmächtiger Gestalt, mit blondem Knebelbart und den spärlichen Resten eines Schnurrbärtchens, dessen Haare er sich eigentümlicherweise einzeln hastig auszuraufen pflegte. Er hatte glänzend braune Augen in einem blassen, an Lawrence Sterne gemahnenden Antlitz und häufig sah man ihn, tief in ein Selbstgespräch versunken, rasch dahinstürmen, stets Bücher oder Notenrollen unter dem Arm, immer sorgfältig gekleidet, meist mit braunem Samtrock und breiter schwarzer Lavallière.

Brahms hingegen, mit seinem angegrauten reichlichen Haupthaar und Vollbart, wohlbeleibt, machte mit seinen breiten Schuhen, dem bequemen Anzug und seinem stark geröteten Gesicht auf den flüchtigen Beschauer eher den Eindruck eines vornehmen Hamburger Kaufherrn und dem entsprach auch die langsam bedächtige Art zu gehen, wie ich ihn unzählige Male habe an mir vorbeikommen gesehen, oder aber, zumeist etwa um drei Uhr nachmittags, in einem Café im „Heinrichshof", der Oper gegenüber, am Fenster sitzend beobachtet habe, schwarzen Kaffee schlürfend, sehr häufig aber auch fest eingeschlafen, Gesicht und Bart platt gegen das Spiegelglas des Fensters gepreßt.

Anton Bruckner schließlich mutete in seinem bäurischen schwarzen Lodenanzuge, dem kahlgeschorenen Römerschädel mit der gewaltigen Hakennase über einem Lämmergeierhals, der einem ungeheuer weiten Umlegkragen entstieg, fremdartig genug an. In der einen Hand trug er den breiten schwarzen Schlapphut, in der anderen ein mächtiges blaues Taschentuch, mit dem sich der wohlbeleibte Meister abwechselnd Stirn und Schädel trocknete oder aber die Spuren der letzten Schnupftabakprise aus den kurzen grauen Schnurrbartstoppeln zu entfernen suchte.

Obwohl nun diese drei großen Musiker jahrelang in derselben

Stadt wohnten, haben sie doch so gut wie gar nicht miteinander verkehrt und sich, die längste Zeit wenigstens, persönlich kaum gekannt.

Arge Geldnöte hatten Hugo Wolf dahingebracht, daß er sich mit schwerem Herzen dazu verstand, das ihm angebotene Amt eines Musikreferenten für das Wiener „Salonblatt" anzunehmen, und jetzt ließ er öffentlich seiner Abneigung gegen die Brahmsschen Kompositionen in der temperamentvollsten Weise die Zügel schießen. So mußte das Verhältnis zwischen den beiden Komponisten völlig feindselig werden.

Die Tätigkeit Hugo Wolfs als Kritiker war es nun auch, die später die erste persönliche Berührung zwischen ihm und Anton Bruckner, wenn auch indirekt und auf Umwegen, im Gefolge haben sollte.

Man weiß, wie wenig günstig Brahms sich über die Symphonien Bruckners zu äußern pflegte und daß er sie unförmliche „Riesenschlangen" genannt hat; umgekehrt wieder war die Meinung, die Bruckner von den Brahmsschen Schöpfungen hatte, recht gering, und wenn er vielleicht auch hie und da einzelnes von Brahms anerkannte, so geschah dies stets mit starken Einschränkungen und Vorbehalten. So erzählte mir Ferdinand Löwe, Bruckner habe während Hans von Bülows Aufführung des Brahmsschen D-moll-Konzertes in Wien neben ihm gesessen und das erste Thema vortrefflich gefunden, dabei aber bedauert, daß es Brahms in allen seinen Symphonien niemals wieder gelungen sei, ein auch nur annähernd gleichwertiges Thema zu erfinden. Die Symphonien selbst empfand er vielmehr als unbedeutend, dürftig in der Erfindung, bar jeder wahren Größe, die Themen harmonisch recht uninteressant, die Durchführung seicht, die Instrumentation kahl und farblos.

Bei Bruckner und Hugo Wolf kam nun allerdings zu ihrer natürlichen Abneigung gegen die Brahmsschen Schöpfungen noch die tiefe Kränkung hinzu, wenn sie sehen mußten, wie von dem, damals die Mode durchaus beherrschenden, noch ganz in den Ansichten und Traditionen der „Gründerzeit" befangenen Konzertpublikum und den für dieses schreibenden Kritikern Brahms als der einzige große Meister nach Beethoven bei jeder Gelegenheit mit den überschwenglichsten Ausdrücken laut gefeiert wurde, während sie beide entweder gar nicht oder zumeist doch nur in höhnischem Ton erwähnt wurden.

Es möge nun allerdings noch dahingestellt bleiben, ob jenes Publikum damals wirklich imstande war, die Werke von Brahms zu verstehen und ob es diese nicht denen Bruckners einfach aus dem Grunde vorgezogen hat, weil sie kürzer waren und daher der erforderliche Aufwand an Langeweile geringer gewesen ist.

Alle diese eigenartigen Umstände hatten es nun mit sich gebracht, daß auch die persönlichen Beziehungen zwischen Brahms und Bruckner stets recht kühl geblieben sind. Brahms war damals Ehrenmitglied der Wiener „Gesellschaft der Musikfreunde" und von dieser wurde das Konservatorium erhalten, an dem Bruckner als Lehrer der Harmonielehre und des Kontrapunktes wirkte. So oft sich nun Brahms und Bruckner begegneten, grüßte Brahms sehr höflich, aber gemessen, während Bruckner sich mit den Worten: „Ergebenster Diener, Herr Präsident" tief verneigte. Dies mag aber viel weniger wirkliche Devotion gewesen sein, als die eigentümliche Art Bruckners, Brahms als Musiker abzulehnen und nur als vorgesetzte Amts- und Standesperson gelten zu lassen.

Alle diese Umstände hätten nun wohl dahinführen müssen, daß Bruckner und der um so vieles jüngere Hugo Wolf, ungeachtet ihres großen Altersunterschiedes, sich im Laufe der Jahre hätten immer enger aneinanderschließen müssen, wäre nicht gerade damals jener Artikel im „Salonblatt" erschienen, in welchem Wolf sich über Bruckners Siebente (E-dur) Symphonie und über dessen Bedeutung als Symphoniker recht zurückhaltend geäußert hat, indem er ihm einen „Mangel an Intelligenz" vorgeworfen, „der es uns fast unmöglich macht, die Symphonien Bruckners, trotz all ihrer Originalität, Größe, Kraft, Phantasie und Erfindung zu verstehen"; überall sei ein gewaltiges Wollen, „kolossale Anläufe, aber keine Befriedigung, keine künstlerische Lösung."

Häufig genug hatte ich damals mit Wolf über dieses Thema gestritten: oft bis tief in die Nacht hinein oder bis zum Morgengrauen; er aber war von seiner Ansicht nicht abzubringen und fand, daß insbesondere der letzte Satz der Siebenten Symphonie „verworren und unverständlich" sei. Wie überrascht war ich nun, als er nach monatelangen vergeblichen Diskussionen mit Schalk, Löwe und mir eines Tages in großer Erregung mein Arbeitszimmer betrat und mir mitteilte, es sei ihm nun mit einem Male alles ganz klar geworden und es seien ihm ganz unerwartet die tiefen und verborgenen Schönheiten jenes Werkes aufgegangen; gerade der letzte Satz aber erscheine ihm nun als der großartigste und er bedauere außerordentlich, seine Kritik voreilig veröffentlicht zu haben. Diese Mitteilung Wolfs erfreute mich außerordentlich; hatte ich doch nicht lange vorher eine ganz ähnliche Erfahrung gemacht, damals, als ich Bruckner nach München begleitet, wo Hermann Levi Bruckners E-dur- Symphonie zum ersten Male aufzuführen im Begriffe war.

Worin es nun gelegen sein mochte, daß diese beiden, in ihrer Art so bedeutenden Musiker erst allmählich die tieferen Schönheiten von Bruckners Schöpfung zu erfassen imstande waren, vermag ich nicht zu sagen, aber es hat mich beide Male tief ergriffen, diese Wandlung in der Beurteilung mitzuerleben.

Bruckner, gegen die feindliche Behandlung durch die damalige Tageskritik zwar schon einigermaßen abgestumpft, mußte nun aber gerade Hugo Wolfs abfällige Bemerkungen im „Salonblatt" besonders schmerzlich empfinden. Hatte er doch, insbesondere durch die beiden Brüder Schalk, nähere Kenntnis von Wolf erhalten und hier mit angespannter Aufmerksamkeit dem Aufblühen eines großen musikalischen Geistes entgegengesehen; wie mußte es ihn nun kränken, wenn er wahrnahm, wie auch Wolf ihn nicht verstand, ihm nicht zu folgen vermochte und, schlimmer noch als dies alles, in den Chor der übrigen Kritiker miteinzustimmen schien.

Als nun jener Augenblick gekommen war, da mir Wolf enthusiastisch von seiner Bekehrung zur E-dur-Symphonie erzählte, war es begreiflicherweise mein erster Gedanke, welche Genugtuung dies Bruckner bereiten müsse. Ich beschloß also, eiligst alles daranzusetzen, um eine persönliche Begegnung und Aussprache zwischen den beiden Meistern herbeizuführen. Wolf war für meine Idee sogleich enthusiastisch eingenommen und bald darauf erhielt ich auch Bruckners freudige Zustimmung. Es wurde also vereinbart, daß die geplante Begegnung bei einer Landpartie am nächsten Fronleichnamstage nachmittags in Klosterneuburg stattfinden solle, womit auch Wolf und die anderen Freunde durchaus einverstanden waren.

Jedem Wiener ist das herrliche, wenige Kilometer vor den Toren der Metropole gelegene uralte, angeblich von Karl dem Großen gegründete Donaustädtchen ans Herz gewachsen mit seinen zwischen den Weinbergen des Kahlengebirges gelegenen, vom Alter geschwärzten, steil aufgetürmten Häusern und, diese gewaltig überragend, dem düsteren, mit senkrecht aufsteigenden Mauern, Zinnen, Rundbastionen und turmhohen Erkern umgürteten Kastell.

Hier ist auch Johann Albrechtsberger zur Welt gekommen, der berühmte Musiktheoretiker und Lehrer Beethovens, der auch in seiner Jugend als Sängerknabe im Stift tätig gewesen ist und seinen ersten Musikunterricht dort erhalten haben dürfte.

Bruckner pflegte mit Vorliebe nach Klosterneuburg zu fahren und er war im Chorherrnstift ein stets gern gesehener Gast. Häufig spielte er Sonntag vormittags zum Hochamt die Orgel, pflegte dann mit den Geistlichen das Mittagessen im Refektorium einzunehmen, hierauf ein wenig zu ruhen, um dann, nach drei Uhr, zur Vesper neuerdings auf der Orgel zu spielen.

Obwohl nun die Begegnung mit Hugo Wolf und den anderen Freunden erst für den Nachmittag geplant war, wünschte Bruckner doch, daß ich ihn schon zeitlich früh in seiner Wohnung in der Heßgasse abholen solle, und da es ein wundervoller Frühjahrsmorgen war, beschlossen wir, nicht mit der Bahn zu fahren, sondern im offenen Fiaker: denn es gab wenige Dinge, die Bruckner so liebte wie einen Ausflug ins Freie im offenen „Wagerl" oder im Schlitten. Wir kamen noch früh genug, daß Bruckner die Orgel spielen konnte, eine der schönsten, die ich je gehört habe. Am Schluß des Hochamtes und der Prozession, die mit einer Gewehrsalve der Pioniertruppen abschloß, wurde Bruckner durch den damaligen Prälaten Ubald Kostersitz aufgefordert, wie gewöhnlich an dem Festmahl im Refektorium teilzunehmen, und wir verblieben, daß ich ihn um vier Uhr zu einem kurzen Spaziergange treffen solle, damit wir uns gegen fünf Uhr mit den aus Wien kommenden Freunden vereinigen könnten.

Wir trafen auch rechtzeitig auf der zum Restaurant des Stiftskellers gehörigen Gartenterrasse ein und bald erschienen auch Josef und Franz Schalk, Ferdinand Löwe, Cyrill Hynais, der Architekt Julius Mayreder, der Schwager von Rosa Mayreder, die später das Buch zu Hugo Wolfs „Corregidor" geschrieben hat, und schließlich Hugo Wolf selbst im hellen Sommeranzug, vom raschen Gehen erhitzt. Die erste Begegnung zwischen ihm und Bruckner war von stiller, halb unterdrückter Herzlichkeit und bald war ein lebhaftes Gespräch im Gange. Wolf mußte natürlich neben Bruckner sitzen und sie sprachen eifrig über alle die vielen gemeinsamen Kümmernisse, Zurücksetzungen und sonstigen

Leiden der damaligen Tage, über Brahms und die philharmonischen Konzerte, über den von uns allen vergötterten Hans Richter und seine Haltung Bruckner und Wolf gegenüber. Dann kam Wolf auch auf Bruckners E-dur-Symphonie zu sprechen und auf die Schwierigkeiten, die er im Anfang gehabt habe, in das Werk tiefer einzudringen. Hierauf wandte sich das Gespräch dem Thema der Opernkomposition zu.

Wolf hatte sich ja früher schon viel mit Opernstoffen herumgeschlagen und war insbesondere von den Dramen Kleists mächtig angezogen worden; dann aber war er immer mehr zu den Spaniern übergegangen, zunächst zu Calderon, und man weiß ja, daß er schließlich außer an dem „Corregidor" auch an einem „Manuel Venegas" gearbeitet hat.

Diese dramatischen Sorgen bildeten nun gleichfalls das Thema des Gespräches zwischen den beiden Komponisten. Schließlich begann Bruckner über einen gemeinsamen guten Bekannten von uns allen zu sprechen, über Gustav Schönaich, den späteren Musikreferenten, der auch zu Franz Liszt, Richard Wagner und dessen Familie, wie auch zu Felix Mottl in engeren Beziehungen gestanden hatte, und er erging sich ausführlich über dessen originelle Falstaff-Erscheinung, seine sonderbare, abwechselnd zwischen Millionär und Bohemien hin und her pendelnde Existenz und seinen eigenartigen geistreichen Humor. Nun begann auch Wolf im Erzählen von lustigen Anekdoten und Schnurren über den Genannten mit Bruckner zu wetteifern, so daß diesem selbst und uns allen bald vor Lachen die Tränen über die Wangen liefen. Auf solche Weise verbrachten wir den Nachmittag auf jener Terrasse an der Brüstung, die mit steiler Bastion in die Tiefe stürzt, den Rundblick in die herrliche Frühlingslandschaft verloren, an den rebenbedeckten faltenreichen Hängen des Kahlengebirges entlang, über die Donau und die weithin sich erstreckenden Auen hinweg auf ferne Berge und Schlösser. Allmählich sank die Dämmerung herab und aus der Tiefe und von allen Seiten drang der Duft des blühenden Holunders auf uns ein; und so verging der Abend unter heiteren Gesprächen beim köstlichen Wein des Stiftskellers in freudiger Festesstimmung, bis wir bei eintretender Dunkelheit die gemeinsame Rückfahrt nach Wien, diesmal aber mit der Eisenbahn im Wagen dritter Klasse, antraten. Auch diese Heimfahrt in der Abenddämmerung war wundervoll und eine eigenartige, feierliche Heiterkeit hatte von uns allen Besitz ergriffen.

In Wien angekommen, beschlossen wir, auch den Rest des Abends noch bei gemeinsamem Nachtmahl in unserem gewohnten Gasthause zu verbringen, und über unserer lebhaften Unterhaltung war es spät nach Mitternacht geworden, als wir auseinandergingen.

Dies war die erste Begegnung zwischen Hugo Wolf und Anton Bruckner gewesen und von nun an sollten sich die beiden noch des öfteren treffen, in Konzerten, bei Proben und auf der Straße. Wolf hat aber auch Bruckner später wiederholt in seiner Wohnung in der Heßgasse aufgesucht. Ob dieser nun alle jene Besuche erwidert hat, weiß ich nicht, ich selbst entsinne mich nur eines einzigen, den Bruckner seinem „Wolferl", wie er ihn nannte, später einmal abgestattet hat: dies war zu jener Zeit, als Wolf mit mir und meinen Freunden Dr. Edmund Lang und dessen Frau Marie den Sommer gemeinsam auf Schloß „Bellevue" bei Wien verbrachte. Bruckner war im Wagen nach dem nahegelegenen Grinzing gekommen, wo wir ihn abholten und auf steilem Pfad durch die Rebengelände nach Bellevue hinaufgeleiteten. Dort verbrachten wir einen wundervollen Sommerabend im Freien unter alten Lindenbäumen, im Angesicht der flimmernden Lichter von Wien, bei einem Glase Grinzinger Weines, und nach dem Abendessen setzte sich Bruckner ans Klavier und spielte uns mit vieler Hingebung Verschiedenes aus seiner Achten Symphonie vor. Dann brachten wir ihn in tiefer Dunkelheit, umschwirrt von Leuchtkäfern, nach Grinzing hinab, wo wir beim „Heurigen" noch einen gemeinsamen Abschiedstrunk nahmen. Bruckner kehrte nun im Wagen in die Stadt zurück, während Hugo Wolf mit uns in freudig gehobener Stimmung den Rückweg nach unserer ländlichen Behausung antrat.

Zwischen Bruckner und Wolf sollte es aber trotz den vielen herzlichen Begegnungen doch niemals zu einem wirklich innigen Freundschaftsverhältnis kommen; nicht etwa des so beträchtlichen Altersunterschiedes wegen, sondern vielmehr darum, weil die beiden doch allzuwenige geistige Berührungspunkte haben mochten. Wolf hatte für Bruckners streng katholisches Empfinden eigentlich wenig Sinn, er war durch und durch Weltmann, ein guter, feinsinniger Kenner der deutschen und mancher fremdländischen Literaturen, hatte vielerlei philosophische Interessen, die Schriften Schopenhauers waren ihm genau bekannt, und Nietzsches damals gerade neu erschienener „Zarathustra" und der „Fall Wagner" hatten Stürme der Leidenschaft in ihm entfesselt. Ich entsinne mich noch der überaus heftigen Diskussionen zwischen Wolf, Josef Schalk und mir, da wir über Nietzsche und Wagner und über dessen Beziehungen zur Weltanschauung Hegels und Feuerbachs in lebhafter Erregung stritten. Für alle diese Dinge aber hatte Bruckner nicht das mindeste Interesse, er war durchaus unliterarisch, und während Hugo Wolf sich ganz in Jean Paul vergraben hatte, Leopardis Gedichte und spanische Mystiker mit Enthusiasmus verschlang und sich in gleicher Weise mit den englischen Humoristen, mit der deutschen Romantik und den griechischen Tragikern beschäftigte, war dies alles an Bruckner spurlos vorübergegangen; denn er hatte ein einfaches, durchaus kindliches Gemüt und war ganz in die labyrinthische Zauberwelt seiner kontrapunktlichen Bauwerke versunken, in denen es hier aufglühte wie im Lichte der untergehenden, durch bunte Gläser hereinbrechenden Abendsonne, während dort wieder düstere Schatten sich über dunkle Gewölbe und schaurige Grüfte zu senken schienen.

Und so ganz und gar verloren in das innere Weben zusammenklingen der Stimmen, war er immer mehr und mehr allem abgestorben, was ihn von jener Welt hätte entfernen können.

So kam es denn, daß sich Hugo Wolf in der Folge auch in rein musikalischer Hinsicht vorübergehend von Bruckner wieder entfernt hat, und als später dessen Erste (C-moll)-Symphonie nach ihrer Umarbeitung zum ersten Male aufgeführt wurde, hat er sich in einem Briefe abermals sehr skeptisch auch über dieses Werk geäußert. Dies alles aber konnte doch nicht verhindern, daß Hugo Wolf immer deutlicher in Anton Bruckner einen der größten Musiker aller Zeiten erkannt hat; und als er viele Jahre später vernahm, daß es mit der Gesundheit des Meisters rasch abwärts gehe, drängte es ihn, diesen noch einmal aufzusuchen. Er wohnte damals bei unseren gemeinsamen Freunden, dem Professor Karl Mayreder und dessen Gattin Rosa in der Plößlgasse, ganz nahe dem Belvederepark, wo für Bruckner in einem kleineren Nebengebäude des Schlosses eine freie Wohnung eingerichtet worden war. Von dem kurzen Besuch bei Bruckner war er tief erschüttert zurückgekommen und berichtete darüber Rosa Mayreder, noch ganz im Banne des eben Erlebten.

Als er nämlich die Wohnung im Belvedere betreten, teilte ihm Bruckners Wirtschafterin mit, man könne den Meister nicht mehr sprechen, da er keineswegs bei klarem Bewußtsein sei. Wolf aber ließ sich nicht abweisen und auf den Zehenspitzen leise sich heranschleichend, gelang es ihm schließlich, einen Blick durch die halbgeöffnete Tür in das Krankenzimmer zu werfen. Was er dort sah, war eigenartig und tief ergreifend: in einem einfachen Metallbett, in Kissen ganz vergraben, lag Anton Bruckner, mit schmal gewordenem blassen Antlitz, den Blick unbeweglich zur Decke gerichtet, auf den Lippen ein verklärtes Lächeln und diese, wie zu seligem Gesang leise bewegend, schlug er, die ganz abgezehrte Rechte auf der Bettdecke, mit dem ausgestreckten Zeigefinger den Takt zu einer Musik, die nur er allein zu hören vermochte und die der allem Irdischen schon völlig entrückte Meister mit in die Ewigkeit hinübergenommen hat.

Hugo Wolf als Hausgenosse

In der ersten Zeit meines freundschaftlichen Verkehres mit Hugo Wolf im Jahre 1887, einige Monate, nachdem es mir endlich gelungen war, ihm für seine Lieder einen Verleger zu verschaffen, erhielt ich eines Tages von ihm eine durch die Eilpost beförderte Karte. „Lieber Freund", so begann dieses Schreiben vom 21. November 1887, „Herr und Frau Dr. Lang würden sich sehr freuen, Ihre Bekanntschaft zu machen. Kommen Sie, da ich überdies Wichtiges mit Ihnen zu besprechen habe, heute Abend auf einen vegetarischen Imbiß zu uns. In Erwartung Ihres Erscheinens grüßt Sie bestens Ihr ergebener Hugo Wolf."

Obwohl ich keine Ahnung hatte, wer das Ehepaar Dr. Lang war, bei dem Wolf damals in der Belvederegasse wohnte, beschloß ich dennoch, auf alle Fälle hinzugehen und den Abend mit ihm zu verbringen. Dort angelangt, wurde ich an der Türschwelle von Wolf mit stürmischer Herzlichkeit empfangen. Er faßte mich am Handgelenk und schleppte mich unter lautem Geschrei in das nächste Zimmer, wo ich in einem harmonisch abgestimmten gemütlichen Raum mit schönen alten Schränken unter einer mächtigen Hängelampe das Ehepaar an einem einladend häuslich gedeckten Tisch sitzen sah. Auch hier wurde ich mit der größten Herzlichkeit wie ein alter Freund begrüßt, die Hausfrau streckte mir beide Hände entgegen und Dr. Lang hieß mich neben seiner Gattin an der Tafel Platz nehmen. Sie war ein ungewöhnlich reizvolles junges Wesen mit kastanienbraunem Haar und ebenso gefärbten Augen, von denen ein Strom von Wärme ausging. Das frische blühende Kolorit ihres Gesichts, der außerordentliche Wohlklang ihrer Stimme und ihr silberhelles Lachen nahmen mich sogleich gefangen. Vortrefflich kleidete sie eine enganliegende karminrote englische Flanellweste mit Goldknöpfen und einer weißen Krawatte. Dr. Edmund Lang selbst, gleichfalls noch jugendlich, von hoher, schlanker Gestalt, machte mit seiner dunklen Gesichtsfarbe, den lebhaften dunklen Augen, der schmalen, edelgeformten Nase und seinem sonoren Organ eher den Eindruck eines vornehmen Spaniers als den eines deutschen Rechtsgelehrten.

Die Unterhaltung betraf natürlich zunächst Hugo Wolfs Angelegenheiten und meine Tischnachbarin schilderte mir, welches freudige Gefühl der Befreiung sich Wolfs bemächtigt hatte, als nun endlich seine Kompositionen, zum erstenmal in seinem Leben, der Druckerpresse übergeben wurden. Bald kamen wir auf gemeinsame Bekannte zu sprechen, es stellte sich heraus, was meiner Ahnung in der ersten Sekunde unserer Begegnung recht gab, daß ich Marie Lang schon Jahre vorher, als sie noch ein aufblühendes junges Mädchen gewesen, in Gesellschaft von Freunden an einem der Salzkammergutseen getroffen hatte. Das Gespräch wurde immer angeregter, unter gegenseitigem Erzählen und heiterem Gelächter verging uns die Zeit und es war heller Tag geworden, als ich schließlich dieses gastliche Haus verließ.

Aus dieser ersten Zusammenkunft sollte sich nun binnen kurzem ein enger Freundschaftsbund entwickeln und bald war es dahingekommen, daß ich mit Hugo Wolf und der Familie Lang regelmäßig meine Zeit verbrachte. Allmählich erweiterte sich unser kleiner Kreis, ich führte meinen vielbewährten Jugendfreund, den Architekten Julius Mayreder und andere Bekannte ein und bald war Marie Lang der Mittelpunkt eines Kreises von jungen Leuten, die sie alle bewunderten und sich an ihrem Geist und an ihrem silbernen Lachen ergötzten. Schließlich, als das Frühjahr nahte, entschlossen wir uns zu einem gemeinsamen Sommeraufenthalt in der Umgebung von Wien, und Marie Lang hatte auch bald den besten für unsere Kolonie geeigneten Ort ausfindig gemacht: das damals gerade leerstehende schön eingerichtete Schloß Bellevue oberhalb Grinzings auf einer Anhöhe des Kahlengebirges mit herrlichem Rundblick über die Stadt Wien, den Wienerwald und über die Donau hinweg bis zur ungarischen Tiefebene und den Karpathen.

Das Leben in unserer Sommerkolonie gestaltete sich überaus reizvoll. Wolf arbeitete fleißig an seinen Liedern und liebte es, uns das gerade erst Komponierte vorzuspielen, jeder von uns ging seiner Arbeit nach und an den Abenden fanden wir uns zu dem von Marie Lang bereiteten gemeinsamen vegetarischen Mahle ein, bei schönem Wetter auf der geräumigen Terrasse oder unter einer mächtigen Linde. Kaum hatte unser Aufenthalt auf Bellevue begonnen, als sich der mir von München her befreundete junge Diplomat Graf Karl zu Leiningen-Billigheim an Marie Lang mit der Bitte wendete, ob er nicht in unsere Kolonie aufgenommen werden könne; und so wurde auch er wenige Tage später ein Mitglied unseres Kreises. Er war ein eifriger und begeisterter Theosoph und hatte sich mir angeschlossen, weil ihm meine Beziehungen zu der indischen Theosophischen Gesellschaft und zu Madame Blavatsky bekannt waren. Es war kein Wunder, daß nun auch diese Themen bei uns viel erörtert wurden, um so mehr, als auch Marie Lang sich mit Feuereifer auf diesen Gegenstand geworfen hatte. Dazu kam noch, daß auch ein anderer viel gelesener Theosoph, Dr. Franz Hartmann, uns häufig besuchte und auch einige Zeit bei uns wohnte. Er war vorher schon fast ein Jahr hindurch mein Gast gewesen, kurz nachdem er aus Indien zurückgekehrt war, wo er jahrelang, zusammen mit Madame Blavatsky, geweilt hatte. Natürlich brachte uns auch dieser Verkehr eine Fülle neuer Anregungen, und dies um so mehr, als Hartmann fortwährend Besucher beiderlei Geschlechtes aus aller Herren Länder erhielt, von denen manche recht ungewöhnliche Persönlichkeiten waren.

Eine andere Bereicherung erhielt unsere Kolonie durch die seither sehr bekannt gewordene Schriftstellerin Rosa Mayreder, mit der ich seit meiner Studentenzeit befreundet gewesen; als mir nämlich Hugo Wolf immer wieder von seinen vergeblichen Bemühungen sprach, einen für ihn geeigneten Operntext zu finden, womöglich ein spanisches Buch mit spanischen Gestalten und spanischer Landschaft, fiel mir sogleich ein, daß ja Rosa Mayreder gerade mit der dramatischen Bearbeitung einer spanischen Erzählung von Alarcon beschäftigt war, die der „Dreispitz" hieß. Als ich Wolf davon sprach, bestürmte er mich, ihn mit meiner Freundin zusammenzubringen, und so kam es zu regelmäßigen Begegnungen zwischen den beiden auf Bellevue, deren Ergebnis schließlich Wolfs Oper „Der Corregidor" werden sollte.

Es war einer von den tragischen Zügen in dem Schicksal Hugo Wolfs, daß es ihm, dem stets Ruhebedürftigen, nicht hat gelingen wollen, in einer eigenen Wohnung zu hausen, daß er immer wieder sich gezwungen sah, bei Freunden vorübergehend Unterkunft zu suchen und daß, als er es schließlich doch zu einem eigenen Heim gebracht hatte, jene tückische, verhängnisvolle Krankheit über ihn hereingebrochen ist, die ihn unaufhaltsam dem Abgrund entgegenführen sollte.

Erst im Sommer des Jahres 1896 hatten besondere Umstände es gefügt, daß Wolf die seinen Bedürfnissen trefflich entsprechende, freundliche Wohnung in der Schwindgasse zu sehr günstigen Bedingungen hat beziehen können. Die erforderliche Einrichtung war von Freunden beigestellt worden, zum größten Teil von Frau Marie Lang, die eine Anzahl ihrer Möbel zur Verfügung gestellt und schon längere Zeit vorher zu mir hatte schaffen lassen, damit Wolf sie benutzen und sich an sie gewöhnen möge, während er noch bei mir zu Gast war. Auf alle diese Umstände bezieht sich nun ein Brief, den Hugo Wolf kurz nach seiner Übersiedlung in die Schwindgasse an mich gerichtet hat. Dieses Schreiben lautet:

„Liebes Fritzchen! Bitte, bestimme einen Tag, an welchem ich die Sessel, das Tischchen und das Bild von Mörike abholen lassen kann. Ich benötige dringend die genannten Dinge. Ich hätte Dich so gern einmal besucht, wenn Du nur sicher anzutreffen wärest. Könntest Du nicht einmal zu mir kommen? Meine neue Wohnung in der Schwindgasse Nr. 3, 2. Stiege, 4. Stock, ist wirklich sehenswert; zu treffen bin ich immer, da ich nur mittags für eine Stunde die Wohnung verlasse. Du würdest mir mit Deinem lieben Besuch eine große Freude machen. Beherzige meine Bitte und veranlasse doch sofort, daß die gewünschten Sachen mir ausgefolgt werden. Auf baldiges Wiedersehen und mit herzlichen Grüßen Dein alter Wölfing. Wien, 17. Juli 1896. P. S. Beim großen Umzug vor 14 Tagen machte ich die überraschende Entdeckung, daß der größte Teil Deiner alten Nietzsche-Ausgaben unter meinen Büchern sich vorfand, die bei Köcherts Jahre hindurch deponiert waren. Soll ich Dir die Bücher zusenden?"

Die hier erwähnten Bände von Nietzsche hatte ich Wolf im Frühjahr 1892 über seinen Wunsch zukommen lassen, nachdem er damals an mich geschrieben:

„Lieber Eck! Ich lese gerade eine Schrift von Ola Hansson über Nietzsche, die in mir den lebhaften Wunsch erweckt, die Werke des letzteren von Grund auf kennenzulernen. Da ich nun weiß, daß Du im Besitze sämtlicher Schriften Nietzsches bist, bitte ich Dich recht sehr um Überlassung derselben, und zwar in ihrer Vollständigkeit. Deponiere sie freundlichst im Café Griensteidl, wo ich sie gelegentlich (vielleicht schon am Freitag) abholen werde, und sei im vorhinein dafür herzlichst bedankt von Deinem Wölfing. Döbling, 30. März 1892."

Das in Wolfs Brief erwähnte Bild von Mörike war eine photographisch hergestellte Vergrößerung nach einer kleinen Photographie des Dichters, die ich mir verschafft hatte, als Wolf gerade an der Vertonung von Mörikes Liedern arbeitete. Mit der vortrefflich gelungenen Vergrößerung konnte ich ihm dann eine Geburtstagsüberraschung bereiten, die ihm die größte Freude gemacht hat.

Von Döbling, wo er, wie so oft schon, längere Zeit in der gemütlichen Villa seiner Freunde Köchert gehaust hatte, ist Wolf dann, im Frühjahr 1892, wieder zu mir zurückgekehrt und bis in den Sommer hinein geblieben. Wieviele Nächte haben wir damals, ebenso wie so oft auch in den anderen Jahren, unter erregten, überaus freundschaftlichen Diskussionen, sei es über Nietzsche und Wagner, sei es über andere Probleme jener Tage, bis zum Morgengrauen durchwacht! Ich erinnere mich insbesondere einer solchen nächtlichen Debatte, unmittelbar vor Weihnachten des Jahres 1894, als Engelbert Humperdinck mit seiner Frau nach Wien gekommen war, um der ersten hier stattfindenden Aufführung seiner Märchenoper „Hänsel und Gretel" beizuwohnen.

Humperdinck hatte uns beide zu dieser Vorstellung in seine Loge eingeladen und wir waren mit Freude seiner Aufforderung gefolgt Die Aufführung fanden wir in jeder Hinsicht vortrefflich und waren sehr überrascht, daß Humperdinck selbst und auch seine Gattin anderer Meinung waren. Sie erklärten, die Vorstellung in Dresden unter Schuch sei unvergleichlich besser gewesen. Als wir das Opernhaus verließen, bat uns Humperdinck, für den Rest des Abends seine Gäste zu sein und mit ihm und seiner Frau gemeinsam zu nachtmahlen. Wir folgten natürlich gerne seiner Einladung; als sich aber dann herausstellte, daß dies in einem der vornehmsten Lokale von Wien stattfinden solle, remonstrierte Wolf, an der Eingangstür angelangt, auf das heftigste, so daß Humperdinck nachgeben mußte und wir schließlich in einem ganz einfachen, aber sehr gemütlichen Bierkeller landeten. Später dann sprach Humperdinck den Wunsch aus, ob wir ihm nicht auch noch ein recht „wienerisches" Lokal mit den berühmten „Volkssängern" zeigen könnten, und so beschlossen wir, trotz der vorgerückten Stunde, das damals sehr beliebte „Gartenbau-Restaurant" aufzusuchen, wo wir in einem furchtbar rauchigen, ganz überfüllten Saal nur mit Mühe einen Tisch für uns erobern konnten.

Ein Bekannter, dem ich dort zufällig begegnete, frug mich, wer meine fremdartig aussehenden Begleiter seien. Kaum hatte ich ihm dies anvertraut, wußte er nichts Besseres zu tun, als einem der „Volkssänger", der sich dort allabendlich unter dem Gejohle des Publikums als Stegreifdichter produzierte, vertraulich mitzuteilen, wer die eben erschienenen Gäste seien, daß Hugo Wolf ein großer Liederkomponist sei und daß das Ehepaar Humperdinck gerade von der ersten Aufführung von „Hänsel und Gretel" komme. Sogleich bestieg der edle Sänger das Podium und schmetterte mit angenehm klingender Stimme ein gut gereimtes Couplet in den Saal, in welchem er sagte, er versuche ja mitunter selber Lieder zu erfinden, aber man müsse bedenken, daß er eben kein „Wolf" sei, wie der, den wir heute hier begrüßen können, sondern nur ein armseliges Schaf; was aber „Hänsel und Gretel" betreffe, so meinte er mit einer Verbeugung vor der erstaunten Frau Humperdinck, er sehe soeben ein überaus liebes „Gretl", aber dieses sei leider schon vergeben; und indem er auf einen mit seiner Bierladung vorbeikommenden Kellner wies, erklärte er zur allgemeinen Freude, „Hansl" hätten wir ja hier überall mehr als genug! — Von all dem vermochten Humperdincks natürlich nur sehr wenig zu verstehen, und nur mit Mühe konnten wir ihnen erklären, daß die Worte über das „Gretl" ein Kompliment für Frau Humperdinck gewesen und daß „Hansl" ein volkstümliches Wort für schales, abgestandenes Bier sei. Humperdinck war über dies alles sehr erstaunt; das plötzliche Extempore des Volkssängers hatte ihm viel Vergnügen bereitet.

Es war sehr spät geworden, als Wolf und ich schließlich zu Hause anlangten. Wolf war stark erregt; offenbar hatte auch ihm die gänzlich unvermutete Huldigung des Stegreifsängers, deren wahre Hintergründe er ja nicht ahnen konnte, große Freude bereitet; es war sicher das erstemal in seinem Leben, daß er das Gefühl hatte, „populär" geworden zu sein. Aber auch der große Erfolg Humperdincks, die Vorstellung und das Werk selbst beschäftigten ihn lebhaft; dies um so mehr, als er damals gerade nach einem neuen für ihn geeigneten Operntext sehnsuchtsvoll Ausschau hielt. Von allen Seiten erörterte er nun Humperdincks Wahl des Stoffes und die Art, wie er ihn bearbeitet hatte; einzelne Schönheiten hob er hervor und zergliederte ihre musikalische Wirkung; aber auch, was ihm als banal und uninteressant erschien, besprach er eingehend. Dann erging er sich in Betrachtungen, welche Vorwürfe sich für die musikdramatische Behandlung und insbesondere für seine besondere Art eigneten und welche nicht; auch verglich er Humperdincks „Hänsel und Gretel" mit den Bestrebungen unseres gemeinsamen geistvollen Freundes Adalbert von Goldschmidt und seinem originellen Versuch, die Grimmschen

Märchen musikalisch zu bewältigen.

Es war wieder einmal heller Tag geworden, als wir endlich das Bett aufsuchten. Eine Folge dieser häufigen nächtlichen Unterredungen war natürlich die, daß ich dann am nächsten Tag oft bis in den späten Vormittag hinein schlafen mußte. Wolf hingegen war, als ich erwachte, meistens schon längst auf den Beinen, hatte sich das Frühstück bereitet und sich in seine Arbeit gestürzt. So fand ich ihn eines Morgens nach einer gemeinsam durchwachten Nacht, wie er eben den herrlichen Gesang: „Ave Maria purissima!" niedergeschrieben hatte, mit welchem der vierte Akt des „Corregidor" beginnt.

Manchmal aber kam es auch vor, daß Wolf sich plötzlich beim Erwachen entschloß, die Stadt für einige Zeit zu verlassen, um in ländlicher Umgebung neue Eindrücke auf sich wirken zu lassen. So fand ich einst an einem herrlichen Frühjahrsmorgen Wolfs Zimmer leer und auf dem Tisch einen Zettel von seiner Hand. Darauf stand zu lesen:

„Lieber Fritz! Da mir der Schlaf des Gerechten heilig ist, wollte ich Dich in Deiner Morgenruhe nicht stören und so sage ich Dir denn schriftlich lebewohl und vielen, vielen Dank für Deine liebenswürdige Gastfreundschaft. Auf baldiges Wiedersehen, vielleicht noch diese Woche. Herzlichst Dein Wölfing. Montag vormittag."

Diese Art Wolfs, mitunter plötzlich ohne irgendeine vorherige Ankündigung zu verschwinden, war mir weder neu, noch erschien sie mir auffällig, denn dies hatte sich schon oft genug zugetragen. Einige Jahre vor dieser plötzlichen Flucht hatte ich gleichfalls in aller Frühe auf Wolfs Schreibtisch einen Zettel vorgefunden, auf welchem er mir seinen Entschluß abzureisen mitteilte: „Ich will Dich nicht wecken, lieber Freund", so lautete die Botschaft – „und so sage ich Dir schriftlich herzlichen Gruß und Dank. Meine Adresse Perchtoldsdorf, Brunnergasse 26. Auf baldiges Wiedersehen. Dein dankbarer Wölfing."

Beim Anblick der strahlenden Morgensonne hatte er sich also rasch entschlossen, in dem Hause seiner Freunde, der Familie Werner, Aufenthalt zu nehmen.

Als ich ihn dann dort, in meinem Geburtsort, dem uralten, malerisch gelegenen Perchtoldsdorf aufsuchte, zeigte er mir eine Anzahl neuer Lieder, die er in der kurzen Zeit seines neuen Aufenthaltes geschrieben hatte.

Den Sommer des Jahres 1894 verbrachte Wolf auf dem Schlosse Matzen bei Brixlegg in Tirol, wohin er von dessen Besitzer, dem bekannten Verlagsbuchhändler Franz Joseph Freiherrn von Lipperheide geladen worden war. Dort scheint er ruhige und glückliche Tage verbracht zu haben. Mitte Oktober erhielt ich von ihm den nachstehenden Brief:

„Liebster Eck! Ich werde morgen, Donnerstag, um 9 Uhr 20 abends am Westbahnhof anlangen, mithin ungefähr gegen 10 Uhr bei Dir eintreffen und würde mich riesig freuen, wenn wir noch ein paar Nachtstunden bei einem Glase Bier in Deinem gemütlichen Junggesellenheim miteinander verplauderten. Trachte also, womöglich Dir den Abend frei zu halten, und sei einstweilen herzlichst gegrüßt von Deinem Wölferl. Schloß Matzen, 17. Oktober 1894."

Wolf erschien pünktlich zur angegebenen Stunde und wieder einmal verbrachten wir die ganze Nacht in der angeregtesten Unterhaltung.

Zu meinen schönsten Erinnerungen aus der Zeit, da Wolf bei mir wohnte, gehören jene Morgenstunden, wo er, der im Nebenzimmer geschlafen hatte und lange vor mir aufgestanden war, ganz entgegen seinem sonstigen Respekt vor dem Schlafe seiner Mitmenschen, ungeduldig geworden, sich entschloß, mich zu wecken. Er tat dies in einer sonderbaren, für ihn durchaus bezeichnenden, zärtlichen Weise. Da er nämlich meine Begeisterung für J. S. Bachs „Italienisches Konzert" kannte, pflegte er sich in solchen Fällen an das in seinem Zimmer befindliche Klavier zu setzen und den ersteh Satz dieses herrlichen Werkes zu spielen. Konnte es ein schöneres Erwachen geben als dieses?

In der letzten Zeit, die Wolf bei mir zugebracht hat, bin ich von ihm allerdings oft genug auf eine weniger erfreuliche Art aus dem Schlafe gescheucht worden. Dies war dann der Fall, wenn er schon in aller Frühe begonnen hatte, in großer Erregung im Nebenzimmer auf und ab zu laufen und dabei mit sich selbst zu reden, und wenn diese Selbstgespräche sich schließlich zu einem wüsten Schreien und brüllenden Schimpfen steigerten. An solchen Tagen erschreckte er mich auch oft durch seine wilden Grimassen, deren Verzerrtheit immer ärger wurde, und auch dadurch, daß er sich wütend die Barthaare einzeln ausriß, so daß er es bald nicht mehr nötig hatte, sich zu rasieren. An solchen Tagen pflegte er schon vormittags zu verschwinden und erst gegen Abend wieder aufzutauchen. Diese Szenen wurden immer häufiger und ließen mich das Ärgste für die Zukunft meines Freundes befürchten. — Mit der Zeit aber schien eine wesentliche Beruhigung einzutreten, und als Wolf mich dann verließ, um sein eigenes Heim in der Schwindgasse zu beziehen, hatte ich eher den Eindruck, daß die Gefahr vorüber sei.

Nachdem er mich in dem schon mitgeteilten Briefe gebeten hatte, ihn in seiner „wirklich sehenswerten" Wohnung aufzusuchen, ging ich sogleich hin und wurde dort von ihm mit fortgesetzten Umarmungen empfangen. Die Wohnung war wirklich sehr gemütlich und harmonisch, die von Frau Marie Lang und anderen Freunden gestifteten Möbel paßten vortrefflich zueinander, ein schöner Schaukelstuhl krönte die Behaglichkeit. Das Porträt von Mörike prangte schön gerahmt an der Wand, neben dem wundervollen alten Schreibtisch Karl v. Holteis, an welchem dieser viele von seinen Romanen geschrieben hatte. Das eigenartige Möbelstück hatte Wolf von seinem Freunde Dr. Podpeschnigg in Graz, einem Enkel von Karl v. Holtei, für die neue Wohnung als Geschenk erhalten und es verlieh dem ganzen Raum eine gewisse Weihe. So erschien nun endlich das Leben Wolfs sich erfolgreich und hoffnungsvoll zu gestalten. Aber dies war eben leider nur ein Schein, denn unterirdische feindliche Mächte waren weiter am Werk; und schon wenige Monate, nachdem ich jenen letzten glückverheißenden Brief von Wolf erhalten hatte, zu Beginn des Jahres 1897, sollte das Unheil unaufhaltsam über meinen armen Freund hereinbrechen!

Hugo Wolf und Friedrich Nietzsche

Von dem Leidensweg zu berichten, der den Menschen mit subtilem Musikgehör und singender Seele inmitten einer Welt von Mißklängen beschieden ist, wäre sicherlich ein dankenswertes Unternehmen!

Auch Hugo Wolf ist ein arg gequältes Opfer seiner musikalischen Sensitivität gewesen; stets auf der Flucht vor peinlichen Situationen, unerträglichen Geräuschen, verfolgt von dem Klavierspiel, dem Gesang und der unbarmherzigen Musiziererei seiner allzuvielen Mitmenschen, war er oft der Verzweiflung nahe!

Immer wieder mußten sich die Freunde seiner annehmen und dafür sorgen, daß er, wenigstens für einige Zeit, bei ihnen eine ungestörte Unterkunft zu finden vermochte: Stille und Abgeschlossenheit, die Bedingung seines geistigen Lebens und seiner schöpferischen Arbeit.

So hat er denn auch, nach mancherlei Unterbrechungen, immer wieder den Weg zu mir und meiner Behausung gefunden, wo er dann stets mehrere Monate zuzubringen pflegte. Sei es nun, daß er in der Wohnung in Wien bei mir zu Gast war, sei es in der Villa zu Unterach am Attersee; hier wie dort war ich ängstlich bemüht, jede Störung von ihm fernzuhalten. Und in der Tat sind gerade zu jener Zeit und an jenen Orten eine beträchtliche Anzahl seiner schönsten Lieder und die Entwürfe zu manchen seiner größeren Werke entstanden.

Dieses häufige längere Zusammenwohnen hat natürlich viel zur Befestigung unseres herzlichen Einvernehmens beigetragen. Für Wolf war es immer wieder eine große Freude, wenn er mir soeben Komponiertes aus der ersten Skizze vorspielen und vorsingen konnte und damit immer wieder meinen stürmischen Enthusiasmus erweckte. Niemals mehr, bis auf den heutigen Tag, habe ich diese Kompositionen mit so tief ergreifendem Ausdruck und solcher Größe vortragen gehört, wie damals von Hugo Wolf selbst, der weder über eine geschulte Stimme noch über eine völlig durchgebildete Klaviertechnik verfügte. Aber auch sonst war unser Zusammenleben stets erfüllt mit tausendfachen Anregungen und gemeinsamen Interessen. War dies doch die Zeit, da wir Richard Wagners „Parsifal" eben zum ersten Male in Bayreuth erlebt hatten; daß aber dieses Werk und sein Studium uns, ebenso wie unseren gesamten Freundeskreis, in steter Bewegung erhielt und unser ganzes Interesse verschlang, war nur allzubegreiflich. Und was hing nicht alles mit diesem Gegenstand zusammen: die deutsche und die spanische Mystik, Palestrinas Engelschöre, die Tempelherren und die Freimaurerei, der Vegetarismus und die Religionen des fernen Osten. Die Folge war, daß ich, auch aus diesem Grunde, mit Wolf gar manche Nacht in lebhaftem Gespräch und gemeinsamen Studien durchwachte, so daß wir oft erst beim Hereinbrechen der Morgenröte unser Lager aufsuchten.

Und dann kam die Zeit, da uns die Schriften Friedrich Nietzsches immer mehr in ihren Bann zogen, schon darum auch, weil wir in ihnen die Grundgedanken Richard Wagners von dem Wesen des Dramas und dessen Beziehungen zur Musik und zu einem von Wagner vorausgesetzten dämonischen „Traumorgan" wiederzufinden vermeinten. War doch schon Nietzsches „Geburt der Tragödie aus dem Geiste der Musik" von Ideen Richard Wagners durchaus beherrscht gewesen, wie dieser sie insbesondere in seiner Schrift über Beethoven ausgeführt hatte. Um so mehr mußten wir nun erstaunt und betroffen sein, als wir in den neu erscheinenden Schriften Nietzsches eine immer deutlicher zutage tretende Abwendung von dem früher abgöttisch verehrten Wagner beobachteten. Und um diese Zeit wurden wir auch durch Artikel wie den über „Publikum und Popularität" in den „Bayreuther Blättern" überrascht, wo Richard Wagner mit beißendem Spott von einer „dumpf vor sich hin stümpernden Philologie", von ihren Professoren und von „Bildungsphilistern" spricht, Bemerkungen, in welchen der Eingeweihte ohne Schwierigkeit wuchtige Hiebe gegen Nietzsche zu erkennen vermochte.

Volle Klarheit über alle diese uns mächtig erregenden Dinge sollte uns aber erst werden, als dann im Jahre 1888 Nietzsches Pamphlet „Der Fall Wagner" erschien, das uns nun ganz unvermutet Einblick in das offenbar schon seit langem bestandene Zerwürfnis zwischen den beiden ehemaligen Freunden gewährte. Zunächst waren wir sprachlos über die Heftigkeit der Angriffe und des Tones, und insbesondere Hugo Wolf, dessen Verehrung für Richard Wagner keine Grenzen kannte, fühlte sich in tiefster Seele verletzt und abgestoßen, zugleich aber doch wieder von vielem in diesen Schriften Nietzsches magisch angezogen. Dieser innere Zwiespalt lastete schwer auf seiner Seele und bedrückte ihn dermaßen, daß ihm dadurch manche schlaflose Nacht bereitet wurde. Wenn er auch Nietzsches Angriffe gegen Richard Wagner als durchaus verfehlt und ungehörig empfand, so wurde er doch auch immer wieder von der Tiefe, Neuartigkeit und Kühnheit vieler dieser in glitzernd-leuchtender Sprache vorgetragenen Gedanken, besonders solcher über Musik und Musiker, mächtig ergriffen.

Insbesondere waren es auch vereinzelte Bemerkungen über Friedrich Chopin, die auf Wolf tiefen Eindruck machten. Schon in der Schrift „Der Wanderer und sein Schatten" hatte Nietzsche, offenbar mit einer Wendung gegen Wagner, geschrieben, Chopin, „der Unnachahmliche", sei der „letzte der neueren Musiker, der die Schönheit geschaut und angebetet habe" – „alle vor und nach ihm Gekommenen" hätten „auf dieses Beiwort kein Anrecht"; die „fürstliche Vornehmheit" seiner Konvention sei nur mit der Raffaels zu vergleichen. Und über Chopins Barcarole in Fis-dur sagt er, bei deren Anhören könnte es „selbst Götter gelüsten, lange Sommerabende in einem Kahne zu liegen". Man weiß ja, daß diese Schwärmerei für Chopin bei Nietzsche von Jahr zu Jahr zunahm und daß er später einmal geschrieben hat, er selbst sei „immer noch Pole genug, um gegen Chopin den Rest der Musik hinzugeben."

Hugo Wolf ist nun gleichfalls ein großer Verehrer Chopins gewesen, und er hat sich gegen damalige Strömungen in der Wagner-Gemeinde, denen zufolge Chopin als „undeutsch" und als ein „Salonmusiker" abgetan werden sollte, heftig aufgelehnt; insbesondere auch gegen eine in diesem Sinne abgefaßte Schrift des von uns so sehr verehrten Freundes Joseph Schalk, des älteren Bruders von Franz Schalk. Auch erinnere ich mich noch genau, daß Wolf unter Chopins Werken „Polens Grabgesang" in Es-moll, das letzte von den siebzehn nachgelassenen „polnischen Liedern" besonders liebte; er konnte es auswendig und hat es mir oftmals mit dem Ausdruck tiefer Ergriffenheit vorgespielt. Wenn er also auch für die Größe Chopins sicherlich volles Verständnis gehabt hat, so erschien ihm trotzdem die tendenziös übersteigerte Ausdrucksweise Nietzsches einigermaßen befremdlich. Zu diesem Chopin-Enthusiasmus gesellte sich nun im „Fall Wagner" die Fanfare einer gleichfalls gewollten Verhimmelung Bizets und seiner „Carmen". Dies mag ja allerdings auch durch Nietzsches schwere Krankheit und seine Sehnsucht nach dem Süden und der südlichen Sonne bedingt gewesen sein; aber gerade diese Stimmung fand bei Wolf ein lebhaftes Echo, denn er war damals ganz von der Idee beherrscht, eine große spanische Oper zu schreiben. Darum mußten Bemerkungen Nietzsches tiefen Eindruck auf ihn machen, wo er von den Mittelmeervölkern sagt, sie seien von vorneherein „vor dem schauerlichen nordischen Grau in Grau" bewahrt und vor der „sonnenlosen Begriffs-Gespensterei und Blutarmut, unserer deutschen Krankheit des Geschmackes". Für sie, für die „guten Europäer", habe Bizet Musik gemacht, „dieses letzte Genie, welches eine neue Schönheit und Verführung gesehen — der ein Stück Süden der Musik entdeckt hat." Dieser „Süden der Musik" war aber gerade das, wonach Wolf sich damals sehnte; auch liebte er Bizets „Carmen" und ich besitze noch heute den Klavierauszug dieser Oper, aus welchem er mir immer wieder vorgespielt und den er mir schließlich zum Andenken geschenkt hat.

In Nietzsches Wagner-Pamphlet gab es aber noch einen besonderen Satz, der Wolf in die größte Erregung versetzte. „Ich kenne nur einen Musiker", heißt es dort einmal, „der heute noch imstande ist, eine Ouvertüre aus ganzem Holze zu schnitzen: und niemand kennt ihn ..."

Wer mochte nun dieser gewaltige Unbekannte sein, jener Bringer der südlichen, der „gelben Nachmittage des Glücks", der hoch über Wagner emporragende Meister? Immer wieder bestürmte mich Wolf, ich möge alles daransetzen, um herauszubekommen, wer dieser geheimnisvolle Musiker sei, wie er heiße, wo er lebe und welche seine Werke seien; dies alles sei für ihn geradezu eine Lebensfrage geworden! Leider aber wollte es mir, trotz allen meinen Bemühungen, trotz mündlichen und schriftlichen Anfragen, lange Zeit nicht gelingen, auch nur das mindeste über diesen Mann zu erfahren, und immer wieder mußte ich Wolfs Ungeduld beschwichtigen. Erst nach einiger Zeit erhielt ich ganz unvermutet von Moriz Rosenthal die überraschende Nachricht, er habe auf einer seiner Konzertreisen den gesuchten Unbekannten zufällig kennengelernt, der ihm damals bei dem Arrangement eines Klavierabends behilflich gewesen sei. Sein weder andalusischer noch an das Mittelmeer gemahnender Name sei Heinrich Köselitz und er habe unter dem Pseudonym Peter Gast eine Oper „Der Löwe von Venedig" geschrieben. Später dann wurde mir berichtet, der

Klavierauszug der Ouvertüre zu dieser Oper und ein Duett daraus seien eben im Druck erschienen; und nach vielen Bemühungen gelang es mir schließlich, dieser beiden Stücke habhaft zu werden.

Schon bei dem ersten Blick auf die eben eingelangten Noten gewann ich aber den Eindruck, daß hier von einem Meisterwerk nicht die Rede sein könne; daß vielmehr sowohl die Ouvertüre wie auch das Duett ziemlich banal und reizlos zu sein schienen. Ich wollte meinen Augen nicht trauen, spielte die beiden Sachen wiederholt durch und wurde in meinem peinlichen Staunen nur noch bestärkt.

Nun aber brannte ich darauf, zu sehen, wie sich Hugo Wolf zu dieser Überraschung verhalten werde. Um sein Urteil in keiner Weise zu beeinflussen, entfernte ich vorsichtig den Umschlag, Titel und Namen und legte, als Wolf eben ausgegangen war, die Noten aufgeschlagen auf das Klavierpult. Voller Spannung wartete ich, bis mein Freund nach Hause kam. Wie immer, machte er erst mit düster gefalteter Stirn und mißtrauischen Blicken, die Hände über dem Rücken gekreuzt, brummend einige Rundgänge durch das Zimmer. Dann aber fiel sein Blick auf das Klavierpult. „Was ist denn das?" fragte er mich erstaunt. „Das habe ich soeben zugeschickt erhalten", erwiderte ich, „eine sonderbare Geschichte!" Wolf setzte sich ans Klavier und begann die Ouvertüre zu spielen. „Ja, zum Teufel!" rief er, „von wem ist denn das? Ist das nicht von Millöcker? Aber nein! Unmöglich! Millöcker ist ja unvergleichlich interessanter! Also, heraus damit! Wer ist denn dieser öde Geselle?"

„Urteile nicht zu früh", sagte ich mit regungslosem Gesicht, „du hast doch das Duett noch nicht angesehen!" Kaum aber hatte Wolf seine Blicke auf dieses geworfen, als er wütend vom Klavier aufsprang und die Noten angewidert wegschleuderte. „Also, du Elender!" schrie er mich an, da er einen leichten Spott um meine Mundwinkel zucken sah, „heraus damit: wer hat dieses langweilige Zeug geschrieben?" „Nun", sagte ich mit steinernem Grinsen, „dies ist die berühmte, aus ganzem Holze geschnitzte Ouvertüre' zu der Oper ‚Der Löwe von Venedig' von dem gewaltigen Maestro Peter Gast!"

Wolf sah mich einen Moment mit weit aufgerissenen Augen an, als verstünde er nicht, was ich sagte. Dann aber stieß er einen langen, schrillen, krähenden Schrei aus und begann so heftig zu lachen, daß er die sonderbarsten Stellungen einnahm. Er sprang auf einen Stuhl, schüttelte und krümmte sich vor Lachen, warf sich dann wieder der Länge nach auf den Divan und lachte, lachte, bis ihm die Tränen die Stimme erstickten. „Das also", rief er, nach Atem ringend, „das ist der große Meister der ‚Limpidezza', der Wagner so hoch überragen soll?! Ja was ist denn Nietzsche da eingefallen, wie ist denn das möglich? Ist er denn von Sinnen? Ja, wie soll man sich das alles erklären?"

Damals konnten wir allerdings noch nicht wissen, daß schon ein Jahr nach dem Erscheinen des Wagner-Pamphlets über Nietzsche die geistige Umnachtung hereinbrechen werde; und es ist ein großes Glück, daß Wolf zu jener Zeit nicht geahnt hat, daß sich auch an ihm selbst, nur wenige Jahre später, das gleiche furchtbare Schicksal erfüllen werde!

Hugo Wolf als Klavierstimmer

Die Stunden, die ich einst mit Hugo Wolf in vertrauten Zwiegesprächen verbracht habe, wenn er mir, oft bis zum grauenden Morgen, auf dem Klavier vorspielte oder auch seine eigenen oder fremde Kompositionen vortrug, gehören zu den schönsten meines Lebens.

Wolfs Stimme war keineswegs geschult und er war auch kein Klaviervirtuose; dennoch aber habe ich nie wieder jemanden mit solchem in die Tiefe dringenden, seelenvollen Ausdruck singen und mit gleicher Inbrunst ein Instrument spielen hören, wie ihn. Oft hat er mir soeben zu Papier gebrachte Kompositionen aus der ersten Bleistiftskizze singend vorgespielt; manche Lieder nach Gedichten von Mörike und Eichendorff; später auch Goethes „Prometheus", „Grenzen der Menschheit" und vieles aus dem italienischen und dem spanischen Liederbuch.

Auch sonst, wenn er sich im engen Freundeskreise wußte, bereitete es ihm viele Freude, sich ans Klavier zu setzen und uns mit seinen neuesten Eingebungen bekanntzumachen. Dann liebte er es auch, die Kompositionen anderer Meister vorzutragen und mit uns darüber zu reden; und diese kritischen Gespräche gewährten uns stets vollkommen neue Aufschlüsse. Die Art, wie Wolf Schuberts unvergleichliche Gesänge: „An Schwager Kronos" oder „Gruppe aus dem Tartarus" oder aber „Ach, um deine feuchten Schwingen" vortrug, wie er Schumanns sehnsüchtiges Lied: „Flügel, Flügel, um zu fliegen über Berg und Tal" sang, wie er Heinrich Marschners dramatische Balladen vortrug, war so ganz anders, als man es je hätte in einem Konzertsaal hören können, so unvergleichlich großartig und erschütternd, daß, wer dies einmal erlebt hatte, sich schwerlich mehr bereit gefunden hätte, jene Werke von anderen Interpreten, und wären es auch die allerbesten, anzuhören.

Ganz anders aber war Wolfs Verhalten, wenn er in eine ihm nicht harmonische Umgebung, wenn er in eine Zwangslage geriet und sich aus irgendwelchen Gründen genötigt sah, vor Leuten zu spielen oder seine Gesänge vorzutragen, denen er sogleich anmerkte, wie wenig wahres Verständnis sie für sein Wesen und die Art seines Schaffens hatten. Dann konnte man sich bei ihm mitunter auf recht peinliche Ergüsse seines Unmutes gefaßt machen.

Und er hatte eine feine Witterung für das künstlerische Fühlen seiner Mitmenschen, so daß es ganz vergeblich gewesen wäre, ihm hierüber etwas vorzumachen.

Besonders wenn er in Zirkel konventionell gezierter Menschen geriet, die ihn durch ihr schales Gehaben und allerlei alberne Bemerkungen zur Verzweiflung brachten, um ihn schließlich, womöglich nach dem Essen, als „Nachtisch" am Klavier zu präsentieren. Natürlich lehnte er ab: zuerst mit flehender Stimme, dann aber, wenn die Gastgeber dringender wurden, mit den Zeichen heftiger Abwehr. Es gab jedoch immer wieder Menschen, die sich durch all dies nicht abschrecken ließen und ihn womöglich durch List oder mit Gewalt zum Vortrag seiner Kompositionen pressen wollten. Dann aber konnte es wohl geschehen, daß Wolf ganz plötzlich, ohne jeden Abschied, aus der Gesellschaft davonlief, um nicht wiederzukehren.

Außerdem aber hatte er auch eine andere, höchst sonderbare Methode, um sich in ähnlichen Fällen allzu verständnislose Leute vom Halse zu schaffen, und ich kannte bei ihm schon das auf seinen Zügen plötzlich aufzuckende „Wetterleuchten", das ein Gewitter erwarten ließ. Fand er sich nämlich solcherart in die Enge getrieben und war auch eine plötzliche Flucht nicht möglich, dann setzte er sich schließlich resigniert knurrend ans Klavier und schlug einen breiten Akkord an.

Kaum aber hatten seine Hände die Tasten berührt, als er, wie von der Tarantel gestochen, von seinem Sitz aufsprang. „Ja, zum Teufel!" rief er dann, „was ist denn das? Wer soll denn auf diesem Klimperkasten spielen? Das Instrument ist doch ganz verstimmt!" „Aber, Verehrtester, das ist doch ganz unmöglich", rief dann die entsetzte Hausfrau, „wir haben den Flügel doch erst vor wenigen Tagen neu stimmen lassen!" „Möglich", antwortete Wolf, „der Klavierstimmer war eben ein Stümper!" „Aber," rief er begütigend, „das macht ja nichts, diese Sache werde ich gleich selbst in Ordnung bringen!"

Dies gesagt, griff er in die rückwärtige Hosentasche, wo friedfertige Bürger ihren Revolver zu tragen pflegen, und zog einen mächtigen Stimmschlüssel hervor, ohne welchen er niemals ausging. Den Taschen seines braunen Samtrockes entnahm er eine Stimmgabel sowie auch den belederten Holzkeil, der zum Separieren der gebündelten Stahlsaiten dient. Gravitätisch nahm er nun wieder seinen Sitz am Klavier ein und begann, nach allen Regeln der Kunst, eine volle Stunde oder darüber, das Instrument von Grund auf zu stimmen. Zuerst den Kammerton nach der Stimmgabel, dann dessen schwebungsfrei reine untere Oktaven und darauf die ganze Kette der Quinten, die er immer wieder den Obertönen abhorchte, aber um eine Schwebung herabstimmte, so daß eine völlig „gleichschwebende Temperatur" der Stimmung erreicht wurde.

Und in der Tat: das Klavierstimmen verstand Wolf meisterlich; nie waren meine Instrumente so schön temperiert, als zu der Zeit, da Wolf bei mir wohnte und es sich nicht nehmen ließ, das Stimmen selbst zu besorgen. Er habe das, erzählte er mir, schon als Kind von seinem Vater in Windischgraz, seiner südsteirischen Heimat, gelernt. Zuerst hatte er die Gitarre stimmen müssen nach der Gedächtnisregel: „Ein Anfänger der Gitarre habe Eifer", welche auf die Saitenfolge E, A, D, G, H, E hindeutet; dann aber habe ihm der Vater auch das Klavierstimmen beigebracht; und da Wolf das subtilste Gehör hatte, das mir jemals untergekommen ist, war es kein Wunder, daß er in diesen Fertigkeiten seinen Vater bald übertroffen hatte.

Wie oft habe ich versucht, gestützt auf Wolfs Unterweisung, mir mein Klavier selbst zu stimmen; aber bald mußte ich erfahren, daß dies weit schwieriger sei, als es mir anfangs geschienen, daß eben auch das Klavierstimmen gründlich und in mühsamer Arbeit erlernt werden müsse.

Wolfs Empfindlichkeit für die richtige Stimmung des Klaviers war ganz außerordentlich. Ich erinnere mich insbesondere eines Falles, als wir beide während der Bayreuther Festspiele dort weilten und ich Wolf mit der mir nahe befreundeten Mrs. Fairchild aus Boston bekannt machte, die später regen Anteil an seiner Kunst genommen und auch einen Teil von den Druckkosten für seine Goethe-Lieder getragen hat. Wolf verstand sich mit ihr sogleich vorzüglich und die vornehme Dame, übrigens eine Verwandte von Ralph Waldo Emerson, hatte ihn durch ihre hohe Anmut, ihren Geist und ihre erlesene Bildung auf den ersten Blick gefangengenommen. Es wurde vereinbart, daß Wolf ihr seine neuesten Schöpfungen vortragen solle. Ein vortrefflicher Steingräber-Flügel stand in ihrem Salon zur Verfügung, der über Verlangen meiner Freundin frisch gestimmt wurde. Da ich aber keine Vorsicht außer acht lassen wollte, bestimmte ich Wolf, das Klavier vorher selbst auszuprobieren. Es ergab sich, daß er es doch für nötig befand, die

Stimmung zu verbessern, was etwa eine halbe Stunde in Anspruch nahm. Als wir dann am Nachmittag dort wieder zusammenkamen, war Wolf in der besten Laune, obwohl Mrs. Fairchild einige ihrer englischen und amerikanischen Freunde eingeladen hatte. Wolf warf erst mißtrauische Blicke auf die ihm fremden Gesichter; aber der Anblick lieblicher Mädchen und freundlich erwartungsvoll blickender junger Leute stimmte ihn sogleich milder. Nachdem alles um das Klavier herum Platz genommen, legte Wolf seine Manuskripte auf das Pult und bat mich, die einzelnen Dichtungen zuerst deutlich, mit klarster Betonung vorzulesen, damit alle Anwesenden jedes Wort verstünden, bevor sie Wolfs Vertonung zu hören bekamen.

Die Wirkung der Kompositionen auf die Zuhörer war außerordentlich. Lautlos, wie gebannt von dem Zauber, der von Wolf ausging, saßen sie da, und es dauerte Minuten, bis sie ihre Sprache wiederfanden, um ihren Dank zu stammeln.

Von Bayreuth zurückgekehrt, verbrachten wir den Rest des Sommers wieder einmal in der Umgebung von Wien, auf unserer liebgewordenen „Bellevue", zwischen den sanft geschwungenen Rebenhügeln. Dort gab es auch ein Klavier, aber bei diesem alten Marterkasten, der seit vielen Jahren als unbenutzbar gegolten, schienen selbst Wolfs akustische Zauberkünste zu versagen. Die Saitenwirbel waren verrostet, manche gelockert, so daß das Instrument schwirrte und die Stimmung nicht hielt. Wolf aber gab nicht nach, bis er diesen scheinbar verendenden Gaul wieder auf die Beine gebracht hatte. Mit festem Griff zog er die ganze Tastatur samt Mechanik heraus, reinigte Hebel und Hämmer, befestigte mit der Zange die Wirbel sowie die lockeren Saiten und stimmte schließlich das Klavier so rein, daß es ein Genuß war, ihn darauf spielen zu hören. Und manchen langen Abend hat er uns dann darauf vorgespielt: seine spanischen Lieder und vieles andere. Es ist dasselbe Instrument, auf dem später einmal auch Anton Bruckner gespielt hat, als er uns eines Nachmittags dort besuchte und uns einiges aus seiner eben vollendeten Achten Symphonie vortrug.

Der Kreis auf „Bellevue" bestand jetzt aus etwa einem halben Dutzend alter Freunde, die schon mehrere Sommer, gemeinsam wie eine Familie, dort oben gehaust hatten. Im Mittelpunkt stand außer Hugo Wolf auch Dr. Edmund Lang und dessen Gattin Marie. In den folgenden Jahren ist Frau Marie Lang auch öffentlich hervorgetreten; gemeinsam mit Rosa Mayreder, die, wie schon erwähnt, das Buch zu Wolfs „Corregidor" geschrieben, und mit Frau Marianne Hainisch, der Mutter des späteren Bundespräsidenten, hat sie erfolgreich für die Erweiterung der Frauenrechte gekämpft. Sie ist aber auch eine von den wenigen Persönlichkeiten gewesen, welche Hugo Wolfs künstlerische Größe von allem Anfang an klar erkannt haben.

Marie Lang, die liebe Gefährtin unserer Jugend, ist mittlerweile gleichfalls gestorben. Am Gestade des Traunsees, auf dem Gute ihres ältesten Sohnes, ist sie als hochbetagte Greisin sanft entschlafen. Ihr Hingang war in seiner abendlichen Schönheit der symbolische Abglanz ihres Lebens: an einem sonnig-milden Herbsttag hatte sie sich, ein Buch in der Hand, zu einer Bank am Seeufer geleiten lassen, mit der Weisung, sie wolle allein bleiben, man möge sie aber in etwa einer halben Stunde abholen.

Als die Zeit um war, wurde sie, in der Sonne sitzend, gefunden, entschlummert und leblos auf die Bank zurückgesunken.

Ob sie wohl in ihren letzten Augenblicken, verloren in den Anblick des ihr so vertrauten Sees und seines sanften Wellenspieles, noch an „Weylas Gesang" gedacht hat, den einst, in jungen Jahren, Hugo Wolf mit ihr einstudiert hatte, an jenes herrliche Lied von dem „Land Orplid, das ferne leuchtet", um dessen „besonnten Strand" die Nebel dampfen? Wer vermöchte darauf zu antworten?

Hugo Wolf und die Literatur

Daß Hugo Wolf imstande war, den von ihm bearbeiteten Dichtungen durch seine Musik ein ganz neues, reiches Leben einzuflößen und Schönheiten aus ihnen hervorzuholen, deren überwältigende Fülle kein Sterblicher geahnt hatte, ist allen Wissenden hinlänglich bekannt. Diese Gabe hing aber auf das engste mit der Art zusammen, wie er Dichtwerke und Bücher zu lesen pflegte; und durch diese unterschied er sich wesentlich von der übrigen Menschheit. Immer wieder ließ er die Verszeilen der Gedichte auf sich wirken, er sog sie in sich ein, bis sein ganzes Wesen von dem Poem gänzlich durchtränkt war, bis dessen Rhythmen ihn mit starkem Widerhall durchbebten.

Damit hing aber auch zusammen, daß sein empfindliches Ohr von vielen lyrischen und auch dramatischen Werken sogleich heftig abgestoßen wurde und daß er diese als „unkomponierbar" empfand. Hierher gehörten vor allem die meisten sentimentalen Liebeslieder; und damit hing auch zusammen, daß ihn bei vielen Gesängen, auch bei solchen von sehr berühmten Musikern, deren mitunter allzu oberflächliche Behandlung der Dichtung peinlich berührte. Dies offenbarte sich ihm vor allem in gewissen Deklamationsfehlern des Komponisten und es bereitete ihm eine grausame Genugtuung, sich ans Klavier zu setzen und mir solche Stellen, allerdings mit didaktisch gemeinter Übertreibung, einige Male hintereinander vorzutragen.

Aber auch Prosaschriften, bei denen eine musikalische Bearbeitung gar nicht in Frage kam, las Wolf mit außerordentlicher Hingabe; besonders in Fällen, wo er dabei auf arge Hindernisse stieß. Da er aber unerbittlich an dem sonderbaren Prinzip festhielt, ein Werk, dessen Lektüre er einmal begonnen hatte, unter allen Umständen lückenlos bis zum Ende durchzulesen, so geriet er mitunter in einige Schwierigkeiten. So erinnere ich mich noch deutlich, wie er in jungen Jahren daranging, die Romane Jean Pauls zu lesen, und insbesondere bei der Lektüre des „Titan" nach angestrengten Versuchen, sich hindurchzuarbeiten, das Buch immer wieder voll grimmer Wut zu Boden schleuderte, um es aber nach einiger Zeit reumütig wieder aufzuheben und darin weiterzulesen, bis er schließlich, nach mancherlei stürmischen Unterbrechungen, dennoch Sieger geblieben war und den ganzen Roman bewältigt hatte. Einige Wochen später nahm er aber das Werk abermals vor und las es nun ohne alle Ärgernisse, voller Freude und Begeisterung, in einem Zuge zu Ende, glücklich, daß er sich dessen Schönheiten erobert hatte und daß ihm die handelnden Personen nun zu lieben und vertrauten Freunden geworden waren.

Zu Wolfs Lieblingsdichtern gehörte insbesondere auch der große englische Schriftsteller Lawrence Sterne und an der Lektüre von dessen „Tristram Shandy" konnte er sich nicht genug tun. Immer wieder las er mir einzelne Seiten daraus vor und er war glücklich, wenn ich in sein homerisches Gelächter mit einstimmte. Ein anderer von seinen Lieblingen war Claude Tillier und ich wäre nicht imstande anzugeben, wie oft Wolf dessen „Onkel Benjamin" gelesen hat.

Einen ganz besonderen Genuß gewährten ihm die Werke Grabbes, aus dessen Dramen er mir mitunter ganze Akte vorlas. Wie sehr ihn dieser Autor im Innersten aufwühlen konnte, geht wohl am besten daraus hervor, daß er einst, nachdem er die Nacht hindurch Grabbe gelesen, um sieben Uhr früh zu unserem gemeinsamen Freunde Adalbert von Goldschmidt stürzte, die Dienerschaft zur Seite stieß und unangemeldet in das Schlafzimmer eindrang, um das ahnungslos schlummernde Ehepaar zu wecken und, an der Schwelle stehend, eine Szene aus dem „Herzog Theodor von Gothland" zu rezitieren.

Natürlich hingen viele von Wolfs literarischen Interessen auch unmittelbar mit seinen musikalischen Arbeiten und Studien zusammen. Da er ein leidenschaftlicher Verehrer von Hector Berlioz war, wollte er auch alles kennenlernen, was diesen Meister zu seinen Kompositionen angeregt hatte; und dies kam besonders zur Geltung, als wir uns mit der „Damnation de Faust" beschäftigten. Die vorletzte Szene dieses Werkes stellt Fausts Höllenfahrt dar und man vernimmt das infernalische Gekläffe der strafenden Dämonen. Die Worte, die sie herausbellen, sind die der „Höllensprache". Wolf war davon ganz fasziniert, er konnte diese schrecklichen Ausrufe auswendig, und wenn wir uns unvermutet trafen, begrüßte er mich mit dem Höllenruf: „Marexil burrudixe formy Dinkorlitz, Tradium, Merondor, Irkymur, Irimirikarabrao!"

Da Wolf erfahren hatte, daß Berlioz diese Höllensprache einer Schrift von Emanuel Swedenborg verdankte und ihm bekannt war, daß ich mich mit diesem Mystiker viel beschäftigt hatte, daß ich auch eine große Anzahl seiner Werke besaß, bestürmte er mich, ihm Näheres darüber zu sagen und vor allem jenen Band und die Stelle herauszusuchen, wo diese Höllenvokabeln vorkommen. Wir durchsuchten miteinander die sechzehn Bände der „Arcana coelestia", die Schrift über „Himmel und Hölle" und noch ein Dutzend anderer Bücher von Swedenborg; aber es wollte nicht glücken, die Angaben des Mystikers über diese Sprache zu entdecken.

Groß war die Enttäuschung, als bald darauf eine Aufführung der „Damnation" stattfand und in der Höllenszene der Chor an Stelle der Swedenborgschen Pandämonium-Schreie die unerträglich philisterhaft-zahmen Sätze: „Höllenbrut, schürt die Glut!" und Ähnliches von sich gab. Wolf sprang wütend auf, erklärte, dies mache den Eindruck, als sei ein Gesangverein durch ein Versehen in die Hölle geraten, und suchte das Weite.

Einer von Wolfs besonderen Lieblingen war Karl Immermann, dessen „Münchhausen" er immer wieder mit Ausrufen des Entzückens las. Das holde Fräulein Emerentia, die vornehme Familie der Schnuck-Muckelig-Pumpel und der Baron von Münchhausen selbst bereiteten ihm immer neue Freuden. Und gar im zweiten Buch des Romans die wundervolle Satire auf den schwäbischen Okkultismus jener Tage, auf die Offenbarungen der „Seherin von Prevorst" und die magischen Schriften von Eschenmayer; wieviel heitere Stunden haben sie uns bereitet! Auch hier gab es eine Art von Höllensprache, wenigstens die lustige Parodie einer solchen, und Wolf wußte auch davon einiges auswendig. Eine seiner Lieblingsstellen war der magische Dialog zwischen der von Dämonen besessenen Küchenmagd und dem mystischen Hausknecht. Mit großer Freude zitierte er aus dem Gedächtnis den merkwürdigen Satz in der Zaubersprache: „Fressaunidum schlinglausibeest, pimple timple simple feriauke, meriaukemau", was in profanes Deutsch übertragen, einfach „Ja!" bedeutet.

Von den zu jener Zeit modernen Autoren las Wolf außer Nietzsche und russischen Schriftstellern mit Vorliebe die Bücher von Hippolyte Taine, die ihm einen großen Eindruck machten. Insbesondere dessen Lehre vom „Milieu" und seiner überragenden Bedeutung für die Künste und das Leben beschäftigte ihn lebhaft und wir besprachen diese neuartigen Gedanken des großen Franzosen auf vielen gemeinsamen Spaziergängen.

Zu unseren Lieblingsschriftstellern gehörte damals auch Mark

Twain und es war jedesmal ein Fest, wenn wir uns über den „Huckleberry Finn", die Geschichte von dem „Weißen Elephanten" oder über Mark Twains erste Begegnung mit Artemus Ward totlachen konnten. Für Wolf waren diese Geschichten gerade damals von besonderem Reiz; denn er tändelte mit der Idee, in Gesellschaft eines meiner Freunde eine Reise nach Amerika zu unternehmen, um zu sehen, ob sich nicht dort Aussichten für ihn eröffneten. Er hatte sogar schon begonnen, englische Lektionen zu nehmen; im letzten Augenblick aber überlegte er sich die Sache und so fiel das ganze Projekt ins Wasser.

In jenen Tagen tauchten gerade die ersten Dramen von Maurice Maeterlinck auf, die Wolf mit großem Interesse verfolgte. Er ist aber nie auf den Gedanken verfallen, sie in Musik zu setzen.

Daß Wolf, nachdem er einmal begonnen hatte, die Komposition von Opernwerken nach spanischen Motiven ins Auge zu fassen, nachdem er den „Corregidor" vollendet und die Arbeit an „Manuel Venegas" angefangen, sich auch sonst in die spanische Literatur zu vertiefen suchte, ist nur allzu begreiflich. Es waren vor allem die Stücke von Calderon de la Barca, auch dessen geistliche „Autos", deren Studium ihn nun fesselte. Auf die Welt der spanischen Dichter war er ja schon durch seine Bearbeitungen spanischer Lieder hingewiesen worden, wie er sie in Paul Heyses wundervollen Übersetzungen vorgefunden hatte. Damals versuchte ich auch, seine Aufmerksamkeit auf alte portugiesische Dichtungen zu lenken, indem ich ihm eine Sammlung solcher Gesänge von Bellermann zur Verfügung stellte. Er hat darin aber nichts gefunden, was ihn zur Komposition angeregt hätte.

Eines Tages, als Wolf gerade bei mir wohnte, bat er mich, ich möge ihn mit dem mir befreundeten Hugo von Hofmannsthal zusammenbringen, weil er sich von diesem neue literarische Anregungen, vielleicht sogar einen für ihn geeigneten Operntext erhoffte. Ich lud also Hofmannsthal zu einem gemeinsamen Abendessen zu mir. Wolf war sehr aufgeräumt und guter Dinge; nach Tisch setzte er sich ans Klavier und sang eine Anzahl seiner neuesten Lieder. Hofmannsthal besprach dann mit ihm mancherlei dramatische Entwürfe und Ideen. Unsere Zusammenkunft dauerte bis tief in die Nacht; leider aber hat sich daraus keine Möglichkeit einer Zusammenarbeit zwischen meinen beiden Freunden ergeben.

Enthusiastische Jugend

Eine Pilgerfahrt nach Bayreuth

Mehr als fünfzig Jahre sind dahingegangen, seit ich, noch ganz unter dem gewaltigen Eindruck der Parsifal-Dichtung und des Klavierauszuges, meine Fußreise nach Bayreuth angetreten habe. Dorthin mit der Eisenbahn zu fahren, wäre mir als durchaus unwürdig und der Gelegenheit in keiner Weise entsprechend erschienen, und so verließ ich Mitte Juli des Jahres 1882 mit Wanderstab, Bergschuhen und Rucksack an einem leuchtend schönen Morgen den Dunstkreis von Wien, um, durch meine Pilgerfahrt würdig vorbereitet, an der Stätte von Richard Wagners persönlicher Wirksamkeit der ersten, nur einem engeren Kreise zugänglichen Aufführung des Festspieles beizuwohnen.

Mein Unternehmen war von dem herrlichsten Sommerwetter begünstigt; in Märschen durch den Wienerwald, durch die sanftgeschwungenen Täler der Gölsen, der Pielach und des Erlaufflusses gelangte ich, vorbei an brausenden Wasserstürzen und den von ihnen angetriebenen donnernden Eisenhämmern des Ybbstales, durch sonnig dampfende weite Donauauen, im Schatten tauglitzernder Silberpappeln, auf die Reichsstraße nach Linz, dann über Aschach und Eferding nach Passau, wo ich mir einen wohlverdienten Ruhetag gönnte.

Bis dorthin war ich des öfteren in der lustigen Gesellschaft von Handwerksburschen gewandert, die sich auf der Reise nach dem Rhein befanden, während andere, von dort kommend, ihren Weg nach Süden, über die Alpen hinweg, gegen Venedig fortsetzten. Unter strenger Befolgung eines uralten, höchst merkwürdigen Rituals waren sie, zumeist mit Erfolg, bemüht, bei den einheimischen Meistern ihrer Profession Arbeit, Unterkunft, Verköstigung und einen Zehrpfennig zu erhalten.

Bei meinen nun folgenden Wanderungen hingegen über die vielen mannigfach verschlungenen Gebirgspfade sollte ich mich fast die ganze Zeit über in tiefer Einsamkeit befinden.

Auf der Straße, die von Passau über Dittling und Grafenau zum Böhmerwalde emporführt, überholte mich des öfteren der königlich bayrische Postwagen mit dem hornblasenden Postillon auf dem Kutschbock. Sein blauer Frack und die großen, Amtswürde heischenden Silberknöpfe daran, die weißen Lederhosen in mächtigen Schaftstiefeln und sein schwarzer Lackhut über dem blaugedunsenen Antlitz machten mir viel Vergnügen; besonders wenn ich ihn später dann samt seinem Wagen vor jedem von mir zu Fuß erreichten Wirtshaus bei einem schweren Maßkrug immer wieder antraf.

In dem hochgelegenen ehemaligen Kloster von St. Oswald mit dem Blick in den Glanz weiter Flußtäler und ferner Gebirge übernachtete ich, um dann im ersten Morgengrauen des nächsten Tages meine Wanderung fortzusetzen. Durch dunkle Schluchten zwischen ungeheueren, mit feuchten Moosen und hohen Farnkräutern dicht überwachsenen Granitblöcken ging es, oft steil durch dichtes Gestrüpp, immer höher hinauf zu den düsteren Urwäldern des Lusen und der Hohen Rachel. Dann aber, oft über gestürzte Baumriesen, zumeist dem Gebirgskamm entlang, nach wechselvollem Auf und Ab, auf steilen Pfaden hinunter über Moore, Matten und Wiesen nach der schon von weitem sichtbaren lieblichen Ortschaft Zwiesel. Welche Freude dann, nach einer ausgiebigen Rast und Stärkung abermals in jähem Anstieg zu dem in erhabener Einsamkeit gelegenen Arber-See emporzusteigen, von wo mich mein Weg dem Laufe jäher Wildbäche entlang nach Eisenstein führte, durch düstere Fichtenwälder und über weite Lichtungen, vorbei an dem Feuerschein gespenstischer Glashütten, über Furth, Waldmünchen und Eslarn nach dem zur Muße einladenden Städtchen Tirschenreuth. In dessen holzreicher Umgebung konnte ich mich an der Melodie brausender Gewässer und der im Takte dröhnenden Sägemühlen ergötzen.

Nun aber, zwischen sanft murmelnden Bächen, über sanfte Hänge, von den besonnten Höhen des Fichtelgebirges allmählich wieder abwärts, durch Jean Pauls liebliche Heimat, auf wohlgepflegten Fußwegen, stets im Angesicht des oberpfälzischen Hügellandes, an blitzblanken Dörfern vorbei, nach dem freundlichen Städtchen Kirchenlaibach und von dort durch duftende Alleen direkt nach Bayreuth, wo ich endlich, staubbedeckt und erfüllt von tausend leuchtenden Bildern und beglückenden Eindrücken, nach etwa zehntägiger Wanderung, am Abend des 25. Juli wohlbehalten eintraf.

In dem mir vom Wohnamte zugewiesenen Quartier fand ich bei meiner Ankunft eine schon tags zuvor von dem Patronatsverein für mich abgegebene Einladung, ich möge am Vorabend der ersten Parsifal-Aufführung um neun Uhr abends auf dem Festspielhügel zu einem Abendessen und feierlichen Empfang der mitwirkenden Künstler erscheinen.

Da mir natürlich viel daran gelegen war, dies nicht zu versäumen, mußte ich sogleich alles in Bewegung setzen, um noch am selben Abend aus dem bereits geschlossenen Zollamt meinen mit der Bahn vorausgesandten Koffer freizubekommen. Nach vielen Plackereien und nur zufolge besonderer Umstände gelang mir dies endlich; und so konnte ich, gründlich umgekleidet, noch rechtzeitig, wenn auch im letzten Augenblick, in der Festhalle erscheinen, wo mir an einem Tische ein Gedeck zwischen Dr. Friedrich von Hausegger aus Graz und dem Wagner-Biographen Baron Friedrich Glasenapp aus Riga zugewiesen wurde.

Umgeben von einer Anzahl kleinerer Tische, befand sich in der Mitte des Saales eine lange, mit Blumen reich geschmückte Tafel für die zu feiernde Künstlerschaft.

Als ich umherblickte, entdeckte ich, freudig bestürzt, nur wenige Schritte vor mir, in der halben Länge jener Festtafel, Richard Wagner in schwarzem Abendanzug. Zu meiner großen Überraschung trug er eine dicke, funkelnde Goldbrille, die seinem Gesicht einen für mich ungewohnten, fremden Ausdruck verlieh.

Neben Wagner, zu seiner Rechten, saß eine sehr hübsche, etwa dreißigjährige Dame, mit welcher der Meister sich vortrefflich zu unterhalten schien; denn er redete lebhaft und mit vieler Teilnahme auf sie ein. Von dem, was sie antwortete, konnte ich nur hier und da einige Worte erhaschen; es war das herrlichste Französisch, das man sich denken konnte. Ihr übermütig klangvolles Lachen, das lebensvolle, frische, von reichem, dunklem Wellenhaar umrahmte Gesicht und ihre geistsprühenden Augen erweckten den dringenden Wunsch, mehr von ihr zu wissen. Ihre Kleidung war von den großen Toiletten der anwesenden Damen ganz verschieden, denn sie trug eine sehr bequeme, ganz einfache Leinwandbluse, halb „Ouvrier", halb Matrosenjacke, und um den Hals hatte sie eine breite, hochrote Krawatte geschlungen.

Wagner gegenüber, an der anderen Längsseite der Tafel, gewahrte ich Franz Liszt im Gespräch mit seiner Tochter Frau Cosima Wagner. Neben ihr Hermann Levi aus München, den Parsifal-Dirigenten. Auch viele Künstler aus Wien waren anwesend, Theodor Reichmann, Emil Scaria und Frau Amalie Materna sowie manche andere Größe jener Tage. Alles in einem lebhaft bewegten Durcheinander und in der glücklichsten Stimmung. War es doch kaum eine Stunde her, daß nebenan im Festspielhause die letzten

Proben für die morgige erste Parsifal-Aufführung stattgefunden hatten, und so herrschte unter allen Teilnehmern ein Gefühl der Entspannung und freudiger Genugtuung. Inmitten des allgemeinen Lärmens ertönte plötzlich ein Zeichen, dem tiefe Stille folgte. Wagner hatte sich erhoben, um an die Versammelten eine Ansprache zu halten.

Mit bewegter Stimme sprach er über die jahrelangen Kämpfe, die er zu führen gehabt, bevor diese Aufführung überhaupt möglich geworden war, und er dankte allen den Mitwirkenden für ihre gewaltige, unermüdliche Arbeit und ihre selbstlose Hingabe. Und dann wendete er sich besonders an Franz Liszt und pries voller Rührung dessen immer wieder bewährte Freundschaft und werktätige Hilfe, ohne welche das Ganze niemals hätte gelingen können. Der Schluß dieser Rede ist mir noch wörtlich in frischer Erinnerung geblieben. „Kinderchen!" so rief der Meister mit starker Betonung, „Kinderchen, morgen kann's endlich losgehen! Morgen ist der Teufel los! Und darum trachtet alle, Ihr, die Ihr mitwirkt, daß der Teufel in Euch hineinfahrt, und Ihr, die Ihr als Zuhörer dabei seid, trachtet, daß Ihr ihn richtig empfanget!"

Nachdem noch mehrere Persönlichkeiten gesprochen hatten, wurde die Tafel aufgehoben und ich bemerkte, wie Wagners anmutige Tischnachbarin den rückwärts im Saale wartenden Kammerdiener heranwinkte und ihm Wagners kurzen hellen Coachman-Überrock abnahm, um dem Meister beim Anziehen behilflich zu sein.

Sie tat dies so gründlich, daß sie ihn schließlich, hell auflachend, wie einen Federball samt dem Überzieher ganz vom Boden aufhob.

Auf meine Frage, wer dieses merkwürdige Wesen sei, wurde mir die Antwort, es sei Judith Gautier, die hochbegabte Tochter des berühmten Dichters Theophile Gautier, der schon im Jahre 1861, nach dem Pariser Tannhäuser-Skandal, mit seiner ganzen Autorität für Wagner eingetreten war.

Seine Tochter Judith, so wurde mir erzählt, sei, abgesehen von ihren großen dichterischen Fähigkeiten, eine vortreffliche Kennerin des Chinesischen und man habe ihr eine Anzahl wundervoller Übersetzungen uralter Poesien und Romane aus dieser Sprache zu verdanken. Auch sei sie erst vor kurzem mit einem wertvollen Buch: „Richard Wagner et son oeuvre poétique" hervorgetreten.

Man blieb noch lange in angeregtem Gespräch beisammen und

es war ziemlich spät geworden, als ich, doch recht ermüdet, das Bett aufsuchte und in einen tiefen, traumlosen Schlaf verfiel.

Als ich am nächsten Morgen, wundervoll gekräftigt, erwacht war, beschloß ich, mir vor allem die Stadt und ihre Bewohner näher anzusehen. So schlenderte ich denn planlos durch die Straßen, wo sich ein recht buntes Leben entwickelt hatte. Manchen von meinen Freunden und Bekannten aus Wien begegnete ich, darunter Anton Bruckner, den ich in Gesellschaft von Joseph Schalk und August Göllerich antraf. Auch allerlei recht extravagant aussehende, exotische Gestalten kamen an mir vorüber und beschäftigten meine Phantasie. Sie alle aber wurden in den Schatten gestellt durch einen jungen Mann, dem Aussehen nach ein Spanier, dem ich in den Parkanlagen begegnete. Er mochte etwa Anfang der Zwanzig sein, wie ich selbst. Sein edles, fein geschnittenes Gesicht war olivfarben und von einem fast schwarzen Vollbart umrahmt; die dunklen feuchten Augen von einem breiten schwarzbraunen Plüschhut beschattet, gegen dessen steil aufgestellte rechte Krampe das pechschwarze krause Haar massig hinaufgekämmt war. Er trug einen blaugrünen Samtrock, weite kurze Samthosen, violette Seidenstrümpfe und tief ausgeschnittene, ganz niedere Lackschuhe mit goldenen Schnallen daran, eine breite weiche Halskrause, vorne ein Jabot aus echten Brüsseler Spitzen und darüber, statt einer Krawatte, eine frisch gebrochene Rose mit einer Diamantnadel befestigt. Als er an mir vorbeikam, starrte er mich einen Augenblick mit seinen dunklen Augen an und verschwand im Gebüsch. Seinen Namen habe ich später dann durch einen Zufall erfahren.

Es war Mittag geworden und ich eilte nach dem mir durch den Patronatsverein empfohlenen vegetarischen Speisehause „Frohsinn" in der Schwarzen Allee. War ich doch schon seit vielen Jahren ein überzeugter Vegetarier gewesen und meine Hinneigung zu den Lehren der Pythagoräer hatte, wie schon einmal erwähnt, durch Wagners „Parsifal" eine erhebliche Bekräftigung erfahren: mehr aber noch durch die letzten Schriften, in welchen der Meister, in schroffem Gegensatz zu den herrschenden Ansichten, sich mit überaus scharfen Worten gegen die „wahnsinnige Anmaßung berühmter Schlachtenlenker" wendet und als den einzigen Ausweg und die alleinige Rettung aus dem von ihm voller Schrecken erkannten „tiefen sittlichen Verfall der historischen Menschheit" die gänzliche Abkehr von jeglicher blutbefleckten Nahrung bezeichnete, also die vegetarische Lebensweise, von welcher er eine wirkliche „Regeneration" des tief gesunkenen menschlichen Geschlechtes erwartete.

In dem vegetarischen Restaurant, welches ich nun aufsuchte, fand ich eine Gesellschaft versammelt, die zum größten Teile dem engeren Bayreuther Kreise angehörte. Ich konnte dort Hans Paul von Wolzogen begrüßen, jenen altbewährten getreuen Kampfgenossen des Meisters; auch der unermüdlich hingebungsvolle Musikdirektor Heinrich Porges aus München hatte sich eingefunden.

Eine nicht gewöhnliche Erscheinung war die des hochgewachsenen blondhaarigen Dr. Heinrich Freiherrn von Stein, damals Mitte der Zwanzig, dessen enge Freundschaftsbeziehungen sowohl zu Richard Wagner und seiner Familie wie zugleich auch zu Friedrich Nietzsche bekannt sind.

Schon durch seine Kleidung fiel er mir auf, denn trotz der sengenden Julihitze trug er auch vormittags einen langen, schwarzen Tuchrock und hochgeschlossene Weste, einen „Vatermörder"-Kragen mit schmaler, schwarzer Binde und dazu einen feierlich glänzenden Zylinderhut.

Voll der größten Erwartungen hatte ich einer Begegnung mit diesem merkwürdigen Manne entgegengesehen. Aber der Eindruck, den ich beim ersten Zusammentreffen mit ihm im Kreise gemeinsamer Freunde erhielt, entsprach in keiner Weise dem Bilde, das ich mir von ihm gemacht hatte. Vor allem war es sein absprechend hochfahrendes Wesen, das uns alle recht peinlich berührte; aber auch, was er im Gespräch vorbrachte, vermochte uns nicht zu begeistern. Während er redete, saß er zumeist, gleich einem die Schüler prüfenden Gymnasiallehrer, mit übereinandergeschlagenen Beinen und drehte, scharf dozierend, einen langen Bleistift zwischen den Fingern seiner schmalen Hände.

Was ich bisher von ihm gelesen hatte, war mir nicht gerade bedeutend oder den Durchschnitt überragend erschienen; umsomehr mußte mir, einige Monate später, der überaus herzliche Brief zu denken geben, den ihm Richard Wagner von Venedig aus wenige Tage vor seinem Tode geschrieben hatte; denn diese Zeilen offenbaren die ungewöhnlich hohe Meinung, die der Meister von Heinrich von Stein gehabt haben muß.

Aus Wien war Hugo Wolf erschienen, damals als Komponist

so gut wie unbekannt. Auch Martin Plüddemann traf ich, August Göllerich und sonst manche von meinen Wiener Freunden. Meinen Tischnachbarn von gestern abends, Dr. Friedrich von Hausegger, sah ich hier wieder, ebenso Baron Glasenapp mit seiner Gattin. Das Ehepaar Glasenapp hatte die Freundlichkeit, mich für den nächsten Nachmittag zu einem Tee zu sich zu laden.

Allzulange durften wir uns der angeregten Unterhaltung nicht mehr hingeben, denn die „Parsifal"-Vorstellung sollte ja um vier Uhr beginnen. Aber schon einige Zeit vorher begab ich mich auf den Festspielhügel, wo sich mittlerweile ein reges Treiben entwickelt hatte.

Bald verkündeten weithin tönende Fanfaren, daß es Zeit sei, seinen Sitz im Theater aufzusuchen. Der amphitheatralische Zuschauerraum hatte sich rasch gefüllt und ich konnte dort manches bekannte Gesicht erblicken. Zu meiner nicht geringen Überraschung gewahrte ich in der Sitzreihe unmittelbar vor mir den spanischen Jüngling, dem ich schon vormittags begegnet war, und wieder maß er mich mit einem langen Blick. Alles war in der größten Spannung. Diese wäre sicherlich noch größer gewesen, wenn es allgemein bekannt gewesen wäre, daß den ersten Akt des „Parsifal" der Meister heute selbst dirigieren werde. Da aber bei dem gedeckten Orchester der Dirigent nicht sichtbar ist, verbreitete sich die Nachricht davon erst viel später. Übrigens dürfte dies das letztemal gewesen sein, daß Wagner den Taktstock geführt hat. – Das Vorspiel begann. Welche geheimnisvoll aus der Tiefe aufsteigenden Klänge, jene breit ausladenden, zerlegten Akkorde mit ihrer noch niemals vorher vernommenen Mischung arpeggierter, geteilter Streicher mit einem Chor von Holzbläsern! Welche erschütternden Klagelaute der Geigen, Oboen und Trompeten! Und dann die erste Szene mit den Seufzern des wunden Amfortas inmitten der leuchtenden Waldespracht! Und hierauf die Szene mit dem getöteten Schwan, der mit den ganz in düsteres Moll getauchten Schwanenakkorden aus dem „Lohengrin" stirbt. Bei der nun folgenden Verwandlung, wo Parsifal, umschlungen von dem Arm des Gurnemanz, durch tiefe Wälder und Felsenschluchten schreitet, wäre es bei einem Haar zu einer empfindlichen Störung gekommen, die aber doch glücklich vermieden werden konnte. Plötzlich versagte nämlich die Maschinerie der Wandeldekoration, die sich ja dem Orchester genau anzupassen hatte. Wie der Meister es fertiggebracht hat, das Orchester die Verwandlungsmusik vor dem Einsatz der sechs Posaunen auf dem Theater wiederholen zu lassen, bis es gelungen war, die Szenerie wieder in Gang zu bringen, ist mir ein Rätsel geblieben. Von den Anwesenden hatten die wenigsten überhaupt etwas von der Störung bemerkt. In seiner bekannten Wagner-Biographie hat Glasenapp einige mit dieser Parsifal-Vorstellung zusammenhängende untergeordnete Einzelheiten etwas abweichend dargestellt; doch glaube ich im Gegensatz zu dem verehrten Autor, mich auf mein Gedächtnis verlassen zu dürfen.

Nachdem sich zu Ende des Aktes der Vorhang geschlossen hatte, brach heftiger Applaus los, der allerdings zu der weihevollen Stimmung des Ganzen schlecht genug paßte. Mitten in den Lärm hinein vernahm man plötzlich eine schrille Stimme und man erblickte den Meister, der mittlerweile in der über den Sitzreihen gelegenen „Fürstenloge" im Kreise seiner Angehörigen erschienen war und aufgeregt gestikulierte.

„Ich hätte denn doch gedacht", rief er, „daß Sie für den Ausdruck Ihrer Begeisterung eine würdigere Form hätten finden können als diese! Das ist ja unerträglich! Am Schlusse der Vorstellung werde ich Ihnen Gelegenheit geben, allen Künstlern Ihren Dank in einer besser angemessenen Weise zu bezeigen!" Tiefe, peinvolle Stille folgte dieser schroffen Zurückweisung und alles schlich schweigend aus dem Theater, hinaus in das Grün der Parkanlagen.

Die dann folgenden Akte wurden, ebenso wie die späteren Aufführungen, von Hermann Levi mit der größten Hingabe und Meisterschaft dirigiert. Nachdem sich der Vorhang zum dritten Male geschlossen hatte, herrschte, ebenso wie schon nach dem zweiten Akt, tiefe Stille. Alles blieb schweigend auf den Sitzen, um die von Wagner angekündigte Gelegenheit zu einer Dankeskundgebung an die Künstlerschaft abzuwarten. Viele endlos lange Minuten vergingen, bis sich endlich der Vorhang teilte. Die Bühne war hell erleuchtet. In einem großen Halbkreis hatten sich alle Mitwirkenden, vom Dirigenten bis zu den Theaterarbeitern, alles in Straßenkleidern, aufgestellt. Im Mittelpunkt dieses Bogens, ganz vorne an der Rampe, stand Richard Wagner, in seinem schwarzen Anzug, glänzenden Lackschuhen und dem kurzen gelben Überzieher, den Zylinder auf dem Kopf, mit dem Rücken gegen den Zuschauerraum. Er nahm den Hut ab und begann nun eine längere Ansprache an die Mitwirkenden. Aufs neue dankte er allen mit größter Herzlichkeit und hob die Verdienste fast eines jeden einzeln hervor. Nachdem der Meister seine Rede beendet, setzte er den Hut wieder auf, worauf sich langsam der Vorhang dicht hinter seinem Rücken schloß, ohne daß er sich nur einen einzigen Augenblick nach dem Auditorium umgewendet hätte. Wie tief mußten damals seine durch das Dirigieren und den unvermuteten Zwischenfall gespannten Nerven durch das unerwartete Applaudieren irritiert worden sein!

Glücklicherweise habe ich später dann noch Gelegenheit gehabt, Richard Wagner in einer wesentlich besseren Stimmung anzutreffen.

Am nächsten Nachmittag folgte ich der liebenswürdigen Einladung des Ehepaares v. Glasenapp. In dem Garten einer Villa, schief gegenüber von Wahnfried, war der Tisch gedeckt und eine kleine Gesellschaft hatte daran Platz genommen. Ich wurde einer schlanken jungen Dame von ungemein anziehendem Wesen vorgestellt, einem Fräulein Elisabeth Nietzsche, der Schwester Friedrich Nietzsches, mit der ich mich vortrefflich unterhielt. Auch mit einem breitschultrigen, hochgewachsenen Norddeutschen mit großem blonden Vollbart und blauen Augen wurde ich bekanntgemacht, mit einem Herrn Dr. Bernhard Förster aus Berlin, mit welchem sich Fräulein Nietzsche bald darauf verlobt hat.

Fräulein Elisabeth Nietzsche war direkt von Naumburg nach Bayreuth gekommen; wenige Tage vorher war sie dort von ihrem Bruder aufgesucht worden, der sie „auf den Parsifal vorbereitet" hatte. Über diese ungemein merkwürdige Begegnung der beiden Geschwister hat übrigens Friedrich Nietzsche gleich darauf in einem Briefe an Peter Gast ausführlich berichtet und dieses Schreiben ist gerade an dem Tage geschrieben worden, da wir in Bayreuth bei Glasenapps zusammengekommen sind.

„Meine liebe Schwester", hatte Nietzsche zu ihr gesagt, „ganz diese Art Musik habe ich als Knabe gemacht, damals als ich mein Oratorium machte." Nun habe er die alten Papiere hervorgeholt und nach längerer Zwischenzeit wieder daraus gespielt: „die Identität von Stimmung und Ausdruck war märchenhaft!"

Wie schade, daß uns von diesem Oratorium nichts erhalten ist, für die Kenntnis Nietzsches wäre es sehr wertvoll gewesen!

An einem der folgenden Tage, ich glaube, es war nach der dritten Parsifal-Aufführung, überbrachte mir ein Diener aus der Villa

Wahnfried die Einladung zu einem am nächsten Tage dort stattfindenden Empfang und Tee. Bei dieser Gelegenheit fand ich den Meister wieder überaus heiter und liebenswürdig. Auch für uns junge Leute hatte er ein freundliches Wort, und so waren alle die früheren störenden Zwischenfälle bald wieder vergessen. In Wahnfried fand ich viele meiner Freunde und Bekannten, die Ehepaare Baron Wolzogen und Glasenapp, die Philosophen Alois Höfler und Christian von Ehrenfels. Auch Gautiers übermütiger Tochter begegnete ich dort, wie auch dem auffälligen jungen Spanier. Dieser hatte mich übrigens während des dritten Parsifal-Aktes dadurch furchtbar irritiert, daß er gleich beim Beginn des „Karfreitagszaubers" von einem hysterischen Weinkrampf geschüttelt wurde. Es stellte sich nun bald heraus, daß er gar kein Spanier war, sondern ein ehemaliger Jesuitenzögling aus Lyon, der sich jetzt ganz den Werken Richard Wagners gewidmet und erst vor kurzem durch seine begabten und extravaganten Dichtungen und Kritiken ganz Paris in Aufruhr versetzt hatte. Sein Name, wurde mir gesagt, sei Josephin Peladan und er bilde sich ein, der unmittelbare Nachkomme von altassyrischen Königen zu sein.

Im Laufe des Nachmittags stattete ich noch dem Garten von Wahnfried hinter dem Wohnhause einen Besuch ab, besonders jener Stelle, welche der Meister für sein Grab bestimmt hatte. Nebenan, etwas nach rückwärts, bemerkte ich einen ganz kleinen Hügel mit einem Grabstein: ein Hundegrab. Darauf las ich die Grabschrift: „Hier ruht und wacht Wagners Ruß." Nun, sehr lange sollte der Gute nicht mehr auf seinen Herrn zu warten haben, denn nur wenige Monate später ist der Meister dicht neben ihm dort zur ewigen Ruhe bestattet worden.

Aus Richard Wagners letzten Tagen

Am 14. Februar des Jahres 1883 traf mich in aller Frühe die Nachricht, daß Richard Wagner am Tage vorher in Venedig, im Palazzo Vendramin, plötzlich einem Herzschlag erlegen sei. In meiner Erregung eilte ich sogleich nach dem Konservatorium im Musikvereinsgebäude, wo ich viele Freunde und Bekannte beisammen wußte, um womöglich sogleich Näheres über die Katastrophe zu erfahren und im Kreise Gleichgestimmter mein Herz zu erleichtern. Wie erwartet, traf ich dort alles in großer Bestürzung. Anton Bruckner hatte seine Kontrapunktstunde abgebrochen und ich traf ihn, wie er, blaß und vor Aufregung zitternd, auf seine Schüler einsprach. Als er mich erblickte, teilte er mir mit, er wolle unbedingt zu der Leichenfeier nach Bayreuth fahren; ob ich ihn dahin begleiten könne? Ich stimmte sogleich zu und wir trafen in größter Eile alle für die Fahrt nötigen Vorbereitungen. Leider aber wurde nichts aus dieser Reise, denn Bruckner erkrankte plötzlich, gerade an dem Tage, an welchem wir hätten abreisen müssen, und sein Arzt verbot ihm strenge, das Bett zu verlassen.

So sehr mich auch der plötzliche Hingang Wagners überrascht und erschreckt hatte, so war mir dieses Ereignis doch nicht so gänzlich unerwartet gekommen, denn schon einige Zeit vorher konnte ich den mir aus Bayreuth zugegangenen Nachrichten entnehmen, daß die Gesundheit Wagners nicht die allerbeste sei. Auch Hans v. Wolzogen hatte mir schon am 3. Januar in einem ausführlichen Briefe darüber geklagt, wie sich bei dem Meister die Folgen der früheren jahrelangen Lebenskämpfe, Nöte und harten Entbehrungen nun doch bemerkbar machten und daß er sich deshalb entschlossen habe, die Winterszeit in einem südlichen Klima zu verbringen. Schon im vergangenen Jahre habe er ja deshalb die kälteren Monate in Palermo und dann am Fuße des Ätna, in Acireale, zugebracht, und die Hoffnung, er werde im Süden Besserung seines Zustandes finden, sei für ihn auch bestimmend gewesen, jetzt nach Venedig *zu* gehen.

Gerade dort aber, in dem geliebten Venedig, sollte den Meister sein Schicksal ereilen, gerade dort, wo er einst, fast ein Vierteljahrhundert vorher, jenes aus dem tiefsten Atem Venedigs hervorgegangene Erlebnis gehabt hatte, das ihn im Innersten aufgewühlt und das bestimmend für die endgültige Gestaltung seines „Tristan" geworden ist.

In schlafloser Nacht, am Canal Grande, erzählt Wagner, sei er damals auf den Balkon getreten. „Wie ein tiefer Traum lag die märchenhafte Lagunenstadt im Schatten vor mir ausgedehnt. Aus dem lautlosen Schweigen erhob sich da der mächtige, rauhe Klageruf eines soeben auf seiner Barke erwachten Gondoliere, mit welchem dieser in wiederholten Absätzen in die Nacht hineinrief, bis aus weitester Ferne der gleiche Ruf dem nächtlichen Kanal entlang antwortete: ich erkannte die uralte, schwermütige melodische Phrase, welcher seinerzeit auch die bekannten Verse Tassos unterlegt worden, die aber gewiß so alt ist wie Venedigs Kanäle mit ihrer Bevölkerung. Nach feierlichen Pausen belebte sich endlich der weithin tönende Dialog und schien sich im Einklang zu verschmelzen, bis aus der Nähe wie aus der Ferne sanft das Tönen wieder im neugewonnenen Schlummer erlosch. Was konnte mir das von der Sonne bestrahlte, bunt durchwimmelte Venedig des Tages von sich sagen, das jener tönende Nachttraum mir nicht unendlich tiefer unmittelbar zum Bewußtsein gebracht hätte?"

Es ist merkwürdig und bedeutungsvoll genug, daß der Meister gerade dort, an demselben Canal Grande, wo ihm einst die tiefsten Ekstasen, Erschütterungen und Erkenntnisse zuteil geworden waren, auch seine letzten irdischen Augenblicke verbringen sollte.

Hans v. Wolzogen, der treue Freund und unermüdliche Kampfgenosse Richard Wagners, hatte sich, wenige Wochen nach dessen Tode, nach Wien begeben und uns hier Näheres über den letzten Aufenthalt des Meisters in Bayreuth und in Venedig erzählt. Er schilderte uns, wie Wagner am letzten Abend vor seinem Tode, nachdem er ein schönes Märchen vorgelesen, das von den Elementargeistern handelte, und nach langen Gesprächen über dieses phantastische Reich, sich ans Klavier gesetzt und jenen wehmütigen letzten Gesang der drei Rheintöchter gesungen hat: „Traulich und treu ist's nur in der Tiefe: falsch und feig ist, was dort oben sich freut!" Damit, berichtete Wolzogen, sei Wagner von den Kindern geschieden, um sich zur Ruhe zu legen. Die Tiefe am Grunde des mächtigen Stromes hatte den Meister zu sich gelockt, in jenes „dunkelnächt'ge Land", das „Wunderreich der Nacht", daraus die Mutter ihn gesandt und in das er nun zurückkehren sollte!

Wolzogen erzählte uns auch, wie Wagner damals die Gewohnheit hatte, an den Abenden im Palazzo Vendramin seiner

Familie und den Freunden mancherlei Dichtwerke vorzulesen oder ein Musikstück durchzunehmen, so wie er dies auch früher schon in Bayreuth häufig und gerne zu tun pflegte. Und diese immer ganz spontanen Interpretationen des Meisters seien stets aufs neue von einer ergreifenden Wahrhaftigkeit und Größe gewesen. Auch Shakespeare hat Wagner an diesen Abenden vorgelesen. Die Königsdramen, Hamlet und Macbeth. Wolzogen erzählte, mit welchem Entzücken er diesen Vorlesungen gefolgt sei. Hamlet nannte Wagner „die Krone der Renaissance, wo von der Bühne aus der unerbittliche Blick tief in eine ganz elende sittlich verkommene Welt geworfen wird." Calderon, Cervantes und Lope de Vega, indische Sprüche und altnordische Sagen pflegte der Meister vorzulesen, und „die lebendige Wahrhaftigkeit der Dinge stand vor uns da und sprach ihre eigentümliche Bedeutung so einfach in schlichter Weise aus, so ganz aus der Tiefe der Empfindung und im Lichte der lebendigen Anschauung, wie es aller Aufwand pathetischer Rhetorik und darstellerischer Virtuosität niemals vermocht hätte." Bei solchen Shakespeareschen Szenen rief Wagner immer wieder „unter Tränen des künstlerischen Entzückens" aus: „Was hat der Mann gesehen! Was hat er gesehen! Er bleibt der ganz Unvergleichliche! Er ist nur als Wunder zu verstehen." Mit Vorliebe las der Meister in dem engen Kreise auch die „Klassische Walpurgisnacht" aus Goethes Faust. „Dies ist wohl das Originellste und künstlerisch Vollendetste, was Goethe geschaffen hat", pflegte er zu sagen. „Eine solche völlig eigenartige Wiederbelebung des Altertums in freiester Form, mit solchem meisterlichen Humor und genial gesehener Lebendigkeit, in einer auf das Feinste künstlerisch gebildeten Sprache", rief er immer wieder, sei ein Wunder sondergleichen!

Eine Zeitlang hat Wagner auch mit seiner Umgebung allabendlich Bachs „Wohltemperiertes Clavier" durchgenommen, wobei er über den unmittelbaren Eindruck, den die einzelnen Präludien und Fugen in ihm erweckt hatten, wie Wolzogen berichtet, „in ungemein herrlichen, frappant charakterisierenden Worten" gesprochen hat. Auch habe er immer wieder den „zarten Licht- und Liebesgenius Mozarts", als ein „unvergleichliches, unsterbliches Leben des edelsten Kunstgeistes" gepriesen; und wenn er auf Beethoven zu reden kam, da konnte man sehen, wie mit diesem Namen eine ganze Welt in seiner Seele aufstieg, jene neue Welt, die einst in ihm aufgegangen war, als Beethoven in sein Leben getreten. „Über Beethoven", sagte er, „kann man nicht reden, ohne in den Ton der Verzückung zu fallen." Einmal, nach dem Vortrag der großen „Hammerklaviersonate", Op. 106, rief der Meister aus: „Was kann man dem an die Seite stellen? Bei Shakespeare — alles Realität, furchtbares Gleichnis des Lebens ; hier alles idealisiert — ich möchte sagen: reine Spektren des Daseins. Aber so etwas ist auch nur für Klavier zu denken — vor der Menge zu spielen, barer Unsinn!" Es ist sehr merkwürdig, zu welchen Ansichten über Mendelssohn Wagner, gerade in der Parsifal-Epoche, gelangt war. Im Gegensatz zu den damals auftauchenden Effekthaschern, die, anstatt in klaren Formen, nur mit lauter Überraschungen arbeiteten, ohne einen Gedanken hineinzubringen, sei Mendelssohn das Beispiel eines besonnenen und maßvollen, feinen künstlerischen Sinnes. Mendelssohns Hebriden-Ouvertüre hat sich Wagner besonders gern vorspielen lassen und immer wieder hat er ausführlich über ihre großen Schönheiten gesprochen. „Mendelssohn war Landschaftsmaler erster Klasse", pflegte er zu sagen, „und die Hebriden-Ouvertüre ist sein Meisterwerk. Da ist alles wundervoll geistig geschaut, fein empfunden und mit größter Kunst wiedergegeben. Die Stelle, wo die Oboen allein durch die anderen Instrumente hindurch klagend wie der Wind über die Wellen des Meeres zur Höhe steigen, ist von außerordentlicher Schönheit." Auch „Meeresstille und glückliche Fahrt" pries Wagner überschwenglich, und insbesondere den ersten Satz der schottischen A-moll-Symphonie liebte er sehr.

„Bei der Ouvertüre zum Sommernachtstraum", sagte er, „muß man bedenken, daß ein Fünfzehnjähriger sie geschrieben hat; und wie formvollendet ist da schon alles, wenn auch noch lange nicht so konzis gefaßt und fein empfunden wie in den Hebriden ... Aber wie stümperhaft kam ich mir vor, als junger Mann, nur vier Jahre jünger als Mendelssohn, der ich erst mühsam anfing, Musik zu treiben, während jener schon ein ganz fertiger Musiker war ... Ich wußte damals nichts Besseres zu tun, als ihn nachzuahmen, was ich freilich seitdem gründlich verlernt habe."

Wenige Wochen nach Hans v. Wolzogens Abreise hielt ich mich kurze Zeit in Venedig auf; und da mir unmittelbar vorher einer meiner Freunde, der an dem Begräbnis in Bayreuth teilgenommen hatte, von Wagners trefflichem Gondolier gesprochen, der dem Meister so treu ergeben gewesen und auf den er so große Stücke gehalten, suchte ich in meinen Notizen nach dessen Namen und Adresse. Er hieß Luigi Trevisan und es war mir ein leichtes, ihn auf den „Fondamenta nuove" zu finden und eine Gondelfahrt mit ihm zu vereinbaren. Ein schöner, hochgewachsener hartknochiger Mann mit dunkler Haut, hellen Augen und schmalen Lippen. Er trug einen Anzug aus schwarzem Manchester-Cord und ein grobes blaugestreiftes Hemd ohne Kragen, im linken Ohr ein Goldplättchen. Wir fuhren den Canal Grande entlang. Luigi Trevisan blickte schweigend vor sich hin. Als wir am Palazzo Vendramin vorbeikamen, fragte ich ihn, scheinbar gleichgültig, ob er etwa den kürzlich hier verstorbenen berühmten deutschen Meister Richard Wagner jemals gesehen habe? Auf diese Frage richtete Luigi sich zu seiner ganzen Größe empor und teilte mir, nicht ohne innere Erregung mit, er habe den großen Mann nicht allein sehr gut gekannt, er habe sogar in dessen Diensten gestanden und ihn täglich, und auch noch an dem Tage unmittelbar vor seinem Tode, über Venedigs Kanäle und Gewässer gesteuert; die Erinnerung daran sei sein größtes Glück, und die Gestalt dieses überaus herrlichen und gütigen Menschen begleite seine Tage und die Träume seiner Nächte. — Leider mußte ich Venedig bald verlassen. Ich versprach Luigi, ihm Kunde zu geben, wann ich wieder zurückzukehren vermöchte. Es sollten aber viele Jahre darüber hingehen und so habe ich jede Spur von ihm verloren.

In späterer Zeit bin ich dann oft und lange in Venedig gewesen und immer wieder habe ich mir große Mühe gegeben, Leute zu finden, die jene uralte, schwermutvolle Melodie von „unheilbarer Trauer" gekannt hätten, von der Wagner einst so tief bewegt wurde. Das Thema selbst war mir nicht unbekannt, denn auch Franz Liszt hatte es einst dort singen gehört und in seiner „Tasso"- Symphonie für immer festgehalten. Obwohl ich aber zu allen Tages- und Nachtzeiten durch die engen Gäßchen und über versteckte Brücken dahingestreift bin und die Kanäle und die Lagunen bis über Choggia hinaus oft und oft befahren habe, ist es mir doch niemals gelungen, jene Melodie, welche noch in den Fünfzigerjahren die Barkenführer „Un Tasso" genannt hatten, zu hören oder einen Gondolier zu finden, der sie gekannt hätte. Wann immer ich einen von den „alten venezianischen Gesängen" verlangte, bekam ich nichts anderes zu hören als eines jener süßlich verlogenen Produkte, wie sie jetzt in der „Serenata" für Hochzeitspaare und sonstige reisende Spießbürger bereitgehalten werden.

Aber was liegt schließlich daran! Ist uns doch jenes großartige Thema in dem „Lamento e Trionfo" von Liszts „Tasso"-Symphonie in geradezu magischer Darstellung erhalten geblieben; und Richard Wagners auf der Lagune aus dieser Melodie geborene ungeheuere, tönende Traumvision des „Tristan", jener Zwielicht-Wechselgesang von Tag und Nacht, von Liebe und Tod und von dem Ertrinken und Versinken „in des Weltatems wehendem All" wird noch vielen kommenden Geschlechtern Glück und tiefe Tröstung gewähren.

Erinnerungen an Franz Schalk

Wiederum war es jene aufwühlende Erschütterung, die uns befällt, wenn die Kunde von dem Hingang eines alten, lieben und verehrten Freundes uns erreicht; und nun gar, wenn dieser ein Genosse unserer Jugend gewesen, mit dem gemeinsam wir, vor einem halben Jahrhundert schon, gekämpft, Sorgen geteilt, aber auch so manche Freuden genossen und Entzückungen durchlebt haben.

Düstere Empfindungen überkamen mich, als ich Franz Schalk zum letzten Male in seiner Wiener Behausung aufsuchte, und die eigenartige, über diese Begegnung ausgebreitete Melancholie ist ganz von dem Gefühl beherrscht gewesen, daß dies ein Abschied sei, ein Abschied für immer!

Wie schrecklich hatte sich doch das Aussehen meines Freundes in diesen wenigen Wochen verändert, seit wir uns zuletzt gesehen! Die edlen blassen Hände noch viel schmäler geworden als sonst, die ganze so schlanke Gestalt furchtbar abgemagert, aus dem dünnen, länglichen Antlitz alle Farbe gewichen! Ein quälender Husten durchschütterte immer wieder seinen ganzen Körper und ließ ihn dann völlig entkräftet in den Lehnstuhl zurücksinken.

Bei all dem war sein Mut ungebrochen, sein reger Geist voll neuer Pläne und Ausblicke. Trotz aller körperlichen Schwäche bereitete es ihm offenbar viele Freude, mit mir über Ereignisse und Personen aus längst vergangenen Tagen zu reden und gemeinsamer Freunde zu gedenken. Aber ach! es ergab sich, daß sie alle schon dahingesunken und daß außer uns beiden nur ein einziger von den engeren Genossen unserer Jugend noch unter uns weile: der von mir, von den beiden Brüdern Schalk, besonders aber von Hugo Wolf so sehr geschätzte Richard Hirsch, der, einst ein vortrefflicher Balladensänger, Wagner-Interpret und Musikkenner, damals als Oberfinanzrat die Tage seines Ruhestandes in tiefster Verborgenheit zubrachte. Mittlerweile aber ist auch er hochbetagt gestorben.

Und ich erinnerte Franz Schalk an sein erstes öffentliches Auftreten, wie er, etwa siebzehn Jahre alt, im Bösendorfer-Saale als Geiger debütiert und die Violin-Chaconne in D-moll von J. S. Bach zur hellen Begeisterung des zahlreichen Publikums vorgetragen hat. Und was für ein herzerfrischendes Auditorium ist das damals gewesen! Allen voran eine Unmenge blühend frischer halbwüchsiger Mädchen mit langen Zöpfen, die, um die Wette mit den zu ihnen gehörigen Jünglingen, Beifall klatschten, dem Geiger auf dem Podium enthusiastisch zuwinkten und ihm ihre Grüße entgegenschrien!

Und weit und breit niemand von der zünftigen Kritik! — Bis auf einen, in der Sitzreihe vor mir; ein kleines, schief verhutzeltes Männchen, weißhaarig, mit dicker schmaler Stahlbrille, der allen Darbietungen mit erregten Selbstgesprächen folgte und unaufhörlich wirre Bleistiftnotizen auf das Programm hinkritzelte. Es war Graf Ferdinand Laurencin, ein damals sehr angesehener Musikgelehrter, der ab und zu für auswärtige Zeitungen schrieb; wie allgemein behauptet wurde, ein Sohn des Kaisers Ferdinand.

Er ist der erste Musikreferent gewesen, der über Franz Schalk geschrieben hat. — An dies alles nach so langen Jahren erinnert zu werden, schien meinem Freunde großes Vergnügen zu machen.

Und von einem anderen regelmäßigen Konzertbesucher jener Tage sprachen wir, nicht ohne einige Rührung: von dem Pater Hermann Schubert, dem jüngsten Bruder Franz Schuberts! Er war Religionslehrer am Wiener Schottengymnasium, ein überaus liebenswürdiger älterer Herr von hoher Statur, die durch die Röhrenstiefel und den langen schwarzen Priesterrock noch gehoben wurde. Sein schmales, blasses Gesicht machte auf mich immer einen tiefen Eindruck. Er war mit Anton Bruckner befreundet und durch dessen Vermittlung hatten wir beide, Franz Schalk und ich, Pater Schuberts Bekanntschaft gemacht. Ich habe ihn dann häufig gesprochen und es war mir jedesmal wie ein Wunder erschienen, daß mir vergönnt war, mit einem leibhaften Bruder des unsterblichen Liederkomponisten zu sprechen.

Und so kam das Gespräch mit Schalk natürlich wieder einmal auf unseren verehrten Lehrer, auf Anton Bruckner und auf unseren engsten Kreis um ihn. Wie wir uns regelmäßig mit dem Meister zum Abendessen trafen, im Wirtshaus „Zum g'raden Michl" oder in der „Felsengrotte" beim alten „Gause" auf der Seilerstätte oder aber beim „Kühfuß".

Franz Schalk wurde von Bruckner stets mit dem zärtlichen Vokativ „Francisce" angeredet, auch wenn es sich um den Nominativ oder den Dativ handelte. Gewöhnlich erschien bei diesen Zusammenkünften auch der damals noch sehr jugendliche Ferdinand Löwe, dann Richard Hirsch, Cyrill Hynais, August Göllerich und einige andere.

Und ich erinnerte Schalk an die Szene, wie wir alle einst mit Bruckner an einem glühendheißen Abend in dem jetzt längst verschwundenen uralten Gasthaus „Zum roten Igel" zusammengesessen, unten, in dem von riesigem Gemäuer umgebenen engen Hof zwischen schlecht gepflegten Oleanderbäumen und Epheu, unser Tisch in der einen Ecke und der von Brahms und seinen Getreuen in der anderen. Zwischen uns in der Mitte des buckeligen Granitpflasters ein übelduftendes Kanalgitter, in welches, während wir plauderten, von dem Personal immer wieder heißes Spülwasser mit Küchenabfällen ausgeleert wurde, und wie wir, während Josef Schalk und Bruckner über eine Holzbläserstelle im „Te Deum" debattierten, belustigt den Ratten zusahen, die sich von dem Gitter ihre Leckerbissen holten und mit ihnen in die Tiefe verschwanden.

Und noch eine Erinnerung tauchte unvermittelt auf. „Erinnerst du dich noch", fragte ich Franz Schalk, „wie wir zu Beginn der Achtzigerjahre bei Felix Mottl zusammen mit Bruckner und Adalbert von Goldschmidt, zum Nachtmahl geladen waren und was für einen wundervollen Abend wir damals dort verbracht haben?" „Welche sonderbare Frage", rief Franz Schalk lebhaft, „das ist doch sicher eine meiner schönsten Erinnerungen!" Felix Mottl hatte damals ein liebliches, ganz einfaches, ebenerdiges Landhaus in Hietzing bewohnt, in der nächsten Nähe des Parkes von Schönbrunn. In dem von Rosen umzäunten Vorgärtchen gab es weißgestrichene Tische und Holzbänke, hinter dem Hause weite duftende Wiesen. Unter lebhaftem Geplauder mit dem liebenswürdigen, durch feinen Humor und eine unvergleichliche persönliche Anmut ausgezeichneten Hausherrn verging uns die Zeit im Fluge und nach dem gemütlichen Abendessen in der altväterischen, schmalen Glasveranda setzte sich Mottl ans Klavier und spielte uns einige seiner neuen Kompositionen vor, worauf er, nach einer längeren Pause, einzelne Stellen aus Werken von Liszt, Cornelius und Richard Wagner mit gewaltiger Meisterschaft vortrug und mit uns erörterte.

„Weißt du", fragte mich Schalk, in der Erinnerung an diesen Abend in Hietzing, „welche ich für die besten Klavierspieler halte, die ich in meinem ganzen Leben gehört habe? Es sind Felix Mottl und Hugo Wolf! Kein dritter hat jemals mit seinem Spiel so tief in mein Herz gegriffen, keiner hat einen so gewaltigen Eindruck in meiner Seele zurückgelassen wie diese beiden."

Und so wurden wir auch wieder einmal auf unsere gemeinsamen Erlebnisse mit Hugo Wolf geführt und ich erinnerte Franz daran, daß er es eigentlich gewesen ist, der Hugo Wolf entdeckt, der dessen künstlerische Größe sogleich, lange vor allen anderen, mit überlegener Sicherheit erfaßt hat, und welcher großen Anstrengungen es für uns beide zu jener Zeit bedurfte, um unserem Freunde die ihm gebührende Anerkennung zu verschaffen.

Und wir sprachen über die schweren Zeiten, die Wolf damals schon hinter sich hatte, da er oft nicht gewußt, wohin sein müdes Haupt zu betten; und wir gedachten auch seiner außerordentlichen gesellschaftlichen Feinfühligkeit und seines Stolzes und wie er einst in kritischen Tagen, da er endlich bei einem ihm gut bekannten reichen Fabrikanten in dessen prunkvoller Villa bei Wien Unterstand gefunden, diese Wohnstätte ganz plötzlich fluchtartig auf Nimmerwiedersehen verlassen hat, weil ihm der fürsorgliche Hausherr bei Tische eine Birne an einem Zahnstocher gespießt hinübergereicht hatte.

Da ich zu bemerken glaubte, daß Schalk zu ermüden beginne, wollte ich mich zurückziehen; er aber mochte davon nichts hören und nötigte mich, zu bleiben. Erst nach einiger Zeit erhaschte ich eine Gelegenheit, mich zu entfernen. Ein letzter Abschiedsblick, ein langer inniger Händedruck und ich eilte, halb betäubt, die Treppe hinab ins Freie. Auf dem Heimweg brauchte ich geraume Zeit, um meine Gedanken zu sammeln und der erregten Gefühle Herr zu werden.

Und dann begannen allmählich immer neue Szenen aus längstvergangenen Tagen vor meiner Seele aufzutauchen. Ich gedachte der Zeit, da Franz noch mit seinem Bruder Josef die Wohnung in der Jordangasse innegehabt und wie viele unvergeßliche Stunden ich dort mit den beiden habe zubringen dürfen. Ich bin sicher, es ist nur wenigen Menschen vergönnt gewesen, in einer solchen geistigen und künstlerischen Atmosphäre zu leben, und ich bekenne dankbar, daß ich diesem Umstande so manche wichtige Erkenntnis und viele wertvolle Einwirkungen auf mein ganzes späteres Leben schulde.

Fast jeden Abend erschien dort auch Ferdinand Löwe und in meiner Gegenwart wurden immer wieder die Partituren von Bruckners Werken durchgearbeitet, die Klavierauszüge hergestellt und die Vorarbeit für die Aufführungen geleistet. Damals haben die beiden Schalk in engster Gemeinschaft mit Ferdinand Löwe die Grundlage des Bruckner-Verständnisses gelegt. Nebenbei wurden auch immer wieder tiefe Probleme der Harmonik, des Kontrapunkts und der Instrumentation erörtert. Josef Schalk pflegte alle seine Ansichten sogleich durch Analysen einzelner Werke von Bach, Beethoven oder moderner Komponisten zu erläutern. Ich bin auch jetzt noch der Meinung, daß er einer der besten Kenner und Interpreten von Beethovens Klavierwerken gewesen ist; nie wieder habe ich die „Hammerklavier-Sonate" (Op. 106) mit solchem Ausdruck und Gefühl für das Ekstatisch-Transzendente gehört!

Mit den verschiedenen Studien zu jener Zeit hingen nun auch die Untersuchungen zusammen, welche Franz Schalk in den folgenden Jahren bis zu unserer letzten Begegnung, für sich allein, im stillen Kämmerlein betrieben hat. Wer Hans von Bülows großartige Ausgabe von Beethovens letzten Klavierwerken kennt, wird sich auch der tiefgründigen Erläuterungen entsinnen, mit welchen dieser große Musiker sie versehen hat; sind doch dort ganz neue Gesichtspunkte für das Studium Beethovens angegeben worden. Nicht allein auf rein Technisches beziehen sich diese Bemerkungen: auch Beethovens mitunter über alle Begriffe kühne Harmonik und Kontrapunktik betreffen sie, vor allem aber die ganz eigenartigen rhythmischen Grundrisse zu diesen Stücken, welche manchmal an die altgriechischen Metren des Pindar und der Tragiker gemahnen.

Natürlich ließen wir uns auch angelegen sein, den Weg, welchen Bülow gegangen war, weiter nach rückwärts zu verfolgen, und so gelangten wir an der Hand von Moritz Hauptmanns Studien zur Natur der Harmonik und Metrik und Rudolf Westphals merkwürdigen Arbeiten über antike Rhythmik schließlich bis zu den Schriften des Aristoxenos, die uns besonders fesselten, weil schon dort ausführlich von den fünftaktigen und den fünfteiligen Rhythmen, den „päonischen" Metren der Alten, die Rede ist. In diesem Sinne hatte auch schon Westphal zu Beginn der Sechzigerjahre versucht, die Anfangstakte von Beethovens Cis-moll-Sonate zu deuten, und seine Analyse hat uns manchen Ausblick eröffnet.

Auf die Gedankengänge Bülows ist nun Franz Schalk viele Jahre später zurückgekommen. Wie er mir des öfteren mitgeteilt hat, war es seine Absicht, die Werke von Bach, Mozart und Beethoven daraufhin anzusehen, inwieweit diese Meister, natürlich ganz unbewußt, sich solcher antiker Metren oder wenigstens gewisser Annäherungen an diese, für die rhythmisch-metrische Anlage einzelner ihrer Werke bedient haben.

Auch während meines letzten Gespräches mit Schalk waren wir wieder auf diesen Gegenstand zurückgekommen und er bedauerte nur, daß er bisher nicht die Zeit gefunden, sich nach Herzenswunsch damit zu beschäftigen.

Als ich nun, auf dem Heimwege, in düsterer Stimmung, über das schwere Leiden meines Freundes nachsann, versuchte ich mich damit zu trösten, daß er ja schon früher einmal, in ganz jungen Jahren, an einer ähnlichen Krankheit gelitten hatte und daß wir auch damals um ihn überaus besorgt gewesen waren; wie er aber in jenen fernen Tagen doch wieder ganz gesund geworden; vielleicht gerade darum, weil er in keiner Weise bedacht war, sich zu schonen, sondern vielmehr, dem Rate seines Bruders folgend, einfach seinen Pflichten oblag, seiner Lebensaufgabe treu diente und keiner körperlichen Schwäche nachgab, so wie Josef selber es für sich immer gehalten hatte. Sicherlich eine großartige, heroische Lebensauffassung; ob sie aber schließlich nicht doch dazu geführt hat, daß beide Brüder vor der Zeit dahingegangen sind, ist eine andere Frage.

Damals, in jungen Jahren, hatte sich Franz von seiner schweren Erkrankung überraschend schnell erholt und am Grundlsee, wo er bei unserem gemeinsamen Freunde Adalbert von Goldschmidt, dem hochbegabten, von Franz Liszt so sehr geschätzten Dichter-Komponisten, zu Gaste war, hat er, umgeben von einem Kreise liebenswürdiger Menschen, seine volle Gesundheit bald wieder erlangt.

Darum hatten wir auch jetzt, allen bedrohlichen Anzeichen zum Trotz, doch zu hoffen gewagt, er werde die schweren Komplikationen überstehen. Leider ist es diesmal anders gekommen! —

Von Schalks ungeheurer Arbeitskraft, von seiner ungewöhnlichen musikalischen Veranlagung und seiner außerordentlichen Gewissenhaftigkeit kann sich nur einen Begriff machen, wer Gelegenheit gehabt hat, an den vielen Proben, insbesondere den Chorproben, teilzunehmen, die er für jede größere Aufführung abgehalten hat.

Ich bin schon in jungen Jahren Mitglied von mehreren großen Chorvereinigungen gewesen und habe im Laufe der Zeit unter den berühmtesten Dirigenten an der Aufführung von Oratorien, Messen und anderen Monumentalwerken teilgenommen; aber ich habe keinen zweiten gefunden, der im Dienste der Idee eine solche ungeheure Mühe aufgewendet hätte, dessen Ohr von einer gleichen subtilen Schärfe und Sensibilität, dessen künstlerische Auffassung tiefer gewesen wäre! Am deutlichsten trat dies bei A-capella-Werken hervor, besonders bei Palestrina, wo er den Sängern eine besondere, ihnen sonst ungewohnte Art der Intonation beizubringen hatte, um jenen engelhaften Zusammenklang der Stimmen zu erreichen, auf welchem die eigentliche beglückende Wirkung dieser Chöre beruht.

Aber auch bei anderen großen Tonwerken, sei es im Konzertsaal, sei es in der Oper, führte die genaue, unermüdliche Bearbeitung der kleinsten Einzelheiten schließlich immer wieder zu einer Aufführung von gewaltigem Schwung und unerreichter Gliederung des Aufbaues. — Vor vielen Jahren, als wir einmal nach einer der zahlreichen Proben zu Beethovens „Missa solemnis" miteinander nach Hause gingen, sprach ich mit ihm über die besondere Wirkung, zu welcher er die große Fuge: „Et vitam venturi saeculi, Amen!" gebracht hatte. Er erklärte mir, er habe dabei besonders darauf Rücksicht genommen, daß ja das Thema dieser Fuge kein gewöhnliches ist. Während nämlich die meisten Fugenthemen entweder in der Tonart bleiben oder aber sich nach der Ober-Dominante hinwenden, moduliert dieses, ganz im Gegenteil, nach der Tonart der Unter-Dominante. Dies ist ja ein ganz ungewöhnlicher, vereinzelter Fall, der natürlich auch bei der Aufführung dieses Werkes eine eigenartige Behandlung im Sinne der myxolydischen Tonart erfordert. Entspricht doch diese merkwürdige Hinwendung des Fugenthemas zur Unter-Dominante weit mehr dem altgriechischen Musikgefühl als dem unserer Zeit, wo der Modulationsgang zur Tonleiter der höheren Quinte hinstrebt. Dies kann man ja schon an den einfachsten Liedern und den Sonaten bemerken, die sich alle gleichfalls schon bald in ihrem ersten Teil zur Dominante hinwenden. Natürlich äußert sich diese Tendenz auch in der Fuge. Der Gegensatz zwischen dem musikalischen Empfinden der alten Griechen und dem unsrigen zeigt sich vor allem schon darin, daß die Griechen sich ihre Skalen von oben nach unten gehend dachten, während wir uns unsere Dur-Tonleiter nach aufwärts gerichtet vorstellen. In der großen Fuge der Missa: „Et vitam venturi saeculi, Amen!" muß also dieser eigenartige, antike Zug des Themas nach abwärts, nach der Unter-Dominante hin, besonders betont und plastisch herausgehoben werden.

Daß Beethoven der absteigenden myxolydischen Skala auch sonst noch erschütternde Wirkungen abgewonnen hat, erfährt man aus den ersten Takten der großen „Leonoren"-Ouvertüre, wo diese unaufhaltsam in die Tiefe führende Tonleiter ein eigenartiges Gefühl des Grauens erweckt.

Eine sonderbare Begebenheit ist es gewesen, welche damals, zur Zeit unseres engen Zusammenseins mit Anton Bruckner, in uns allen einen tiefen Eindruck zurückgelassen hat. Es war die Reihe von Volksgarten-Konzerten, welche der weltberühmte Wagner-Dirigent Anton Seidl zu jener Zeit in Wien abhielt.

Man weiß, wer Anton Seidl gewesen ist: gleich Hans Richter einer der Intimsten von Bayreuth, der Mann, der das Vertrauen Richard Wagners in so hohem Maße besessen hat, daß ihn dieser bei der Ausarbeitung der Partituren der Götterdämmerung und des Parsifal zur Mitarbeit heranzog.

Als nun Seidl mit seinem erlesenen Orchester von Leipzig nach Wien gekommen war, stellte sich im letzten Augenblick heraus, daß es ihm, zufolge verschiedener Machenschaften, unmöglich geworden war, in ganz Wien einen brauchbaren Konzertsaal zu erhalten. Und so entschloß er sich kurzweg, seine Symphonie-Konzerte im Freien, im Volksgarten, abzuhalten, wo sie nun in den Pausen zwischen ordinären Opern-Potpourris, Flügelhorn-Soli und der Tanzmusik einer Militärkapelle, mit dieser alternierend, stattfinden mußten. Das Publikum war natürlich das der gewöhnlichen Promenadenkonzerte und niemand kümmerte sich um die Seidl-Aufführungen. Den ganzen Monat Juni hindurch besuchten wir nun, Anton Bruckner und Schalk voran, diese Nachmittagskonzerte, die um fünf Uhr begannen und mitunter bis tief in die Nacht dauerten. In einer Ecke des Gartens, im Schatten dichten Laubes, saßen wir gewöhnlich um einen langen Holztisch herum und lauschten entrückt den unvergleichlichen Darbietungen. Eine wahrhaft vulkanhafte Aufführung der dritten Leonoren-Ouvertüre gehört zu dem Gewaltigsten, was ich je erlebt habe. Dieses Stück habe ich später nur mehr von einem einzigen Dirigenten mit gleicher Großartigkeit aufführen gehört, von Franz Schalk, dessen Fidelio-Aufführung sicherlich niemals übertroffen worden ist.

Ich erinnere mich noch, wie an einem dieser Abende im Volksgarten, nachdem wir bis Mitternacht dem Orchester gelauscht, Bruckner in tiefer Erregung auf Seidl zuging, seine Hände erfaßte und ihn flehentlich bat, eine Stelle aus der Götterdämmerung noch einmal zu dirigieren. Und Seidl hat sie wiederholen lassen!

Wenn ich jetzt, nach vielen Dezennien, an all die Ereignisse denke: wie wir nach diesen Konzerten oft alle miteinander, toll vor innerer Erregung, stundenlang, bis zum anbrechenden Morgen durch die Gärten und Straßen geschwärmt, dann ist es mir, als hörte ich aus meinem Innern die unvergleichlichen Klänge dringen, mit welchen gerade damals unser Freund Hugo Wolf den herrlichen Zeilen Mörikes ein erhöhtes Leben verliehen hat; und es ergreift mich ein Gefühl von unbestimmter Sehnsucht:

> Halb ist es Lust, halb ist es Klage;
> Mein Herz, o sage,
> Was webst du für Erinnerung
> In golden grüner Zweige Dämmerung?
> — Alte unnennbare Tage!

Polyhymnia und Wolkenkratzer

Vor wenigen Jahrzehnten noch hat es in Wien drei Musikstätten gegeben, deren Akustik in der ganzen Welt nicht ihresgleichen hatte: den Bösendorfersaal in der Herrengasse, den großen Musikvereinssaal und die Oper. Von diesen ist der Bösendorfersaal im Jahre 1913 der Bauspekulation zum Opfer gefallen; erst zwanzig Jahre später ist an seiner Stelle ein „Wolkenkratzer" errichtet worden. Wie schade um diesen so unvergleichlich edel abgestimmten Konzertsaal, dessen vornehme Einfachheit und Schmucklosigkeit zu der inneren Sammlung der Zuhörer wesentlich beigetragen hat. Welche herrlichen Erinnerungen knüpfen sich für mich an diesen Ort!

Im Bösendorfersaal haben wir jungen Leute im Winter 1879 einen der ersten „internen" Musikabende des „Wiener Akademischen Wagner-Vereines" veranstaltet und es war kein Geringerer als Franz Liszt, der dieser Zusammenkunft durch seine Gegenwart eine besondere Weihe verliehen hat. Der Meister, der damals gerade in Wien weilte, hatte sich, insbesondere über Felix Mottls inständige Bitten, bereit gefunden, an diesem internen Abend teilzunehmen, und bei dieser Gelegenheit ist mir das erstemal das Glück zuteil geworden, ihn auch am Klavier zu sehen und zu hören, wie er, ganz in sich versunken, längere Zeit über einige seiner Kompositionen phantasierte.

Liszts Spiel war von dem aller anderen, die ich sonst jemals gehört habe, was die Innigkeit des Ausdrucks und die ungeheure Gewalt seines Forte betrifft, durchaus verschieden. Deutlich erinnere ich mich noch gewisser Baßläufe, die wie die Prankenschläge eines wütenden Tigers Fetzen aus dem Klavier zu reißen schienen, während dann wieder eine unvergleichlich süße Kantilene beglückenden Frieden verbreitete; und wie schließlich, gleichsam „hinter" diesem Gesang, aus weiter Ferne nochmals grüßend, das gleiche, in die Tonart der großen Terz verschobene Pianissimo-Thema erklang! An jenem Abend spielte der Meister auch ein Stück: „Au lac de Wallenstadt" aus seinem „Année de Pèlerinage" und einige „Chants Polonais" von Chopin.

Die Nachricht, daß Franz Liszt im Wagner-Verein erscheinen werde, hatte sich nur allzu rasch herumgesprochen; und so kam es, daß der Bösendorfersaal gepreßt voll war mit Menschen, die sich alle irgendwie Einlaß zu verschaffen gewußt hatten. Vor die erste Sitzreihe waren vergoldete Samtfauteuils gestellt worden, auf welchen die vornehmste Gesellschaft von Wien Platz genommen hatte. Exzellenzen, Minister und hohe Militärs, mit Orden und Bändern behängt, und in ein Netz von glitzernden Juwelen eingesponnene Fürstinnen. Bevor sich Liszt an das Klavier setzte, erschien er im Saale unterhalb des Podiums, vor den Reihen der Ehrengäste und hielt Cercle.

Es bleibt mir unvergeßlich, wie einzelne von den Damen, als sie von dem Meister angesprochen wurden, sich von ihrem Sitz erhoben, einen tiefen Hofknicks machten und ihm, dem Priester, die Hand küßten; wie er mit ruhiger Würde, lächelnd, alle diese Huldigungen über sich ergehen ließ und wie seine hohe Gestalt mit dem von der schwarzen Soutane scharf abgegrenzten, reichlichen weißen Haupthaar, aus dem Gedränge um ihn weithin sichtbar hervorstach; und wie die Augen der Damen leuchteten, während er sich mit ihnen unterhielt.

Und wie ich nachher, noch ganz betäubt und in Träume versunken, draußen auf der Straße angelangt war, in der damals noch recht spärlich beleuchteten Herrengasse, wo das Durcheinander der vorfahrenden Equipagen mit den galonierten Bedienten auf den Trittbrettern und den Kutschern mit ihren überquer aufgesetzten Dreispitzen und das dumpfe Getrappel der Pferde alles beherrschte, so daß man Mühe hatte, sich durch das Gewirre hindurchzuwinden.

Einige Jahre später, im Winter 1885, an derselben Stelle: Anton Rubinstein! Von seiner Noblesse und Herzensgüte zeugte schon der Umstand, daß er damals, unmittelbar nach Beendigung eines für ihn so anstrengenden Zyklus großer Konzerte, den schönen Einfall hatte, jüngeren Musikern, Lehrern und Konservatoristen, eine ganze Woche hindurch, jeden Nachmittag von vier bis gegen sieben Uhr im Bösendorfersaale unentgeltlich, als seinen geladenen Gästen, Beethovens sämtliche Klaviersonaten, von der ersten bis zur letzten, vorzuspielen. Und da ich damals gerade Privatschüler von Anton Bruckner war, erhielt auch ich über seine Veranlassung eine solche Einladung.

Die Art, wie Rubinstein bei dieser Gelegenheit Beethoven interpretierte, war von seinem sonstigen Konzertspiel deutlich verschieden; man konnte, bei aller gewaltigen Brillanz des Spieles, doch die pädagogische Tendenz herausfühlen, die sich in einer besonders deutlichen und unbegreiflich klaren Gliederung der vorgetragenen Werke und in gewissen Hervorhebungen bei einzelnen schwierigen Sätzen zeigte. Und gerade dieser Umstand war natürlich von unvergleichlicher Bedeutung für die Gewinnung eines tieferen Verständnisses. Ich bin sicher, daß dieses Stück künstlerischer Erziehung, welches wir solcherart Rubinstein damals zu verdanken hatten, bei vielen von uns tiefe Spuren für das ganze Leben hinterlassen hat.

Nachdem bald darauf im Bösendorfersaale auch Hans von Bülow sämtliche Klavierwerke Beethovens gleichfalls mit gewissen didaktischen Intentionen vortrug, war uns nun auch die besondere Gelegenheit geboten, durch Vergleiche zwischen dem Spiel und der Auffassung der beiden Meister ganz neue Einblicke zu gewinnen und unser musikalisches Verständnis abermals zu bereichern.

In der relativ kurzen Geschichte des Bösendorfersaales hatte aber Hans von Bülow einst auch insofern eine besondere Rolle gespielt, als er es gewesen ist, der diesen Konzertraum im Winter 1872 mit einem Beethoven-Abend eingeweiht und eröffnet hat. Bis dahin war nämlich jene Halle für einen ganz anderen Zweck bestimmt gewesen, sie hatte als Privatreitschule innerhalb des fürstlich Liechtensteinschen Palais gedient; und erst nach Beendigung des deutsch-französischen Krieges ist daraus ein Konzertsaal gemacht worden. Damals hat nun der berühmte Pianofortefabrikant Ludwig Bösendorfer diese Lokalitäten für seine Zwecke erworben, jener stadtbekannte Typus eines Altwiener Grandseigneurs, der im Laufe der Dezennien Hunderten von unbemittelten Musikern insgeheim ausgeholfen und ihnen für ihre Ausbildung seine besten Klaviere umsonst zur Verfügung gestellt hat.

Was aber Bösendorfers Konzertsaal betrifft, so konnte man damals immer wieder der Ansicht begegnen, seine besonders edle Akustik stamme daher, daß sich in dem Stockwerk unmittelbar darüber die gewaltige Bibliothek des Fürsten befunden habe, deren großes Gewicht auf die Saaldecke eine ganz eigenartig günstige Dämpfung ausgeübt habe, so daß nicht nur das Klavierspiel, sondern auch Kammermusik und Gesang dort besonders gut zur Geltung kamen.

Auch das gesprochene Wort erklang im Bösendorfersaale besser, voller und inniger als in anderen Räumen; dies konnte man oft genug erfahren, wenn Dichter dort aus ihren Werken vorlasen; ganz besonders aber damals, als Josef Lewinsky, der unvergleichliche Burgtheaterschauspieler, in einem Zyklus Abend für Abend die Odyssee in der Vossischen Übersetzung vortrug. Ob dies wohl heutzutage noch möglich wäre? Ob sich ein Publikum fände, das mit verhaltenem Atem einer solchen Reihe von Homer-Abenden beizuwohnen vermöchte?

Und als gar Lewinsky im siebzehnten Gesang jene Szene heraufbeschwor, da, geleitet von Eumäos, dem trefflichen Sauhüter, der im Gewande eines Bettlers heimkehrende „herrliche Dulder Odysseus" von seinem alten, jetzt ganz verwahrlost auf einem Dunghaufen gelagerten Hunde Argos erkannt wird und Odysseus, erschüttert von der Treue des lieben Tieres, sich heimlich eine Träne abwischt, da konnte man an dem Auftauchen der vielen Taschentücher bemerken, welche tiefe Erschütterung unter den Zuhörern platzgegriffen hatte.

In späteren Jahren bin ich dann öfters im Freundeskreis mit Josef Lewinsky zusammengekommen; und als ich mit ihm einmal auf diese Homer-Abende zu sprechen kam, stellte sich heraus, daß er auch den griechischen Text vollkommen beherrschte und vieles davon auswendig rezitieren konnte. Er erklärte mir, ein solcher Homer-Zyklus vor einem großen Auditorium sei, abgesehen von allen anderen Schwierigkeiten, nur dort möglich, wo die Akustik so vollendet sei wie im Bösendorfersaale. Ein krasses Beispiel ganz elender Resonanz sei hingegen das eben eröffnete neue Burgtheater. Während in dem alten ehrwürdigen Gebäude auf dem Michaelerplatz jedes noch so leise gesprochene Wort an den entferntesten Stellen deutlich und in allen seinen künstlerischen Intentionen ohneweiters verstanden worden sei, habe dagegen in dem neuen, seelenlosen Prachtbau der Schauspieler einen ganz vergeblichen Windmühlenkampf gegen das viel zu große Haus und gegen seine unberechenbaren akustischen Tücken zu führen, und an dieser Klippe werde und müsse die ganze alte Schule des Burgtheaters scheitern und zugrunde gehen.

Im Laufe dieses Gespräches über schauspielerische Wirkung kamen wir auch auf Friedrich Nietzsche zu sprechen und ich fragte Lewinsky, wie er über eine Stelle in dem eben erschienenen Pamphlet „Der Fall Wagner" denke, wo Nietzsche, allerdings in einem etwas anderen, viel allgemeineren Sinne, über Bühnenwirkung spricht. Man sei, heißt es dort, „Schauspieler damit, daß man eine Einsicht vor dem Rest der Menschen voraus hat: was als wahr wirken soll, darf nicht wahr sein." Dieser Satz sei von Talma formuliert: er enthalte die ganze Psychologie und Moral des Schauspielers. Nach einigem Nachsinnen antwortete Lewinsky, er halte diese Sätze allerdings in einem gewissen Sinne für zutreffend, aber es komme dabei vor allem darauf an, was man hier unter „wahr" und was unter „unwahr" verstehe. Nur vereinzelten Bühnenkünstlern wäre es möglich, sich von ihrer Person so weit abzusondern, daß diese Betrachtungen für sie nicht irgendwie zuträfen; denn man müsse die Schauspieler in verschiedene Klassen einteilen: wenig begabte Anfänger, die auf der Bühne von ihren Gefühlen ganz übermannt, sich „in Stücke reißen", ohne dadurch eine Wirkung zu erzielen. Dann wieder andere, auch nicht sehr begabte, die alles mit berechnender Kälte erzwingen wollen. Schließlich aber die echten, geborenen Schauspieler, die auf der Bühne ihr wahres, alltägliches Ich als unsäglich banal und gewöhnlich erblicken, als etwas, das überwunden werden müsse, und, man könnte sagen „räumlich daneben", die von dem Dichter geschaffene Gestalt mit ihrer höheren, lebendigen Wahrheit. Und nun müsse in einem unbegreiflichen, geheimnisvollen Prozeß diese so erschaute Gestalt auf den alltäglichen, agierenden Menschen einwirken, ganz von ihm Besitz ergreifen und für ihn zu einer Besessenheit werden. Erst dann, wenn jene zweite Gestalt die private Person des Schauspielers ganz verschlungen und völlig überwältigt habe, sei eine wirklich künstlerische Wirkung zu erwarten. Und dies gelte auch für Rezitationen wie jene der Odyssee im Bösendorfersaale, wo der Vortragende, nicht gestört durch äußere Hindernisse, sich ganz seinen Visionen hinzugeben und dadurch die seelische Verbindung mit den Zuhörern zu finden vermochte.

Als ich an einem sonnigen Frühjahrsnachmittag des Jahres 1885 den Minoritenplatz überquerte, sah ich von weitem schon Anton Bruckner auf mich zukommen und mich mit seinem schwarzen Schlapphut zu sich heranwinken. Er habe von dem Orgelbauer Rieger aus Jägerndorf die Nachricht erhalten, daß dieser soeben ein neuartiges Instrument seiner Konstruktion im Bösendorfersaale habe aufstellen lassen und wie überaus dankbar er wäre, wenn Bruckner es besichtigen, daraufspielen und ihm sein Urteil bekanntgeben wollte. Also, „Samiel, mein hochverehrter Gönner", sagte der Meister, „gehen wir gleich miteinander hin, mich interessiert diese Geschichte!" „Samiel", das war, wie schon erwähnt, der ursprünglich von Webers „Freischütz" herstammende sonderbare Kosename, mit welchem Bruckner mich zu apostrophieren pflegte; und was den „hochverehrten Gönner" betrifft, so dürfte ich nicht der einzige von seinen Privatschülern gewesen sein, den er durch diesen hochtrabenden Titel ausgezeichnet hat.

Natürlich war ich überglücklich, dieser Aufforderung Folge leisten zu dürfen, und so legten wir selbander die paar Schritte nach der Herrengasse zurück. Die Konzertsaison war schon vorbei, ein Teil der Sitzreihen entfernt worden und an ihrer Stelle, fast in der Mitte des Saales, erblickten wir eine nicht sehr große Orgel, welche mit ihrer einfachen Verkleidung aus heller Eiche, der Reihe zinnerner Prospektpfeifen, den drei schief übereinandergelagerten Manual-Klaviaturen, den vielen Registerzügen und der massiven Fuß-Klaviatur des „Pedales" einen feierlich-ernsten Eindruck machte. Ein Diener trat die Bälge, Bruckner nahm auf der Orgelbank Platz und begann zu präludieren, wobei er allmählich die Klangfarbe der einzelnen Register durchprobierte. Bald wurde daraus eine Phantasie über einige seiner Themen, die schließlich in eine frei erfundene große Fuge mit einem machtvollen Schluß- "Orgelpunkt" ausklang. „Die Kunst der freien Improvisation", sagte mir dann Bruckner, „ist jetzt fast gänzlich verlorengegangen. In früheren Zeiten noch, als ich bei Simon Sechter studierte, wurde keiner als ein wirklich durchgebildeter Organist oder Kapellmeister angesehen, der nicht imstande gewesen wäre, einen „bezifferten Baß", einen „Continuo" vom Blatt zu spielen, womöglich sogar in einem kontrapunktlich bewegten Stil; oder der nicht fähig gewesen wäre, über ein ihm aufgegebenes Thema eine vollkommen korrekte Fuge frei zu improvisieren." Unter einem „bezifferten Baß" hat man bekanntlich eine einzelne Baßstimme verstanden, mit gewissen Ziffernnotierungen darüber oder darunter, welche für einen guten Musiker vollkommen genügten, um das Akkompagnement prima vista richtig hinzuzufügen.

Von dem milden und doch vollkräftigen Klang des Orgelwerkes war Bruckner sehr befriedigt und er war erstaunt, daß es möglich gewesen, dies alles bei einem so kleinen Instrument zu erreichen; er lud mich ein, am nächsten Tage zur gleichen Stunde wieder im Bösendorfersaale zu erscheinen, und dies wiederholte sich noch an den folgenden Tagen. Da ich dabei die ganze Zeit mit Bruckner allein war, hatte ich eine willkommene Gelegenheit, ihn an der Orgel zu bewundern. Einmal erklärte er mir, er wolle nun eines seiner Lieblingsstücke von Joh. Seb. Bach spielen, ein Werk, das zwar nicht für die Orgel geschrieben sei, sich aber doch bei entsprechend richtiger Behandlung für dieses Instrument vorzüglich eigne. Es war die bekannte fünfstimmige Fuge in Cis-moll, die vierte im ersten Bande des „Wohltemperierten Klaviers". Welch ein mächtiger Eindruck, dieses gewaltige Werk einmal nicht auf dem Klavier, sondern in einer Art gigantischer Vergrößerung, mit wechselnden Stimmen registriert, auf der Orgel zu hören, wo insbesondere der Eintritt des letzten großen Themas in der Pedalstimme und die Schlußkadenz einen überwältigenden Eindruck machten. Wie er mir dann sagte, hatte Bruckner diese Fuge gelegentlich auch schon auf ganz großen Orgeln gespielt und sie habe da besonders machtvoll gewirkt.

Dann begann der Meister wieder zu präludieren und improvisierte schließlich einen wundervollen Choralsatz, der nur aus einer Kette von Dreiklängen bestand. „Gibt es denn etwas Innigeres, Herrlicheres, als eine solche Folge bloßer Dreiklänge?" rief er aus. „Ist das nicht wie ein reinigendes Seelenbad? Von Zeit zu Zeit fühle ich immer wieder das tiefe Bedürfnis, solche Sätze zu spielen, sei es auf der Orgel, sei es auf dem Klavier, und in den stillen Fluten solcher einfacher Dreiklänge ganz unterzutauchen!"

Was Bruckner gleichfalls besonders liebte, war eine Aneinanderfügung von Sext-Akkorden, aus deren unmittelbarer Folge er eine ganz eigenartige Mystik heraushörte. Ich erinnere mich noch, wie er in seinen Universitätsvorlesungen ausführlich von diesen Akkordverbindungen sprach, wie er sich dann an das elende, ganz verstimmte Klavier setzte, um uns solche Sätze vorzuspielen. Man weiß ja, daß insbesondere Richard Wagner mit Folgen von Sext-Akkorden ungeheure Wirkungen erzielt hat, man denke nur an das übermenschliche „Wanderer"-Thema im „Siegfried": „Wanderer heißt mich die Welt, weit wanderte ich schon; auf der Erde Rücken rührt ich mich viel."

Die neue Orgel gefiel Bruckner so sehr, daß er mir dringend riet, sie zu kaufen und in meiner Wohnung aufzustellen; er werde dann oft zu mir kommen, um darauf zu spielen; auch wäre er bereit, mich im Orgelspiel weiterzubilden, sicher wäre es ihm möglich, mit der Zeit einen ganz guten Organisten aus mir zu machen. Leider mußte ich ihm erwidern, daß meine bescheidenen Mittel es mir trotz dem relativ niedrigen Preis nicht erlaubten, das

Instrument zu erwerben, und daß dieses, wenn es auch in dem leeren Saale ziemlich klein erscheine, doch, vor allem wegen seiner großen Höhe, für einen gewöhnlichen Wohnraum schwerlich in Betracht käme.

Im Bösendorfersaale habe ich Bruckner auch bei anderen Gelegenheiten häufig getroffen, insbesondere an jenen Abenden, da seine Schüler Joseph Schalk, Ferdinand Löwe und Franz Zottmann einige seiner Symphonien auf dem Klavier interpretierten, um sie dem Publikum, aber nicht weniger auch den Musikkritikern verständlich zu machen und näherzubringen. Man wird wohl sagen können, daß ein besseres Verständnis Bruckners gerade durch die eigentümliche Didaktik dieser vortrefflichen Klavierinterpretationen erst möglich geworden ist, daß die Bruckner-Kenntnis vom Bösendorfersaale ihren Ausgang genommen hat.

Gewöhnlich pflegte der Meister sich ganz rückwärts unter dem Stehplatzpublikum zu verstecken, so daß er für die meisten ganz unsichtbar blieb. Dies war ja zumeist auch bei den großen Philharmonischen Mittagskonzerten der Fall, wo Bruckner sich stets hinten im Stehparterre aufhielt oder aber, wenn etwas von ihm selbst aufgeführt wurde, sich hinter der großen Orgel verbarg, um erst hervorzukommen, wenn er stürmisch gerufen wurde.

Zu den häufigen Besuchern des Bösendorfersaales gehörte auch Hugo Wolf und wir sind oft genug dort nebeneinander gesessen, so daß ich seine meist überaus temperamentvollen Äußerungen über das Dargebotene aus erster Hand entgegennehmen konnte.

An einen besonderen Zwischenfall erinnere ich mich noch genau. Eine bekannte Sängerin und ein Sänger hatten einen Hugo-Wolf-Abend angekündigt und Ferdinand Löwe es übernommen, sie am Klavier zu begleiten. Hugo Wolf, der damals gerade bei mir wohnte, war schlecht gelaunt und wollte nicht hingehen. Im letzten Augenblick aber gelang es mir doch, ihn zu überreden.

Wir warteten auf den Beginn des Konzertes, aber die Ausübenden blieben unsichtbar. Schließlich stellte sich heraus, daß Ferdinand Löwe plötzlich erkrankt war und hatte absagen müssen. Das Publikum war einen Augenblick sehr enttäuscht, aber plötzlich wurde Wolfs Anwesenheit im Saale entdeckt und alles rief ihm zu, doch auf das Podium zu kommen und selbst zu begleiten. Nach langem Sträuben ließ er sich schließlich doch in seinem hellen Anzug zum Klavier schleppen; in dem Augenblick aber, als er den ersten Akkord anschlug, war er sogleich wie ausgewechselt und begleitete nun seine Lieder mit unvergleichlichem Ausdruck. Der Sturm, der hierauf losbrach, war gewaltig!

Eines meiner eigenartigsten Erlebnisse war der Abend im Bösendorfersaale, an welchem ich, zu Ende des Winters 1907, Joseph Joachim mit seinem berühmten Quartett zum letzten Male spielen gehört habe. Es war zugleich auch Joachims letztes Erscheinen vor dem Wiener Publikum. Auf dem Programm stand unter anderm das Streichquartett op. 132 in A-moll, eines von Beethovens letzten Werken. Gleich zu Beginn des ersten Assai sostenuto-Adagios überkam einen die Empfindung, als hätten sich düstere Schatten über das Ganze gebreitet. Allerdings ist ja das A-moll-Quartett so sehr von Todesahnung, Sehnsucht und einer jenseitigen Verklärung erfüllt, daß es schwer war, zu unterscheiden, wieviel von dieser Stimmung den Ausübenden zuzuschreiben war und was davon dem Werk selbst entströmte.

Und als dann gar jenes ekstatisch-leidensvolle Adagio, jene unvergleichliche „Canzona di ringraziamento" in der so fremdartigen, ganz unirdisch anmutenden lydischen Tonart erklang, da ging ein eigenartiger Schauer durch den Saal. Dies war nicht so sehr das „Dankgebet eines Genesenden an die Gottheit" als vielmehr der Abschied eines Sterbenden. — Wenige Monate nach diesem Quartettabend hat Joachim in Berlin seinen letzten Atemzug getan.

Etliche Jahre später, im Jahre 1913, wurde der Bösendorfersaal für immer geschlossen und im Jahre 1919 sollte Ludwig Bösendorfer selbst als vierundachtzigjähriger Greis dahingehen, das Sinnbild alles Guten aus einer nunmehr entschwundenen Epoche. Wo einst sein unvergleichlicher Konzertsaal gestanden hatte, dort reckt sich jetzt als Symbol einer neuen Zeit ein „Wolkenkratzer" empor …

Philosophen, Schwärmer und Politiker

Spaziergänge mit einem Philosophen

Im November des Kriegswinters 1917 erschien in dem Salon einer mir befreundeten geistvollen Wiener Dame, nebst anderen bedeutenden und merkwürdigen Persönlichkeiten, eines Tages ein Mann, etwa Mitte der Vierzig, halb Weltkind, halb Gelehrter, der mit seinem breiten Nacken und dem kurzgeschorenen runden Schädel auch ein wenig an einen Landpfarrer gemahnte. Sein Name war Dr. Max Scheler, er war aus München gekommen, wie uns zugeflüstert wurde, mit geheimen Aufträgen des deutschen Reichskanzlers. Einige philosophische und sozialpolitische Arbeiten, die er veröffentlicht hatte, waren viel bemerkt worden; damals galt er aber noch nicht als der tonangebende Philosoph, der er dann später geworden ist. In unseren ohnedies schon recht bewegten Kreis brachte dieser Hecht im Karpfenteich durch sein lebhaftes Wesen, seine aufreizende Polemik und manche oft recht paradox klingende Behauptungen neues Leben. Während mich auf der einen Seite vor allem seine Schwärmerei für die frühen Scholastiker fesselte, brachte er mich immer wieder zur Verzweiflung, wenn er in dem damals gerade modern gewordenen Phänomenologen-Jargon hemmungslos über Kant und dessen neuere Interpreten herfiel.

Ich erzählte Scheler von meinen vieljährigen freundschaftlichen Beziehungen zu dem von mir besonders verehrten Hermann Cohen, dem Haupte der Marburger Philosophenschule, über dessen Arbeiten ich schon im Jahre 1884 eine Abhandlung herausgegeben und den ich nach wie vor für den tiefsten Kant-Kenner und Interpreten, wie auch für einen der bedeutendsten Geister unserer Tage halte.

Scheler antwortete mit großer Heftigkeit, er habe, ebenso wie von Kant selbst, so auch von dessen Interpreten eine recht geringe Meinung, auch sei dies alles jetzt gänzlich aus der Mode; die wirklich auf der Höhe der Zeit stehenden Philosophen seien längst zu Husserl und seiner Phänomenologie abgeschwenkt. Da ich merkte, daß eine Diskussion über dieses Thema ganz aussichtslos sein werde, versuchte ich, dem Gespräch eine andere Wendung zu geben; bald jedoch gerieten wir uns wegen unserer ganz verschiedenen Ansichten über Platon und Augustinus abermals in die Haare.

Gerade diese stets wiederkehrenden Streitereien waren es aber, die uns zusammenführten, so daß wir uns fast täglich sahen und gemeinsame Spaziergänge miteinander machten. Dabei war ich bestrebt, ihm Wien von einer ihm neuen und für ihn bedeutungsreichen Seite zu zeigen; auch führte ich ihn in manche Gesellschaftskreise ein, die seinen Bestrebungen entgegenkamen. Wie im Traume wandelte Scheler durch die Straßen und schrankenlos ergab er sich dem Zauber glitzernder Dunstschleier über manchen winkeligen Plätzen und in der Sonne funkelnden Kuppeln. Die Art der „Sympathiegefühle" in unserem geselligen Verkehr entzückte ihn und bald war er gänzlich von der geistigen Anmut und dem gütig-heiteren Lächeln einer hochbegabten Wiener Philosophin gefangengenommen.

„Welch eine Stadt, welch linder Geisteshauch über ihr!" rief er immer wieder. „Wo gäbe es eine zweite Metropole, in der Werke wie die Gluckschen Opern, Beethovens Symphonien, die Zauberflöte und Schuberts Lieder in solcher Fülle entstanden sind?" Bei einem unserer Spaziergänge kam er wieder einmal auf dieses Thema zurück. Zu den Eindrücken, die er hier gewonnen, meinte er, scheine es ihm auch vortrefflich zu stimmen, daß die Theaterstadt Wien gerade für das streng wissenschaftliche, exakte Denken verhältnismäßig wenig geleistet und zu den technischen Errungenschaften der Menschheit nur ein Geringes beigetragen habe. Aber gerade darin scheine ihm eben, wie bei schönen Frauen, ihr unvergleichlich tiefer Reiz zu liegen. „Kann man sich etwa den von Ihnen so sehr vergötterten Kant in Wien denken?" frug er mich höhnisch.

„Nun", erwiderte ich, „gar so fremd, wie Sie das jetzt hinstellen, ist ja Kant hier nicht gewesen! Haben Sie die Güte, sich seines Zeitgenossen, des Carl Leonhard Reinhold zu erinnern, eines echten Wieners, der hier wissenschaftlich ausgebildet worden ist. Seine ‚Briefe über die Kantsche Philosophie' haben dessen Werke eigentlich erst dem Publikum erschlossen." „Schon gut!" antwortete Scheler, „das ist natürlich richtig, hat aber mit unserem Gegenstand nur wenig zu tun; auch hat ja Reinhold in Wien selbst so gut wie gar nicht gewirkt. Jetzt fehlt nur noch, daß Sie mir mit dem Kaiser Marc Aurel kommen, der ja seine todernsten ‚Selbstgespräche' in Wien geschrieben hat. Aber was hat denn dieses Buch mit Wien zu tun? Was ich sagen wollte, ist vielmehr, daß mir Wien zu den exakten Denkmethoden keine unmittelbare Beziehung zu haben scheint. Ich denke dabei weniger an die beschreibenden Naturwissenschaften; ich bin mir wohl bewußt, daß hier Eduard Sueß gewirkt hat, einer der größten Geologen, und daß Wien eine unvergleichlich hohe medizinische Kultur besitzt, daß von den Tagen des Van Swieten bis zur Gegenwart, bis Wagner-Jauregg und Sigmund Freud, eine fast lückenlose Reihe von großen Leuchten der Heilkunde hier tätig war. Dies alles ist aber doch mehr eine Angelegenheit des intuitiven Schauens und eines mehr künstlerisch divinatorischen Erfassens der Natur als einer streng methodischen Arbeitsweise." Wien, meinte Scheler, erscheine ihm doch vor allem als eine Stätte der höchsten Künstlerschaft.

Während dieses Gespräches waren wir gerade über den Stephansplatz geschritten. „Sehen Sie", sagte ich, „dort an jener Ecke, gerade dem Dom gegenüber, hat sich einst die Bürgerschule von St. Stephan befunden, in deren Räumen dann, zu Ende des 14. Jahrhunderts, die erste Wiener Universität eingerichtet worden ist. Der erste Rektor war der berühmte Mathematiker Albert von Sachsen, den Lionardo da Vinci verehrt hat und in seinen Schriften stets mit dem Kosenamen ‚Albertuccio' erwähnt. Neben ihm wirkte noch Heinrich von Langenstein, das andere Haupt der alten Wiener Mathematikerschule, deren Ruhm damals in alle Lande gedrungen ist." „Merkwürdig", rief Scheler; „ich habe keine Ahnung gehabt, daß es hier in Wien große Mathematiker gegeben hat!" „Und so kam es", fuhr ich fort, „daß später einmal, als die beiden Meister längst dahingegangen waren, ein nach Wissen dürstender Jüngling hier eintraf und sich bei dem gleichfalls berühmten Mathematiker, dem Meister Johannes von Gmunden, als Schüler meldete. Der Familienname dieses neuen Scholaren ist unbekannt; da er aber aus dem ober-österreichischen Städtchen Peuerbach, unweit Eferding, stammte, so nannte man ihn einfach Georg von Peuerbach. Sie werden sich vielleicht erinnern, daß anderthalb Jahrhunderte später in Eferding Johannes Kepler gelebt und geliebt hat und daß er von dort auch seine Gattin heimgeführt hat." „Den Namen Georg von Peuerbach habe ich des öfteren gehört", meinte Scheler; „ist er denn eine solche Größe gewesen?" „Das will ich meinen", rief ich; „bald hatte er alle seine Lehrer überflügelt und nach wenigen Jahren ist er hier Professor der Mathematik und Astronomie geworden. Obwohl er nur ein Alter von achtunddreißig Jahren erreicht hat, sind von ihm doch viele wichtige Arbeiten hinterlassen worden, die dann, nach seinem

Tode, ein Schüler in seinem Sinne fortgesetzt und abgeschlossen hat.

Dieser merkwürdige Schüler aber war erst fünfzehn Jahre alt, als er in Wien eintraf und um Aufnahme in Peuerbachs Kolleg ansuchte. Von weither war er nach Wien gepilgert, von Königsberg in Mittelfranken. Sein Name war Johann Müller; seiner Vaterstadt zu Ehren nannte er sich später Johannes Regiomontanus und dieser Name hat die Jahrhunderte überdauert. Bei Peuerbach erlernte er die von diesem entdeckten trigonometrischen Methoden, wie auch die Kunst, astronomische Tafeln, ‚Ephemeriden', anzufertigen. Nach Peuerbachs Tode hat er sie zu Ende geführt."

„Auf diese Ephemeriden werden sich wohl die Astrologen gestürzt haben", rief Scheler. „Dies natürlich auch; von weit größerer Bedeutung ist aber, daß es diese Tafeln gewesen sind, welche dann Vasco da Gama und Christoph Columbus auf ihren weltbewegenden Entdeckungsreisen benutzt haben, daß also die Auffindung der unbekannten Kontinente ohne die wissenschaftliche Vorarbeit unserer beiden Wiener Meister sicherlich nicht gelungen wäre, daß ohne ihre Leistung die Geschichte der Menschheit einen ganz anderen Lauf genommen hätte!"

„Soweit ich mich entsinnen kann", meinte Scheler, „waren die trigonometrischen Tafeln, mit denen ich im Gymnasium gequält worden bin, die von Bremicker. Die sind doch ein halbes Jahrtausend später erschienen; beruhen sie auch auf den Arbeiten Ihrer Wiener Mathematiker?" „Indirekt sicherlich", erwiderte ich, „wenn auch die Methoden seither verfeinert worden sind. Die Tafeln, von denen Sie sprechen und ähnliche sind aber nichts anderes als eine neuere Bearbeitung jener von Vega. Ist es nicht sonderbar, daß auch diese gleichfalls aus Wien stammen? Georg Freiherr von Vega war nämlich in Wien Professor und seine weltberühmten Logarithmentafeln sind etwa zur Zeit des Bastillensturmes in Wien gedruckt worden; man kann ruhig sagen, daß ohne die Hilfe dieses märchenhaften Wunderinstrumentes keine von den modernen höheren Ziflernrechnungen möglich wäre. Und nun bedenken Sie, daß auch dies ein Geschenk ist, welches die Menschheit der exakt-wissenschaftlichen Kultur unserer Stadt zu verdanken hat!"

„Da fällt mir eben ein", rief Scheler, „daß ja auch Leibniz längere Zeit in Wien gelebt hat; können Sie mir hierüber Näheres sagen?" „Gerne", erwiderte ich; „wenn Sie mir noch ein paar

Schritte folgen wollten, so zeige ich Ihnen die Stelle am ‚Lugeck' wo Leibniz gewohnt hat. Dort, wo Sie jetzt dieses unerfreuliche Zinshaus erblicken, befand sich einst der uralte ‚Federlhof' ein schmales zweistöckiges Gebäude, überragt von einem sechs Stockwerke hohen Mauerturm. Dort ist Leibniz im Jahre 1712 abgestiegen. Leider habe ich das Gebäude nicht mehr sehen können, denn es ist einige Jahre vor meiner Geburt niedergerissen worden; sobald Sie aber wieder einmal zu mir kommen, zeige ich Ihnen einen schönen Stich davon. Es war ein merkwürdiges Haus. Hatte doch auch der große Wundermann Theophrastus Paracelsus lange vor Leibniz dort gewohnt; und in dem hohen Turm ist Wallenstein seinen astrologischen Beobachtungen obgelegen; vielleicht mit seinem Freunde Giovanni Battista Seni aus Padua.

Leibniz war nach Wien gekommen, um hier seine alte Lieblingsidee einer Akademie der Wissenschaften zu realisieren; durch widrige Umstände ist aber dieses Projekt ins Wasser gefallen. Während seines Aufenthaltes hat er viel bei Hof und insbesondere mit dem Prinzen Eugen von Savoyen freundschaftlich verkehrt. Dieser hatte ihn bestürmt, er möge den Inhalt seiner ‚Theodicee' und seines ganzen Systems von der prästabilierten Harmonie und der ‚besten aller Welten' in einer kurzen und übersichtlichen Darstellung weiteren Kreisen zugänglich machen. In kurzer Zeit hatte Leibniz diesem Wunsch entsprochen und seine unsterbliche ‚Monadologie' niedergeschrieben. Von dieser Schrift war Prinz Eugen auf das tiefste ergriffen; er bewahrte das Manuskript wie ein Heiligtum, konnte sich davon nicht trennen und führte es stets mit sich. Wenn Sie sich nun erinnern, daß in der ‚Monadologie' auch die Grundgedanken der von Leibniz entdeckten Differenzialrechnung und der analytischen Mechanik, ebenso wie jene der modernen Biologie enthalten sind, so werden Sie wohl zugeben müssen, daß Wien in der Geschichte der exakten Wissenschaften eine gewaltige Rolle gespielt hat, wie nur wenige Städte!

Und was technische Errungenschaften betrifft, so denken Sie an die Schiffsschraube, ohne die wir uns jetzt weder eine richtige Ozean- noch eine Luftschiffahrt denken können. Auch sie ist in Wien zur Welt gekommen."

„Natürlich", rief Scheler, „welch ein tragikomisches Erfinderschicksal des armen Josef Ressel, dessen endlich geglückter Schraubendampfer sogleich von der Polizei verboten worden ist!"

„Und was sagen Sie zu Christian Doppler, dem Entdecker des

nach ihm benannten Prinzips? Der hat doch in Wien studiert und ist hier auch Professor gewesen. Wie wenig wüßten wir von der Bewegung der Fixsterne und der kosmischen Nebel, wenn wir jenes ‚Dopplersche Prinzip' nicht hätten, auf welchem doch die ganze moderne Astronomie beruht? Wenn wir noch länger beisammenblieben, würde mir sicher noch mancher große Erfinder oder Naturforscher einfallen, der von Wien aus gewirkt hat. Zum Abschied will ich nur Ernst Mach, Ludwig Boltzmann und Josef Loschmidt herausgreifen. Sie werden doch nicht bestreiten, daß Mach uns ganz neue philosophisch unschätzbare Einblicke in die Physik eröffnet hat und daß der Grundgedanke der späteren ‚allgemeinen Relativitätstheorie' auf ihn zurückgeht. Und was Boltzmann und Loschmidt betrifft, so haben wir ihnen die Grundlagen der molekularen Gastheorie zu verdanken. Insbesondere Boltzmann hat doch gänzlich neue, bis dahin ungeahnte Zusammenhänge zwischen dem einseitig gerichteten Lauf der Natur, den Gesetzen der Wahrscheinlichkeit und der Statistik entdeckt, womit er noch nicht dagewesene philosophische Perspektiven eröffnet hat. All dies ist Ihnen natürlich ebenso gut bekannt wie mir, aber es kann nicht schaden, wenn ich es Ihnen einmal von meinem lokalen Wiener Standpunkt aus in Erinnerung rufe!"

Wenige Tage nach dieser Unterhaltung erhielt Scheler eine Depesche, die ihn dringend nach Deutschland zurückberief. Er mußte sofort abreisen und ich habe ihn später leider nicht wieder gesehen. Dies beklage ich um so mehr, als er mittlerweile ganz unvermutet, noch im besten Mannesalter, einem Herzschlag erlegen ist.

Theosophie und Labour-Party

Der Name des jungen Ramsay Macdonald, des nachmaligen Premierministers von England, ist mir zum ersten Male untergekommen, als ich zu Beginn der Neunzigerjahre längere Zeit in London weilte, um dort eine Anzahl technischer Arbeiten durchzuführen. Im Zusammenhange mit dieser Tätigkeit sah ich mich auch genötigt, mir dort ein eigenes chemisches Laboratorium einzurichten; und da es sich dabei auch um die Anwendung verschiedener explosiver Stoffe handelte, mußte meine Arbeitsstätte weit draußen, ganz außerhalb des Häusermeeres, jenseits der Victoria-Docks, gelegen sein. Tagtäglich war ich genötigt, die Reise von South Kensington, wo ich bei Freunden zu Gast war, mit der „Underground" zurückzulegen, und abends fühlte ich mich meistens so ermüdet, daß ich froh war, gleich ins Bett zu kommen.

Trotz alldem aber fand ich mitunter doch auch Zeit und Lust, mich für andere Dinge zu interessieren. Zu den Gegenständen, welche mich damals beschäftigten, gehörte nun auch die indische Theosophie, die ich schon Jahre vorher, gemeinsam mit Freunden aus aller Welt, aus England, der Schweiz, den Rheinlanden und Paris eifrig betrieben hatte; und da die Lehren des „Esoteric Buddhism" damals in England gerade in aller Munde waren, fand ich bald auch dort gleichgestimmte Seelen, so daß ich schließlich den größten Teil meiner freien Zeit mit den führenden Theosophen verbrachte. Madame H. P. Blavatsky, die russisch-indische Hierophantin, mit der ich in früheren Jahren viel verkehrt hatte, war kurz vor meiner diesmaligen Ankunft in London gestorben und so waren es zumeist ihre engsten Freunde, mit denen ich zusammenkam: der bekannte Colonel Henry Steele Olcott, das Ehepaar A. P. Sinnett, Captain Edward Maitland, Mrs. Annie Besant und andere Damen.

Bei einer feierlichen Veranstaltung in einem großen Londoner Festsaal, der ich als „Ehrengast" auf der Tribüne beiwohnen mußte, machte ich nun auch die Bekanntschaft anderer theosophischer Größen; so vor allem die von Herbert Burrows, der, ein alter Freund der Mrs. Annie Besant, mit ihr schon eng verbunden war, als weder er selbst noch Annie Besant etwas von Theosophie wußten. Sie beide waren aber enthusiastische Anhänger und hingebungsvolle Freunde des berühmten radikalen Parlamentariers und

Sozialreformers Charles Bradlough, der erst vor einem Jahr ganz unvermutet gestorben war. Herbert Burrows, ein von allen verehrter Arbeiterführer, hatte das energische, scharf geschnittene Falkengesicht des schottischen Hochländers; seine hellen, klaren Augen blickten durchdringend, wie in weite Fernen. Das blonde Haar war lang und ungescheitelt, der rötliche Schnurrbart hing ihm über die Mundwinkel herab; stets trug er einen Anzug aus gerippten, braunem Samt, den Schillerkragen über den Rock umgeschlagen, und eine hellrote Krawatte. Daß er ein richtiger Schotte war, merkte man sofort an der Aussprache. Schon nach kurzer Zeit sind wir einander nähergetreten; und dazu hat nicht wenig beigetragen, daß ich zusammen mit Mrs. Besant, deren Freundin, Countess Wachtmeister, der Gattin des schwedischen Gesandten, und einigen anderen Damen und Herren zu einem Mail-Coach-Ausflug geladen war, der mit einem wundervollen indisch-vegetarischen Picknick auf dem Landsitz der Mrs. Milbank in der Nähe von Maidenhead endete.

Auf den gepflegten Rasen vor dem anheimelnden, uralten Wohnhause war ein mächtiges weißes Tischtuch gebreitet und die ganze Gesellschaft nahm auf Lederpölstern, um das Tischtuch herum auf dem Boden kauernd, Platz. Ein brauner indischer Diener, weiß gekleidet, mit mächtigem weißen Turban, reichte köstlichen Tee und alle erdenklichen indischen Nationalgerichte. Eine Anzahl indischer „Pundits" war anwesend, und einer von ihnen, der bekannte Mohan Mohini Chatterdjee, sprach auch über seine neuen Studien zur „Bhagavad Gita". Erst spät am Abend traten wir in glücklicher Stimmung die Rückfahrt nach London an.

Gleich seiner Freundin Annie Besant hatte sich auch Herbert Burrows den Theorien des „esoterischen Buddhismus" zugewendet; allerdings aber wahrscheinlich aus dem Grunde, weil er glaubte, auf diesem Wege auch auf die Bevölkerung Indiens politisch Einfluß gewinnen zu können; denn seine Schwärmerei für Charles Bradlough hatte seit dessen Tode keineswegs gelitten.

Eines Tages, als ich ihm erzählte, eine meiner liebsten schottischen Freundinnen hätte Bradlough gleichfalls gut gekannt und verehrt, begann er aus sich herauszugehen und mir eine Menge Dinge von diesem frühzeitig dahingegangenen Freunde zu erzählen; und im Verlaufe des Gespräches erwähnte er auch den Namen eines jungen, von ihm sehr bewunderten Politikers und engeren Landsmannes, auf den er jetzt alle seine Hoffnungen für die

Zukunft setze: den Namen Ramsay Macdonald, der, wenn auch erst in der Mitte der Zwanzig, schon eines der einflußreichsten Mitglieder der neu gegründeten „unabhängigen Arbeiterpartei" geworden sei.

Und oft, wenn ich mit Burrows zusammenkam, sei es bei den Theosophen, sei es in meinem Laboratorium, wo er mich mitunter aufsuchte, wurde das Gespräch über Bradlough, Keir Hardie, den berühmt gewordenen Bergmann, und über Ramsay Macdonald wieder aufgenommen. Eines Tages, Ende Juli, erhielt ich die Nachricht, es sei in meinem Interesse dringend nötig, daß ich meine chemischen Arbeiten so rasch als irgend möglich zu Ende bringe, da der wichtigste Interessent plötzlich abreisen müsse. Ich entschloß mich also, gleich am folgenden Morgen ins Laboratorium zu eilen, um keine Stunde zu versäumen.

Als ich aber in aller Frühe zur nächsten Station der „Underground"-Bahn kam, fand ich die Schalter von einer wüsten Menschenmenge belagert und ein Policeman, den ich zu Rate zog, lächelte höflich überlegen, weil ich nicht zu wissen scheine, daß „Bank Holiday" sei, nämlich der erste Montag im Monat August; und jedes Kind wisse doch, daß an diesem Tag, den gesetzlichen Bestimmungen gemäß, sämtliche Banken, Geschäfte und Fabriken geschlossen sein müßten, so daß alle Arbeiter und Angestellten einen freien Tag hätten. Da es auch unmöglich war, in einem Omnibus einen Platz zu erobern, und ich unter allen Umständen in mein Laboratorium gelangen wollte, so wandte ich mich schließlich an den Lenker eines gerade leer vorbeifahrenden Hansom-Cabs mit dem Auftrag, mich nach der Great Liverpool Street Station zu fahren, von wo aus ich in einem von dort abgehenden Zug einen Platz zu erkämpfen hoffte. Der Cabman sah mich groß an, als hätte er es mit einem Verrückten zu tun; ich stieg ein und wir fuhren los. Erst an der Endlosigkeit dieser Fahrt wurde mir klar, welche riesige Entfernung der arme Gaul zurückzulegen hatte; und dem entsprach natürlich auch der geforderte Fahrlohn.

Als wir bei der Liverpool Street Station eintrafen, fanden wir aber auch diesen großen Bahnhof von einer gewaltigen, sich wild balgenden Menschenmenge umringt; und auf den ersten Blick erkannte ich, daß es ganz aussichtslos sei, hier mitzukommen. Der Wagenlenker riet mir darum, sogleich nach dem nahegelegenen Bahnhof Fenchurch Street hinüberzufahren, von wo aus ich gleichfalls mein Reiseziel erreichen konnte. In der Tat schien es hier etwas leichter, sich wenigstens einen Stehplatz zu erkämpfen. Unaufhörlich stürmte die Menge der Ausflügler alle an den vielen Perrons rasch hintereinander abgelassenen Züge, und siehe da, es gelang mir ganz unvermutet, in einem Kupee erster Klasse einen schönen Sitzplatz zu bekommen. Da der überfüllte Zug augenblicklich abfuhr, atmete ich auf, denn ich dachte mich geborgen. Aber meine Freude war kurz: als wir in die Station Leman Street einfuhren, das Zentrum jenes berüchtigten Whitechapel-Distrikts, stürmte auch da eine toll gewordene Menge den Zug. Die Kupeetür wurde gewaltsam aufgerissen, und eine Sturzflut von grell angezogenen, betrunkenen und gröhlenden Straßendirnen drang zu uns herein. Ohne viel zu fragen, setzten sich die nach Schnaps duftenden Megären den Passagieren auf den Schoß, machten entsetzlich gemeine Witze und begannen unter brüllendem Gelächter, sich untereinander, wie nicht minder auch die Herren, auf deren Schoß sie Platz genommen hatten, zu kitzeln.

Die Luft wurde immer schwüler, schon des Alkoholdunstes wegen, und wir atmeten auf, als nach einigen Stationen die übelduftende Horde mit wüstem Geschrei den Zug verließ. An meiner Arbeitsstelle hinbestellten Hilfskräften niemand zu erblicken. Und da ich schon von der Bahn aus ein auf der Wiese improvisiertes „Ringelspiel" (merry-go-round) und einige Haspel-Schaukeln mit dem unvermeidlich dröhnenden Leierkasten gewahrt hatte, eilte ich sogleich dahin. Und richtig! dort erblickte ich auf einem Holzpferd des Ringelspiels meinen Laboranten, überaus heiter, eine holde Dame umschlingend; und im Grase daneben meinen Tischler mit einer anderen Schönheit schäkernd. Nur sehr widerwillig und erst gegen das Versprechen einer besonders hohen Entlohnung waren sie bereit, mir zu folgen, und es wurde spät Abend, bis wir schließlich mit den Arbeiten zustande kamen. Die Rückfahrt war zwar arg genug, aber doch weniger unmenschlich als das Abenteuer am Morgen.

Als ich am nächsten Tage in dem Kreise der Mrs. Besant wieder mit Herbert Burrows zusammenkam und ihm von dem Schrecken meiner Holiday-Exkursion erzählte, schien er keineswegs erstaunt. „Das alles ist natürlich furchtbar", meinte er, „aber immerhin, was liegt daran! Hier haben wir ja nur die Folge des jetzt herrschenden Systems von Egoismus, Gedankenlosigkeit und geistiger Trägheit; aber warten wir es ab: ich bin ganz sicher, das wird alles bald ganz anders werden, wenn, wie zu erwarten, der

Bergmann Keir Hardie mit seinen Freunden und, allen voran, der schottische Bauernsohn Ramsay Macdonald einmal zu wirklichem Einfluß gelangen!"

Reise durch das altväterliche Amerika

Bei Chingachgook und Edison

Die stürmische Entwicklung des amerikanischen Lebens legt es nahe, anzunehmen, daß die jenseits des Ozeans heranwachsende Generation sich nur schwer in die Verhältnisse hineinzudenken vermöchte, wie ich sie bei meinen Streifzügen durch die Vereinigten Staaten vor etwa fünfundvierzig Jahren angetroffen habe. Diese Reisen hatten ihre Vorgeschichte; sie kamen dadurch zustande, daß ich damals bei meinen chemischen Arbeiten zu neuartigen kautschukähnlichen Massen gelangt war, welche ich nun auch außerhalb des Laboratoriums, insbesondere für elektrotechnische Zwecke, zu verwerten suchte. Und da mir mittlerweile in England einige Erfolge damit beschieden waren, entschloß ich mich kurz, auch nach Amerika zu gehen, um dort ebenfalls mein Glück zu versuchen.

Es war ein herrlicher Junitag, als ich, von Southampton kommend, mit der „City of Paris" vor Sandy Hock eintraf. Der erste Eindruck bei meiner Ankunft in New York, nachdem ich die Docks verlassen hatte, war eine große Überraschung. Hatte ich doch ein hastig betäubendes Lärmen zwischen gewaltigen, hoch zum Himmel ragenden Gebäudeungetümen erwartet. Was sich mir aber hier, unmittelbar am Hafen, in der Nähe von „Bowling Green" und der „Battery" darbot, war eher das Bild eines stilleren Londoner Geschäftsviertels, stellenweise sogar das einer beschaulich-altväterischen holländischen Stadt, etwa wie Dordrecht oder Leyden, nur da und dort überragt von einzelnen gigantischen Geschäftsblocks oder Palastbauten.

Dieser Teil von New York hatte eben mit seinen vielen krummen Gassen, den schmalen, oft nur drei Fenster breiten Rohziegeletagen und den gemütlich-bunten Giebelhäusern mit steilen Dächern damals noch viel von jenem ursprünglichen „New Amsterdam" bewahrt, wie es die Holländer im 17. Jahrhundert dort erbaut hatten. Von diesem untersten Hafenviertel aus führten nun vier Linien der mit Dampf betriebenen „Elevated Railroad" nach allen Teilen der Insel Manhattan; außerdem gab es die durch unterirdisch bewegte Drahtseile angetriebenen „Cable-Cars", überdies Pferdebahnen und viele Arten von Cabs, Hackneys und sonstigen ein- und zweispännigen Fuhrwerken. Erst als ich dann den oberen Teil der Stadt, das „eigentliche" New York, zu sehen bekam, die Fifth Avenue, den Broadway, den Madison Square, erhielt ich eine richtigere Vorstellung von dieser ungeheuren Millionenstadt.

Nach einem längeren Aufenthalt in New York war es mir aber klar geworden, daß ich zunächst nach Boston gehen müsse, wenn ich mit meinen technischen Angelegenheiten vorwärtskommen wollte; dies um so mehr, als ich nur dort in dieser Hinsicht einflußreiche Freunde hatte. Und in der Tat erreichte ich in Boston sogleich, daß ich Briefe an die Direktion der „General Electric Company" in New York und an die oberste Leitung der Fabriken in Schenectady erhielt und daß mein Besuch dort angekündigt wurde. Ich fuhr also wieder nach New York zurück, wo man mir den freundschaftlichen Rat erteilte, ich solle womöglich noch am selben Abend nach Schenectady fahren; denn da hätte ich, abgesehen von anderen Vorteilen, auch eine Möglichkeit, den großen Thomas Alva Edison selbst zu sehen, vielleicht sogar auch zu sprechen. Edison, einer der obersten Leiter der „General Electric Company", pflegte nämlich von Menloe-Park in New Jersey, wo er sein weltberühmtes Laboratorium hatte, nur an gewissen Tagen nach Schenectady hinüberzukommen, und morgen sei gerade einer von diesen Tagen. Mein Entschluß war alsogleich gefaßt, ich packte in Eile alles Erforderliche zusammen und betrat um sechs Uhr abends das große Dampfschiff, das mich während der Nacht den Hudson River aufwärts nach Albany bringen sollte; von dort aus konnte ich dann leicht nach dem benachbarten Schenectady gelangen. Der großartige Raddampfer bereitete mir viele Freude, bin ich doch später nie wieder auf einem so angenehmen und gemütlichen Fahrzeuge gewesen. Auch hier wieder ein gewisser Zug altväterisch-breiter Bequemlichkeit, der die Annehmlichkeiten der Reise bedeutend erhöhte. Und dabei die sanfte Bewegung der Maschine und das rhythmische Auf und Nieder des mächtigen eisernen „Balanciers", der sich, über dem Oberdeck weithin sichtbar, einem Waagebalken gleich, langsam auf und nieder bewegte. Solche an James Watts alte Dampfmaschine gemahnende Balanciers hatte ich seit meiner Kindheit nicht mehr in Tätigkeit gesehen. Und auch dies erschien mir nun als ein angenehm beruhigender, aber seltsamer Anachronismus. Allerdings hat mir dann einige Wochen später der mir von Wien her befreundete berühmte Maschineningenieur Professor Radinger, als ich ihm in Philadelphia begegnete, die großen Vorteile dieser Balanciermaschinen gerade für die amerikanische Fluß- und Küstenschiffahrt auseinandergesetzt.

Die Fahrt auf dem Hudson-River war außerordentlich genußreich; die sinkende Sonne über den Basaltwänden der senkrecht gegen den Strom abstürzenden „Palisaden", die Abenddämmerung auf den dunklen Waldbergen und dann wieder das nächtliche Funkeln der Wellen mit ihren tausendfarbigen Reflexen von den elektrischen Lichtern aller der vielen Ortschaften, Villen und sonstigen an den Ufern errichteten Gebäude sowie der vielen Fahrzeuge aller Dimensionen, denen man unaufhörlich begegnete: dies alles erschien mir wie ein wundervolles Traumgesicht.

In Albany am frühen Morgen angelangt, blieb mir bei diesem ersten Besuch leider nur wenig Zeit, die prächtige Stadt mit ihren vielen Palästen und ihren großartigen Dockanlagen näher zu besichtigen. Ist doch Albany die älteste von den Holländern gegründete Niederlassung innerhalb der dreizehn ursprünglichen Staaten von Nordamerika; und auch dieser Stadt konnte ich ihre holländische Herkunft überall noch deutlich anmerken. Die alten holländischen Bauten dort nannte man damals „Van Rensler Manors", zur Erinnerung an einen der ersten holländischen Einwohner.

Nach einer Eisenbahnfahrt von etwa einer Stunde durch wechselvoll malerisches Gelände erreichte ich nun die gleichfalls von den Holländern erbaute alte Stadt Schenectady, von wo aus ich mit einer der „General Electric Company" gehörenden elektrischen Bahn zu deren Fabriken gelangen sollte. – Da es aber für den Besuch in den Elektrizitätswerken noch zu früh war, beschloß ich, bevor die Tageshitze hereinbrach, einen Spaziergang den Ufern des Mohawk Rivers entlang zu unternehmen, an dessen südlichem Ufer Schenectady gelegen ist. – Vom Bahnhof aus schlenderte ich über Bretterwege, „Board-Walks", vorbei an grünlich gestrichenen Holzhäusern mit dunkelgrünen Türen und Jalousien, durch einige Straßen, nach dem Flusse zu. Überall sah man Waren und Lebensmittel, durch Fliegengitter geschützt, zum Kaufe ausgeboten. Durch eine aufdringliche Ankündigung verführt, trat ich in einen dieser Laden ein und verlangte ein Himbeergefrorenes. Der Verkäufer langte nach einem großen Eisblock, bewegte ihn rasch über eine Art Gurkenhobel hin und her, warf die Eisspäne in ein Trinkglas, fügte einen roten, zweifelhaft aussehenden Syrup hinzu und überreichte mir das Gemisch. Nachdem ich dafür fünf Cents bezahlt hatte, erklärte er mir, ich dürfe die Stadt nicht verlassen, ohne das berühmte „Union College" mit seiner gewaltigen Bibliothek, die älteste höhere Lehranstalt Amerikas, besichtigt zu haben. So stieg ich denn die Anhöhe empor, wo sich inmitten alter herrlicher Bäume die Rohzlegelgebäude dieses ehrwürdigen Instituts befinden. Von dort aus hatte ich einen wundervollen Blick, viele, viele Meilen weit hinaus, über das breite Tal des malerisch gewundenen Mohawkflusses. Ein in seinem oberen Laufe recht unbändiges Gewässer, das sich da zwischen die Hänge der Catskill- und die Ausläufer der Adirandackgebirge mit vielen Kaskaden, Wasserfällen und Stromschnellen hindurchwindet.

Ganz versunken in den Anblick dieser im Dampfe der Morgensonne vor mir liegenden Landschaft, gedachte ich meiner Jugendträume von den so wilden und dabei so edlen Mohawk-Indianern, deren Heimat sich nun zu meinen Füßen ausbreitete; und es trat die Heldengestalt Hiawathas vor mein Auge, wie sie Longfellow einst dort in den Urwäldern erschaut hatte: „In den Bergen, Mooren, Sümpfen – Wo der Reiher, der Shu-shu-gah, – Nahrung sucht in Busch und Röhricht ..., In des Waldes Vogelnestern, – In dem Hüttenbau des Bibers, – In des Büffelochsen Hufspur, – In dem Felsenhorst des Adlers."

Und dann wieder erinnerte ich mich der beglückenden Freundschaft Chingachgooks mit den kühnen Pfadfindern und mit Judith und Hetty.

Offenbar sind die Bündnisse zwischen Irokesen und Bleichgesichtern keine bloßen Phantasien Fennimore Coopers und anderer sentimentaler Dichter gewesen. Dafür spricht schon der Umstand, daß William Johnstone, einer der ersten englischen Ansiedler in dieser Gegend nahe bei Schenectady, sich gerade mit den Mohawks eng befreundet hatte, so eng, daß sie ihn zu ihrem „Satschem", zu ihrem Häuptlinge, erwählten. Und daß auch die irokesischen Damen an Mr. Johnstone ein besonderes Gefallen fanden, geht wohl am deutlichsten aus dem Umstände hervor, daß nicht allein die Schwester eines ihrer berühmtesten Häuptlinge mit ihm verheiratet war, sondern daß er auch zu vielen anderen von ihnen in zärtlichen Beziehungen gestanden und mit ihnen nicht weniger als hundert Kinder in die Welt gesetzt hat! Ich weiß nicht, ob ihm für diese Verdienste oder aber für die eines englischen Befehlshabers in der Schlacht, die er zusammen mit seinen Rothäuten gegen die Franzosen am Lake George gewonnen hat, die Baronie verliehen und ein gewaltiger Landbesitz geschenkt worden ist.

Wie gerne hätte ich meinen Spaziergang noch weiter fortgesetzt und mich meinen Träumen hingegeben. Aber es war die höchste Zeit, daß ich mich wieder meiner elektrotechnischen Angelegenheiten entsann. Und so entschloß ich mich schweren Herzens umzukehren und die Tram aufzusuchen, die mich zu den „Edison-Works" bringen sollte. Diese Electric Car war noch recht primitiv und machte mir einen sonderbaren Eindruck. Jeden Augenblick, bei jeder Kurve, mußten wir plötzlich halten, weil das „Trolley", die Führungsrolle, von der Oberleitung abgesprungen war, und immer wieder drohte der Wagen zu entgleisen. Schließlich kamen wir aber doch wohlbehalten in dem Fabriksgebiete an. Dies war ein mächtiger Komplex von etwa zwei Dutzend parallel gestellten großartigen Fabriksgebäuden, alle ganz gleich mit hellroten Ziegeln gedeckt, auf welchen mit weithin sichtbaren, einige Meter großen römischen Ziffern in blendend weißer Ölfarbe die Nummer eines jeden einzelnen Gebäudes angegeben war. Dazwischen breite, mit rotem rostigem Staub bedeckte Straßen mit Schienensträngen, die bis in das Innere der Gebäude hineinführten. Schwere eiserne Kastenträger mit gewaltigen, elektrisch betriebenen Laufkranen daran überbrückten diese Straßen, so daß die Lasten unmittelbar auf die Waggons verladen werden konnten. An schweren Ketten befestigt, sah ich gewaltige Gußstücke, Maschinen und ganze Dampfmaschinen hängen, welche ein einziger Arbeiter mühelos mit Hilfe eines elektrischen „Kommutators" nach den drei Raumdimensionen verschieben konnte. Der technische Leiter der Werke war merkwürdigerweise ein Vorarlberger, ich glaube, er hieß Mr. Forstner. Er nahm meine Briefe entgegen und begrüßte mich herzlich in deutscher Sprache mit ausgesprochen österreichischalpinem Akzent. Er geleitete mich in eines der Fabriksgebäude, wo er seine „Office" hatte, und forderte mich auf, ihm Näheres über meine Erfindung und meine Absichten mitzuteilen. Dann lud er mich ein, ihn bei seinem Rundgang durch die verschiedenen Abteilungen zu begleiten. In einer von diesen Maschinenhallen bemerkte ich, inmitten vieler surrender Dynamos aller Größen und zwischen einer Unmenge herumliegender Kabel mit Warnungstafeln darüber, wie etwa „Caution, 6000 Volts!", einen ringsum ganz aus Spiegelglaswänden errichteten Empfangssalon mit dicken Teppichen belegt und mit bequemen Möbeln ausgestattet. Darin Bücherregale, Pulte und Präzisionsinstrumente aller Art. Dies, wurde mir mitgeteilt, sei der Pavillon, den Mr. Edison vor einiger Zeit für sich habe einrichten lassen. Als wir eintraten, fanden wir, über eine große Zeichnung gebeugt, einige Herren, die sich lebhaft unterhielten. Bald darauf kamen, in ein heiteres Gespräch vertieft, herzlich lachend, noch einige andere Herren dazu, darunter ein auffallend blasser, mittelgroßer Mann, Mitte der Vierzig, in einem schottischen Tweed-Anzug und eine Sportmütze über dem glatten schwarzen Haar, den ich sofort als Mr. Edison erkannte. Er sprach wenig, mit leiser Stimme, und hielt zumeist die Hand am Ohre, wenn er angesprochen wurde, denn er war ziemlich schwerhörig und folgte dem Gespräch mit dem Blick seiner dunkeln, feuchten, durchdringenden Augen und mit nervös angespannten Zügen. Daß Edison dem ersten Napoleon ähnlich sähe, wie dies in Amerika immer wieder behauptet wurde, konnte ich nicht finden; allerdings habe ich ja Napoleon Bonaparte niemals von Angesicht zu Angesicht gesehen. Als ich Edison vorgestellt wurde, erkundigte er sich nach meinem Begehr und reichte mir nach einigen freundlichen Worten die Hand zum Abschied. Wie gerne hätte ich ihn noch länger sprechen gehört, aber schließlich ist eine Minute mit einem so bedeutenden Manne schon ein großer Gewinn für das ganze Leben!

Nach einer kurzen Beratung der Herren untereinander brachte mich dann Direktor Forstner zu dem Chef der Kabelabteilung, einem Mr. Robert Greene, mit dem ich fortab, sowohl in New York als auch in Boston, hauptsächlich zu tun hatte. Es wurde beschlossen, daß ein größerer Versuch mit meiner Kabelmasse vorgenommen werden solle, nach dessen Ausfall die Entscheidung über alles Weitere getroffen werden möge. Da die Vorbereitungen dazu mindestens eine Woche erforderten, beschloß ich, in der Zwischenzeit einen Abstecher nach Hartford im Staate Connecticut zu machen, wo ich Freunde zu treffen hoffte, vor allem den damals sehr bekannten Schriftsteller Charles Dudley Warner, der einige Jahre vorher mit seiner Gattin in Wien gewesen war. Er hatte mich häufig besucht und wir hatten viele schöne Stunden und angeregte Tage miteinander verbracht. Ich hatte ihm versprechen müssen, ihn aufzusuchen und seine Gastfreundschaft anzunehmen, sobald ich nach Amerika käme. Ein Depeschenwechsel brachte nun alles rasch in Ordnung und so traf ich schon am nächsten Tage in Hartford ein, wo ich von Warners auf das herzlichste empfangen wurde.

Mit Mark Twain auf seinem „Hurricane-Deck"

Wer zum ersten Male die anmutige Stadt Hartford, die Kapitale des Staates Connecticut, betritt, würde schwerlich auf den Gedanken kommen, daß sich hier der Sitz gewaltiger Industrien und insbesondere großer Waffenfabriken befindet; und obwohl in Hartford eines der übelsten Instrumente, welches die Menschheit kennt, der Revolver, erfunden und über die ganze Erde verbreitet worden ist, bietet diese, ganz im Grünen, an den Hängen sanfter Hügel erbaute, an malerischen Gewässern liegende Stadt mit ihren breiten Straßen und Alleen das Bild des Friedens und der Beschaulichkeit. Und darum hat sich dort auch von jeher ein Kreis geistig bedeutender und schöpferischer Menschen zusammengefunden. Auch mein Freund Charles Dudley Warner hatte schon seit Dezennien in Hartford gelebt und von dort aus „Harpers Magazine" redigiert. Was mich einst mit diesem vornehmen und sympathischen Schriftsteller zusammengeführt hatte, war nicht allein der Kontakt durch gemeinsame Bekannte, sondern auch das uns gemeinsame große Interesse für den Orient, insbesondere für Griechenland und die Levante, welche Länder wir beide, wenn auch zu verschiedenen Zeiten, bereist hatten. Dazu kam noch der Umstand, daß Warner auf seinen mannigfaltigen Fahrten dem österreichischen Konsul Alexander von Warsberg, dem berühmten Verfasser der „Odysseischen Landschaften", begegnet war, mit dem auch ich einst bei meinen Kreuz- und Querzügen über das Ägäische Meer längere Zeit zusammengewesen war. Es gab also jederzeit eine Fülle gemeinsamer Erinnerungen und anregender Themen. Schließlich schickte mir Mr. Warner zum Angedenken sein zweibändiges Werk „In the Levant", als dieses in einer neuen, schön illustrierten Ausgabe erschien. Von Hartford aus unternahmen wir allerlei Ausflüge zu Wasser und zu Lande in die unvergleichlich schöne Umgebung. Kein Zweifel, die Szenerie des Connecticut River gehört zu den lieblichsten der Welt und ihre ganz eigenartige Romantik ist nur schwer zu charakterisieren. Die Fülle rauschender Gewässer, die eigentümlich gedämpfte, bunte Mannigfaltigkeit der reichen Vegetation, insbesondere der weithin balsamisch duftenden Nadelhölzer, sowie die sanft melancholisch gestimmten Farbentöne des Horizontes, dies alles wird man in unseren Wäldern vergeblich suchen. Und da es damals noch keine

Automobile gab, war es möglich, alle diese Schönheiten ungetrübt durch Lärm und Staub auf erfrischenden Fußwanderungen ganz zu genießen.

Mr. Warner war seit langen Jahren mit seinem Nachbarn Mr. Samuel Langhorne Clemens auf das engste befreundet. Man weiß, daß dies der eigentliche Name des weltberühmten Schriftstellers Mark Twain ist. Mr. Warner und Mark Twain waren durch vielerlei Beziehungen miteinander verbunden und schon zu Anfang der Siebzigerjahre hatten sie gemeinsam den vielgelesenen Roman „The Gilded Age" geschrieben. Kein Wunder also, daß zwischen den beiden Familien ein steter vertrauter Umgang herrschte, daß man sich fast täglich sah, Mahlzeiten miteinander einnahm und alle Angelegenheiten zusammen besprach. Und so kam es nun, daß auch ich mit Mark Twain und seinen Angehörigen bekanntgemacht, daß ich von ihnen eingeladen und auf das herzlichste aufgenommen worden bin. Das nur wenige Schritte entfernte Haus der Familie Clemens war beträchtlich größer als das Warnersche. Ein sonderbar winkliges Gebäude, dem man anmerkte, daß es allmählich, durch verschiedene Zubauten im Laufe der Jahre vergrößert worden war. Die vielen Ecken und stillen Winkel zwischen verschieden gestalteten Giebelfronten mit bemoosten Ziegeldächern, die breit angelegten Schornsteine, die niederen, facettierten Fenster und davor die frischen, herrlich gepflegten Rasenflächen, dies alles erinnerte an alte englische Landbesitze.

In einem eigentümlichen Gegensatze hierzu stand nun aber eine nach rückwärts angebaute, ganz weiß gehaltene offene Veranda, welche eine genaue Kopie eines jener „Hurricane-Decks" darstellte, wie sie insbesondere auf den Mississippidampfern vielfach im Gebrauche standen. Wer jemals in den Achtziger- oder Neunzigerjahren auf dem Mississippi gereist ist, dem sind diese sonderbaren Dampfschiffe mit ihrem riesig breiten, walzenähnlichen Schaufelrad ganz hinten unter dem Heck in unvergeßlicher Erinnerung geblieben, besonders aber auch die vorne in einer Front nebeneinander aufgestellten drei schwarzen hohen Schornsteine und vor diesen mehrere Deckaufbauten übereinander. Das oberste von ihnen, mit dem Raum für den Piloten, hieß das „Sturmdeck" oder, wie man es vielfach auch nannte, das „Hurricane-Deck". Einem Leser von Mark Twains herrlichem „Life on the Mississippi" braucht man von dem „Hurricane-Deck" nicht viel zu erzählen, denn dort spielt es ja eine große Rolle. Es war nun die sehnsuchtsvolle Erinnerung an seine Jugendzeit, da er als Lotse auf dem Mississippi tätig gewesen, welche Mark Twain, der inzwischen längst ein weltberühmter und wohlhabender Mann geworden war, veranlaßte, dieser Veranda die Gestalt eines jener „Hurricane-Decks" zu geben.

Man weiß ja, daß auch der von ihm gewählte Schriftstellername von jener Lotsentätigkeit auf dem Mississippi herstammt. In dem Jargon der Südstaaten heißt nämlich „mark twain!" soviel wie „notiere zwei!"; und dies war der Zuruf des Lotsen an seinen Gehilfen, wenn die Lotung eine Wassertiefe von zwei Faden ergab. Es scheint dies am häufigsten der Fall gewesen zu sein, so daß „mark three" und andere Tiefen seltener vorkamen. Auf seinem häuslichen „Hurricane-Deck" pflegte nun Mark Twain, ganz wie einst auf dem Mississippi, in weißes Linnen gekleidet, auf und ab zu gehen, wenn er es nicht vorzog, auf einen Deck-Liegestuhl hingestreckt, in den kühlenden Schatten der alten Edelkastanien und Tannenbäume seines Parkes hinauszublicken. Wer ihm so begegnete, mit seinem sehnigdürren Körper, den scharfen, straff angespannten Zügen, den dunklen Falkenaugen unter mächtigen Stirnwülsten, den seitlich hinaufgebogenen buschigen Augenbrauen, dem entschlossenen, von einem herabhängenden, dunklen Schnurrbart zum Teil überdeckten Mund, und wer seine eigenartig schleppende Rede vernahm, der konnte sich dem Eindrucke nicht entziehen, daß dieser ziemlich einsilbige Mann vieles erlebt, vieles erduldet, daß er sich das Leben nicht leicht gemacht und daß er für seinen wunderbaren Humor keinen geringen Preis hatte zahlen müssen. Zwischen der „Hurricane"-Veranda und dem großen getäfelten Speisezimmer befand sich die Bibliothek, und dort, umgeben von Bücherregalen, sah man eine Anzahl Ölbilder, die Mark Twain selbst gemalt hatte; auch eine kürzlich erst angefangene Landschaft sah ich auf der Staffelei. Mr. Clemens hatte, wie er uns mitteilte, noch wenige Tage vorher daran gearbeitet.

In Hartford lebte zu jener Zeit außer Charles Dudley Warner und seinem Freunde Mark Twain auch die weltberühmte Schriftstellerin Mrs. Harriet Beecher Stowe, die Verfasserin von „Onkel Toms Hütte", und Madame Warner hatte die Absicht, sie zusammen mit einigen Freunden und mit mir zu einem Tee einzuladen. Es stellte sich aber heraus, daß die alte Dame einige Tage vorher Hartford verlassen und sich in ein Seebad begeben hatte, so daß ich zu meinem größten Leidwesen damals keine Gelegenheit hatte, dieser großartigen Persönlichkeit zu begegnen. Aber das Glück war mir trotzdem hold, denn als ich einige Monate später mehrere Wochen bei meinen Bostoner Freunden auf deren Sommersitz in Newport zubrachte, erschien eines Morgens in einem von ihr kutschierten Wagen eine junge Verwandte, ein wundervoll gewachsenes Mädchen, deren goldblondes Haar im Nacken zu einem metallisch schillernden Knoten hinaufgebunden war. Sie war gekommen, um uns nach dem am Strande gelegenen Haus ihrer Eltern, sehr angesehener reicher Quäker, abzuholen. Dort mit der größten Herzlichkeit empfangen, fühlte ich mich unter den so anspruchslosen, tief gütigen und vornehmen Menschen sogleich überaus wohl. Sonderbar erschien mir, daß ich von ihnen immer in der Anrede anstatt mit dem gewöhnlichen „You" mit dem alt-quäkerischen Pronom „Thee" angesprochen wurde.

In diesem Kreise stiller Menschen lernte ich nun auch eine sehr merkwürdige, in ganz Amerika hochverehrte alte Dame kennen, die damals gerade bei dieser Quäkerfamilie zu Gast war, Mrs. Julia Ward Howe. Ihr längstverstorbener Gemahl war schon in den Vierzigerjahren wegen seines Reichtums und seines philanthropischen Wirkens als Arzt und als erfolgreicher Helfer der Blinden berühmt gewesen, insbesondere durch seine großartigen Leistungen bei der Erziehung des blinden und taubstummen Mädchens Laura Bridgman. Mrs. Julia Ward Howe selbst war eine hervorragende Schriftstellerin, deren Gedichte und Prosaschriften einst in ganz Amerika einen Sturm der Begeisterung hervorgerufen hatten. Ihre hauptsächliche Bedeutung aber lag in der politischen Rolle, die sie als Vorkämpferin für Frauenrechte und insbesondere für „Woman, suffrage", für das Frauenstimmrecht sowie für die Befreiung der Negersklaven und das Alkoholverbot gespielt hat. Und hier, in diesem harmonischen Kreise, hatte ich nun das besondere Glück, auch Mrs. Harriet Beecher Stowe zu sehen und zu sprechen, denn diese ehrwürdige, etwa achtzig Jahre alte Greisin, die ich damals in Hartford nicht hatte sehen können, erschien bald nach unserer Ankunft bei der auch ihr befreundeten Quäkerfamilie. Es war ein merkwürdiger Anblick, die alte Dame mit ihrem silbergrauen Seidenkleid, einer Spitzenhaube über den weißen Haarlöckchen, eintreten zu sehen, wie sie, von den beiden Töchtern des Hauses unter den Armen gestützt, einen Krückstock in der Hand, lautlos den Raum betrat und zwischen diesen blühenden jungen Geschöpfen Platz nahm. Ihre sanft und lieblich klingende Stimme und das blasse, verklärt erscheinende Antlitz hatten etwas Erschütterndes für mich; und wenn ich bedachte, daß es die Verfasserin von „Uncle Toms Cabin" war, die mir gegenübersaß, eine der größten Frauen ihres Zeitalters, deren Buch für die Befreiung der Negersklaven entscheidend geworden ist, überkam mich ein Gefühl tiefster Ehrfurcht. Im Laufe unserer Unterhaltung kam das Gespräch, an dem sich Mrs. Howe vorwiegend beteiligte, auf das bei gewissen Kreisen in Amerika damals neu erwachte Interesse für Mystik, insbesondere für Jakob Böhme und seine englischen Nachfolger im 17. Jahrhundert, Dr. Pordage, Jane Leade und Thomas Bromley. Später dann kamen wir auf meine Reisen in Amerika zu sprechen, insbesondere auf Neu-Mexiko, wo ich mich kurz vorher auf der Rückreise von Kalifornien und dem nördlichen Mexiko aufgehalten hatte, um von Fort Wingate aus einen Abstecher zu den Zuni-Indianern und ihren merkwürdigen Höhlenbehausungen zu machen. Auch Mrs. Howe war einst, viele Jahre vorher, dort gewesen, und so tauschten wir unsere Erinnerungen an jenes merkwürdige Volk und seine Lebensweise.

Mrs. Beecher Stowe hatte sich an der Konversation nur wenig beteiligt. Auch wurde sie bald abberufen, so daß ich sie nur kurze Zeit habe sehen und sprechen können. Leider aber mußte ich selbst gleichfalls Abschied nehmen, da ich dringend in New York zu tun hatte und noch am gleichen Abend mit dem „Puritan", einem der schönsten Boote der „Fall-River-Line", dahin zurückfahren mußte.

Nach Hartford bin ich leider nicht mehr gekommen und so habe ich auch Mr. Warner und seine liebenswürdige Gattin nicht wieder sehen können. Mit Mark Twain hingegen bin ich viele Jahre später in Wien neuerdings zusammengetroffen, wo er mit seiner Familie den Winter 1898 zugebracht hat. Als ich ihn im Hotel „Metropole" aufsuchte, fand ich ihn und seine Angehörigen in tiefer Trauer; eine seiner lieblichen Töchter war ihm kurz vorher durch den Tod entrissen worden. Außerdem hatte er, wie mir Madame Clemens später mitteilte, fast zur gleichen Zeit durch den Zusammenbruch einer Bank den größten Teil seines Vermögens eingebüßt. Die Stimmung war also recht trübe. Trotz alledem hatte ich Gelegenheit, Mark Twain im Laufe des Winters häufig zu sehen; ich war bemüht, ihm und seinen Angehörigen die Schönheiten der Stadt und ihrer Umgebung zu zeigen. Wir fuhren miteinander nach Baden und Heiligenkreuz und er fand darin viele Beruhigung. Mit seiner anmutigen, ungewöhnlich musikalischen Tochter Klara hatte ich regelmäßige Unterhaltungen über Musiktheorie, besonders über Generalbaß und Kontrapunkt, sowie über die Harmonik bei Brahms und Bruckner. Miss Clara Clemens hat später den bekannten Pianisten und Dirigenten Gabrilowich geheiratet. Wiederholt traf ich bei Mark Twain auch den mir befreundeten Wiener Humoristen Eduard Pötzl, mit dem Mark Twain sich sehr gut zu verstehen schien. Zu Beginn des Frühjahres hat die Familie dann Wien verlassen, um nach Hartford zurückzukehren; leider habe ich später Mark Twain und seine lieben Angehörigen nicht mehr wiedergesehen. Er ist im Jahre 1910 in Redding gestorben. Was mag aus dem schönen Wohnhaus in Hartford geworden sein, was aus dem herrlichen Park mit den Kastanienbäumen und was aus dem unvergeßlichen „Hurricane-Deck"?

Im Wilden Westen

Von Hartford war ich nach New York und von da nach Schenectady zurückgekehrt, wo mich meine Angelegenheiten länger aufhielten als vorauszusehen gewesen; und da ich dann auch in Chicago und in Louisville einige Zeit verweilen mußte, vergingen Wochen, bis ich die Reise nach dem fernen Westen antreten konnte. Von Louisville ging es, nach Überschreitung des schokoladefarbenen Ohio-Stromes, quer durch die grasreichen Ebenen und Hügelländer von Indiana und Illinois und schließlich erreichte ich das gewaltige Flußbecken des Mississippi, den man bei St. Louis auf der berühmten Eisenbahnbrücke überschreitet. Die tropischfeuchte Sommerhitze dort war unerträglich und vergebens suchte ich ihr, wenigstens für kurze Zeit, zu entrinnen, indem ich die obere, hoch über dem Schienenweg gelegene Fahrbahn der Brücke aufsuchte, in der Hoffnung, dort, über der ungeheuren Wasserfläche, einige Kühlung zu finden. Der Ausblick von da oben über den Lauf des Mississippi und das Mündungsgebiet des Missouri ist unbeschreiblich großartig.

Trotz allen Schönheiten der Landschaft atmete ich auf, als ich, nach einigen bösen Tagen und schlaflosen Nächten, St. Louis verlassen konnte, um, dem Ufer des Missouri entlang, nach Jefferson-City zu gelangen. Die Fahrt durch die endlos ausgedehnten Prärien war sehr ermüdend, nicht allein der drückenden Hitze wegen, die auch dort herrschte, sondern insbesondere infolge des mehlartigfeinen Kalkstaubes, der sich trotz den geschlossenen Fenstern unaufhörlich auf die Kleider und das Gepäck der Reisenden, wie auch sonst auf alle Gegenstände absetzte und einem in Mund und Nase drang. Als einer der Mitreisenden dem „Porter" (dem Neger-Kellner) klingelte, damit er uns Flaschenbier bringe, lachte dieser verschmitzt und erklärte uns, Bier gäbe es nicht, denn Kansas sei ein „Prohibition"-Staat, wo es streng verboten sei, irgendein alkoholisches Getränk zu verabreichen. Zur Vorsicht hätte ihm an der Staatsgrenze ein Inspektor alles Alkoholische abgenommen und amtlich verschlossen. „Also müssen wir hier verdursten?" rief mein Leidensgenosse. „Es sei denn", meinte der Dunkelhäutige augenzwinkernd, „daß man sich krank fühle und daß sich ein tüchtiger Arzt fände, der ein geeignetes Rezept verschriebe; dann könnte ich allerdings in der nächsten Station

damit rasch in die Apotheke laufen und von dort Bier besorgen."
Ob sich nicht etwa ein Arzt unter den Passagieren befinde?
„Nein!" war die Antwort. „Wie?" sagte der Porter zu mir gewendet, „Sie selbst sollten kein Arzt sein?" „Nein!" rief ich. „Bitte, denken Sie doch einen Augenblick nach! Sie werden ja sicher ein Arzt sein!" Dieses sprechend, legte er auf das Tischchen vor mir ein sauberes Blatt Papier, indem er mir seine Füllfeder reichte. Ich merkte, wie meine rigorose Gewissenhaftigkeit ins Wanken kam, und halb im Scherz schrieb ich das nachfolgende „Rezept":

      Rp. Cerevisiae fulv.
        lagen, origin. No. XII.
        D. S. „Lager Beer", 1 — 2 to be
        taken after the meals.
               (Unterschrift unleserlich.)

Ein triumphierendes Grinsen erschien auf des Negers Antlitz, und als wir in die Station einfuhren, holte er einen großen Korb hervor und rannte damit nach einer dem Bahnhof gegenüberliegenden Apotheke, aus der er in wenigen Minuten, beladen mit zwölf Flaschen Lagerbieres aus Omaha, zurückkehrte.

Die Fahrt durch die Wälder und Auen von Nebraska bot eine angenehme Abwechslung. Allmählich aber, in dem Maße, wie das Gelände anstieg, wurde der Baumwuchs spärlicher und immer mehr nahmen die Grassteppen dessen Stelle ein. Auch vieles Vieh war sichtbar, das sich an den dort wachsenden Schwingelgräsern erfreute. Ich vermochte viele von ihnen zu sammeln und meinem amerikanischen Herbarium einzuverleiben. Eines davon habe ich als Festuca Shortii bestimmt.

    Allmählich wurde der Boden sandiger und je mehr wir uns den Terrassenebenen näherten, die den Rocky Mountains vorgelagert sind, desto ärger wurde der pulverförmige Staub. Den Geleisen entlang gewahrte ich immer wieder in der Sonne gebleichte Tierskelette, Rippen und Schädel von Rindern, viele mit Büffelhörnern.

    Der Kondukteur, den ich darüber befragte, erklärte mir, dies seien die traurigen Reste überfahrenen Viehes. Für den Bahnverkehr bilde dieses eine ständige Gefahr; denn die gänzlich unbewachten Tiere lagerten sich häufig quer über die Geleise und blieben mitunter auch beim Heranbrausen eines Zuges seelenruhig liegen. Der Lokomotivführer setze zwar die Glocke kräftig in Bewegung, um das Vieh zu verscheuchen (die amerikanischen Lokomotiven haben keine Dampfpfeifen, sondern große eiserne Glocken); aber oft genug sei dies ganz erfolglos, so daß die Tiere überfahren und gerädert werden. Im Notfalle suche man sie auch mit einem heißen Dampfstrahl zu verscheuchen. Mitunter aber komme es sogar vor, daß ein zur Wut gereizter Stier sich der Lokomotive entgegenstelle, um sie mit den Hörnern zu spießen. Das Ende dieses ungleichen Kampfes kann man sich leicht vorstellen! Immerhin boten diese endlosen Leichenfelder auf den Prärien einen recht trüben Anblick dar.

In St. Joseph bestieg eine auffallend hübsche junge Dame mit ihrem Kinde, einem lieblichen kleinen Mädchen, den Zug. Als sie ihr Gepäck versorgt und ihr sehr übermüdetes Töchterchen zu Bett gebracht hatte, nahm sie aus ihrer Handtasche ein Buch und versuchte darin zu lesen; nach kurzer Zeit aber legte sie es aus der Hand, sann vor sich hin, nahm das Buch wieder, um abermals zu lesen, es schien aber nicht recht zu gehen. Da ich den Eindruck gewann, daß sie einem Gespräch nicht abgeneigt wäre, fragte ich sie, ob das Buch sie langweile? „Ach nein", sagte sie mit liebenswürdig trübem Lächeln; „aber in meiner gegenwärtigen Verfassung bin ich überhaupt nicht fähig, ein Buch zu lesen, dazu fehlt mir die nötige Sammlung." Sie hatte, erzählte sie mir, St. Joseph plötzlich verlassen einer Depesche zufolge, der sie entnommen, daß in einem der Bergwerke bei Denver, wo ihr Gatte als Grubeningenieur tätig war, eine gewaltige Explosion mit Schachteinstürzen stattgefunden habe; und da es ihr unmöglich gewesen, über das Schicksal ihres Mannes etwas zu erfahren, habe sie sich sofort entschlossen, selbst dahin zu fahren und Nachschau zu halten. Nach einem Gespräch über die Verhältnisse in Denver und den Silberminen, bat sie mich, ich möge ihr aus ihrem Buche vorlesen, damit ihr die Zeit rascher vergehe. Ich tat es mit Freuden, mußte aber bald bemerken, daß sie gar nicht zuhörte. Nach einer schier endlosen Fahrt über endlose Prärien näherten wir uns schließlich Denver. Als wir in den dichtbevölkerten Bahnhof einfuhren, starrte meine Reisegefährtin in der größten Erregung zum Fenster hinaus. Plötzlich stieß sie einen Schrei aus, sprang aus dem Wagen, ohne sich um mich oder ihr Kind zu kümmern, und ich sah, wie sie, mitten unter den vielen Leuten, einem Manne in die Arme sank und wie die beiden sich lange umschlungen hielten. Ich wollte sie nicht stören, besorgte mein Gepäck und bestieg einen Wagen, um das mir bestens empfohlene „Browns Palace Hotel" aufzusuchen.

Kaum hatte ich mit meinem Gefährt den Bahnhof verlassen, als ich, aus einer Querstraße kommend, einen ohrenbetäubenden Lärm, ein wildes Schießen und tierisches Gebrüll vernahm. Das Geschrei inmitten einer rötlichgelben Staubwolke kam rasch näher und bald fand ich mich umgeben von einer Horde wild brüllender und gestikulierender, halb verrückter Menschen, alle mit leidenschaftlich verzerrten blassen Gesichtern und geröteten Augen. Es stellte sich heraus, daß ich in eine Lynchingaffäre hineingeraten war. Soeben hatte der auf das höchste fanatisierte Pöbel das Gefängnisgebäude erstürmt, einen Gefangenen herausgeholt, ihn auf der Straße, gleich vor dem Justizamt, aufgeknüpft, die Leiche an dem Strick durch den Straßenstaub geschleift und durch unaufhörliche Revolverschüsse ganz zerfetzt. Und, merkwürdig, diesmal war es nicht etwa ein „Nigger", dem die Wut gegolten, sondern ein Italiener. Er war beschuldigt, die Gattin eines Einheimischen, eines Mr. Lightfoot, verführt und seinen Nebenbuhler aus dem Wege geräumt zu haben. Eine Gerichtsverhandlung hatte noch nicht stattgefunden. — Der ganze Auftritt und die Straßenszene, die nur wenige Minuten gedauert hatte, waren unsagbar gräßlich, abstoßend und gemein, so daß ich von dem Eindruck des Erlebten tagelang krank war.

Nach einem längeren Aufenthalt in Denver, nachdem ich meine Arbeiten dort abgeschlossen, ging ich für einige Tage nach dem wundervollen Höhenkurort Colorado Springs, wo sich in der herrlichen, an St. Moritz gemahnenden Gebirgsluft meine angegriffenen Nerven bald erholten.

Von Colorado Springs ging es über Pueblo nach Gunnison. Ungeheure Prärien dehnen sich in unabsehbare Fernen. Gleich hinter Pueblo überschreitet die Bahn auf einem gewaltigen hölzernen, viele Stockwerke hohen Viadukt aus einer „trestle-work"-Konstruktion das weit ausgedehnte Flußgebiet des Arkansas River. Solche Trestle-work-Brücken und Viadukte waren damals in Amerika sehr verbreitet; aber nirgends sonst habe ich eine von so ungeheuren Dimensionen gesehen wie diese. Natürlich mußte der Zug, solange er sich auf der ganz schmalen eingeleisigen Holzbrücke befand, sehr langsam, „im Schritt" fahren; man hatte aber doch den Eindruck, daß diese Fahrt eine recht gewagte Sache sei, denn die unter der Last des Zuges sich durchbiegenden, gleich Saiten angespannten Balken seufzten hörbar unter der enormen Belastung und man vernahm ein unheimliches Erklingen, das von diesem höllischen Klavier ausging. Tief unten, Dutzende von Stockwerken tiefer, erblickte ich die weiten Schotterfelder des Strombettes und zwischen ihnen viele „swamps", stehende Gewässer und Sümpfe, die mit den merkwürdigsten Pflanzen bewachsen zu sein schienen. Was hätte ich darum gegeben, da hinuntergelangen zu können und dort zu botanisieren! Aber dieses Gebiet ist nicht leicht zugänglich und ein Spaziergang da unten wäre keineswegs ungefährlich gewesen, schon der unzähligen Klapperschlangen und des anderen giftigen Getieres wegen.

Von Pueblo nach Canon City führt die Bahn immer aufwärts, dem Arkansasfluß entlang, durch den Canon des in der Tiefe donnernden Stromes, zwischen Granitfelsen hindurch bis in die berühmte „Royal George" mit ihren sich oben fast berührenden, senkrechten, nahezu tausend Meter hohen Wänden; und hierauf durch eine Anzahl von Canon-Schluchten hindurch, zu dem hochgelegenen Städtchen Salida.

Auf dem Wege dahin sah ich immer wieder auf einer über die wüstenartige Prärie führenden Art von Straße ganze Züge von „Emigrant-Waggons", mit vielen Ochsen bespannte schwere Leiterwagen, die durch ein hochgewölbtes Zeltdach aus Segeltuch gegen Sonnenbrand und Regen geschützt waren. Ihnen voran Reiter mit geschulterten Repetiergewehren; diese, ebenso wie die Bewohner der Zeltwagen, ganz in Büffelleder gekleidet, mit mächtigen Röhrenstiefeln und gewaltigen „Sombreros" auf dem Kopf, schweren, riesig breiten braunen Filzhüten, mit Riemen an Stelle des Hutbandes, mit denen sie an den Kopf festgeschnallt werden. Im Inneren des Wagens, auf Stroh gebettet, die Familien der Auswanderer, Frauen und Kinder. Ich habe wiederholt Gelegenheit gehabt, solche Fuhrwerke näher zu besichtigen und mit den Emigranten zu reden. Manche von ihnen, die sich in dem fernen Westen eine neue Existenz zu gründen hofften, waren mit ihrem Ochsengefährt schon über ein Jahr unterwegs und man konnte ihnen deutlich ansehen, was sie auf dieser Reise alles durchzumachen gehabt. Sie erzählten mir von den Gefahren der Indianerüberfälle und von den Schrecken der Schneestürme auf den Prärien, die sie im Winter überstanden. Und die vielen Kinder, die dies alles mitmachen mußten! Und die Frauen, die unter solchen Umständen auf der Prärie Kinder geboren und ihre Säuglinge ernährt hatten!

Dann wieder sah ich mitunter die „overland-mail", altmodische Postwagen mit allerlei Kisten und Gütern bepackt, von vier, mitunter sechs Pferden gezogen, voran eine Patrouille von bewaffneten Reitern, auf dem Dach des Wagens Cowboys mit ihren Gewehren ausgestreckt lungernd, im Inneren des höchst unbequemen Vehikels gleichfalls Cowboys, deren Flintenläufe aus den geöffneten Fenstern herauslugten. Alles in braunen oder olivgrünen, ganz mit Lederfransen bedeckten Gewändern aus Büffelleder, hohen Stiefeln mit gewaltigen Sporen daran und breit ausladenden Sombreros.

Bei Salida teilt sich die Bahn in zwei divergente Strecken: die eine führt als doppelgleisige Vollbahn über die Minenstadt Leadville, die andere, eingeleisig und schmalspurig, erklimmt durch weite Wüsteneien hindurch in unvergleichlich kühnen Schleifen den Marshal-Paß, eines von den höchsten Jochen der Rocky Mountains, in einer Höhe, welche in den Alpen nur die höchsten Firnspitzen erreichen. Beide Strecken vereinigen sich dann wieder in Grand Junction, von wo die Pacific Bahn dann weiter nach Kalifornien führt.

Aus verschiedenen Gründen entschied ich mich für die schmalspurige Bergbahn über den Marshal-Paß und ich hatte es nicht zu bereuen, denn die Großartigkeit der Landschaft überbot alles, was ich bis dahin gesehen hatte. Da es keine Wächterhäuser und keine Bahnwächter gab, mußte jedem der Züge immer, als eine Art von Pilot, eine Lokomotive vorausfahren, die durch Glockenzeichen meldete, ob alles in Ordnung sei; und oft sahen wir unsere Führerlokomotive senkrecht über uns, auf einer höheren Schleife.

In Grand Junction war ich zu einem vielstündigen Aufenthalt gezwungen, denn der Zug nach Salt Lake City ging erst in der Nacht. Vergebens suchte ich nach irgendeinem bequemen Lokal, wo ich etwas für mich Genießbares erhalten könnte; schließlich begnügte ich mich mit einem Laib Brot und einem Stück Käse, ging auf einem steilen Fußpfad zu einem ziemlich wilden Minerscamp, wo ich, inmitten der Blockhäuser und der um ein Feuer herumsitzenden Bergleute, mein frugales Mahl verzehrte. Nach Grand Junction zurückgekehrt, entschloß ich mich, um die Zeit totzuschlagen, in einer von den beiden Apotheken einige gemischte „drinks" zu nehmen; denn die Apotheken waren zu jener Zeit nebenbei auch sehr beliebte Whisky- und Sodalokale. Bald kam ein Gespräch mit dem Apotheker zustande; er klagte über den geringen Verkehr und über die schlechten Geschäfte. Als ich ihn fragte, wie und wo man den Abend verbringen könne, meinte er, es sei zwar im allgemeinen recht langweilig bei ihnen, aber ich hätte besonderes Glück; denn heute Abend gebe es eine sehr interessante Vorstellung, die ich keineswegs versäumen dürfe! „Wie", rief ich erstaunt, „Sie haben hier ein Theater?" „Das nun gerade nicht", erwiderte er, „aber heute können Sie einen Patent-Medizinmann mit seiner Truppe genießen. Es kommen jedes Jahr mehrere und sie sind unser Theater, unser Zirkus und unser Tingel-Tangel. Heute können Sie den Mann hören, der das ‚Kikapu' erfunden hat. Er wird darüber sprechen und das wird recht interessant werden. Wenn Sie wollen, können Sie sich mir gegen acht Uhr anschließen, es ist nicht weit von hier, gleich außerhalb der Stadt. Zu dem Nachtzug bleibt Ihnen dann noch reichlich Zeit."

Natürlich war ich einverstanden und so ging ich mit ihm in der Dämmerung die lange Straße hinab, bis dorthin, wo die unendliche rote Sandwüste beginnt. Schon von weitem sah ich eine Anzahl weißer, mit bunten Figuren bemalter Wigwams. Dort angelangt, blickte ich in einige von ihnen hinein und war erstaunt, darin eine Menge schwarzer Holzkoffer zu erblicken und in einem, zu meiner größten Überraschung, ein leibhaftiges Harmonium! Dann gelangten wir zu einer großen, mit Segeltuch gedeckten Bretterbühne. Als wir uns näherten, sah ich dort eine Unmenge Menschen und weiter vorne auf dem Grasboden Stühle in Reihen, auf welchen die Damen Platz genommen hatten. Alles beleuchtet von lodernden Pechfackeln. Auch der Raum zwischen den Wigwams war durch solche Fackeln erhellt. Rings um die Bühne und die Wigwams lagerte auf dem Boden eine bunte Menge von Cowboys, Bergarbeitern und anderen Einheimischen, die sich dort Feuer angemacht und ein Biwak bezogen hatten, um in Ruhe ihren mitgebrachten Whisky zu schlürfen.

Plötzlich kam ein neues Leben in das Ganze, denn es erschienen eine Anzahl echter Indianer, kupferrot mit echter Kriegsbemalung und vollem Federnschmuck. In aller Eile trugen sie das Harmonium auf die Bühne; auch spannten sie sogleich ein dünnes Drahtseil über zwei Holzböcke. Ein Revolverschuß kündigte an, daß die Vorstellung beginne, und alles lauschte in atemloser Stille. Die sanften Klänge des Harmoniums wurden hörbar; der aus Deutschland stammende „Professor" spielte einen weihevollen Choral. Als dieser beendet, verneigte er sich tief und setzte sich auf einen Strohsessel neben dem Instrument, wo er unbeweglich sitzen blieb.

Plötzlich stürmte ein kleiner, ganz dürrer Herr in einem stark abgetragenen schwarzen Frack und nicht sehr weißem Hemde und weißer Binde, mit genial unordentlichen schwarzen Haaren und kleinem Schnurrbart, in tollem Laufschritt, mit einem kühnen Satz auf die Bühne, verbeugte sich tief und begann mit brüllender Stimme seinen Vortrag. „Ladies and Gentlemen!" rief er. „Nachdem unser Freund, der weltberühmte Professor Meyer aus dem fernen Deutschland, seinen weihevollen Choral beendet hat, gestatten Sie, daß ich Ihnen sage, was zu sagen ich zu Ihnen hierher gekommen bin! Das größte Geschenk Gottes ist die Gesundheit. Aber die Menschen haben, durch die ihnen eingeborene Sündhaftigkeit und durch den sträflichen Abfall von der heiligen Mutter Natur, sich um dieses höchste aller Güter gebracht! Wohin Sie bücken, selbst hier, in diesem gottbegnadeten, edelsten Lande des Erdenrundes, nichts als Krankheit, Leiden und Tod. Tod und Krankheit, wohin Ihr Auge dringt! Aber Gottes Gnade ist wahrhaft unerschöpflich. Er hat uns Mittel an die Hand gegeben, um diesem Jammer ein Ende zu setzen.

Geliebte Freunde, es gibt zweierlei Heilmittel: solche, die uns Gott durch die Natur selbst geoffenbart hat, und solche, die der Mensch in seinem frechen Aberwitz für sich erfinden zu können vermeint hat. Lassen Sie mich zuerst von diesen reden. Es sind die gottverfluchten Metallgifte, welche die sogenannten Herren Ärzte verschreiben! Lauter gottverdammte, tödliche Metallsalze! Und je gefährlicher sie sind, desto teurer lassen diese Mörder sie sich bezahlen, und je mehr Christen einer vergiftet hat, desto berühmter ist er!" Und so donnerte der Mann noch eine Viertelstunde lang auf die elektrisiert aufhorchende Zuhörerschaft los.

„Doch ich will Sie nicht ermüden, meine geliebten Mitbürger", so fuhr er fort, „denn es ist nicht meine Absicht, Ihren Geist zu überrumpeln. Im Gegenteil, ich will ihn aufrichten, damit er vorbereitet sei, die tiefen Wahrheiten richtig zu beurteilen, die ich später zu verkünden gedenke! Darum werden jetzt, um Ihnen Abwechslung zu bieten, unsere edlen Freunde, die Indianer von der ‚roten Wolke', Ihnen ihre besten Künste vorführen. Dann erst werde ich weitersprechen. Und so bitte ich jetzt den Herrn Professor aus Deutschland, mit der Musik zu beginnen!"

Der „Professor" spielte einen zweiten Choral, worauf einige Indianer von der „roten Wolke" in ihrem vollen Federnschmuck auf die Bühne sprangen und ihre Seiltänzerkünste zeigten. Nachdem sie eine halbe Stunde ihre Produktion vorgeführt, trat der Herr im Frack wieder auf, um seine Rede fortzusetzen:

„Geliebte Freunde", brüllte er, „ich habe Sie vorhin vielleicht durch meine ungeschminkte Darstellung der modernen Medizin erschreckt: aber es war doch meine Pflicht, Ihnen die volle Wahrheit zu sagen! Wie glücklich bin ich nun, daß ich Sie jetzt in lichtere Gefilde führen kann! Denn, hören Sie mir zu: wie nach langem Winter das Frühjahr, nach langer Nacht der Morgen, so wird Sie jetzt die Botschaft treffen, daß endlich, durch Gottes Gnade, der wahre Weg zur Gesundheit gefunden ist! Weise Hirten haben die geheimen Kräfte natürlicher Kräuter entdeckt; Geheimnisse, die nur den Allerwenigsten anvertraut sind! Und wir haben nach ihren Winken alle Heilkräuter gesammelt, gesichtet und geordnet. Und aus diesen tausenderlei Gewächsen der Erde haben wir ein einziges Elixir bereitet! Oh, meine Freunde, was habt Ihr nötig, Euer sauer erworbenes Geld den fremden Giftärzten abzuliefern, gebt es lieber der Natur zurück, die Euch so reichlich beschenkt und aus der Ihr selbst hervorgegangen seid!"

Als ein Beifallsgemurmel hörbar wurde, nahm seine Rede ekstatische Formen an: „Kikapu! Kikapu! Kikapu!" brüllte er in sinnloser Aufregung, „Kikapu, das ist die neue Quelle der Gesundheit, für die wir Patente in der ganzen Welt erhalten haben!" Und nun verfiel er in eine „Trance" und redete aus verzückten Visionen von dem goldenen Zeitalter des Kikapu und von der neuen Gesundheit, die nur mit der der Patriarchen zu vergleichen sei! Der „Professor" begleitete diese ekstatischen Worte mit einer süßlichpastoralen Harmonienfolge. „Und nun, geliebte Zuhörer", rief der Befrackte, „will ich Ihnen noch an einem lehrreichen Exempel zeigen, wie flott und frei Sie sich schon nach einem kurzen Gebrauch von Kikapu fühlen werden!" Mit einem lauten Schrei sprang ein klafterhoher, rothaariger Irländer auf das Podium. Er trug einen ellenhohen grauen Zylinder und einen quadrillierten Frack und begann nun, von dem „Professor" begleitet, einen echt irischen „Breakdown"-Tanz, der immer schneller wurde, bis der Tänzer schließlich, mit einem kühnen Satze, rückwärts verschwand. Während seines Tanzes hatten die Indianer die Kisten in den Wigwams geöffnet und diesen ganze Körbe von Kikapu-Flaschen entnommen, die nun, die Flasche zu einem Dollar, im Nu verkauft waren.

Es war halb zehn Uhr geworden, als die Fackeln auf der Bühne abgelöscht wurden; ich verabschiedete mich von meinem hilfreichen Apotheker und erreichte noch rechtzeitig den Nachtzug, der mich nach der großen Salzwüste bringen sollte.

Wochen waren seit meiner Abreise von Grand Junction dahingegangen. Nach einem durch die Umstände gebotenen Aufenthalte in dem Bergwerksgebiete oberhalb von Carson City auf den Höhen der Sierra Nevada, hatten mich meine Wege schließlich nach San Diego, unweit der mexikanischen Westküste, geführt, wo ich mich eines Abends bei sinkender Sonne auf ein einsames Felsenriff hingelagert fand, dem Grundbaß der in der Tiefe dröhnenden Brandung lauschend, den Blick in die unendlichen Fernen des Pazifischen Ozeans verloren.

Und wenn mich auch diese übermenschliche Musik des Weltmeeres tief beglückte, so rief sie doch auf geheimnisvolle Weise zugleich Sehnsüchte in meiner Seele wach, vor allem das Verlangen nach den Hügeln der Heimat, von denen ich lange entfernt gewesen. Dieses Gefühl hatte mich schon seit einiger Zeit beherrscht und auch zur Folge gehabt, daß ich erst wenige Tage vorher die sonst überaus verlockende gastliche Einladung zu einer Fahrt nach Auckland in Neu-Seeland abgelehnt hatte. Denn die Zeit war abgelaufen und dringende Geschäfte forderten gebieterisch meine Rückkehr nach Europa. Auch fühlte ich deutlich, daß ich infolge allgemeiner Ermüdung neuen Eindrücken seelisch nicht mehr ganz gewachsen sei; und so galt es nun, mit einem letzten, langen Blick auf den Pazifik und einem Gruß an die am fernen Horizont dahinsegelnden Schiffe, rasch entschlossen, mich von dieser herrlichen Landschaft loszureißen, Kalifornien, Mexiko und ganz Amerika den Rücken zu kehren und die Heimreise nach unserem alten Kontinent anzutreten.

Rückblick

Wie durch die Dunstschleier ungeheuerer Entfernung erscheinen mir jetzt meine Streifzüge durch das „altväterische Amerika" und durch andere ferne Länder, von denen hier allerdings nur ein kleiner Teil besprochen werden konnte. Ist doch ein halbes Jahrhundert über alle diese Eindrücke hinweggeglitten!

Wenn ich aber jetzt dies alles in der Erinnerung an dem inneren Sinn vorüberziehen lasse, so kann ich ein Gefühl tiefer Dankbarkeit an ein gütiges Geschick nicht unterdrücken, das mir alle diese Erlebnisse vergönnt hat; insbesondere jedoch, daß mir die Gelegenheit zuteil geworden, mit so vielen bedeutenden Persönlichkeiten meines Zeitalters in Berührung, mitunter auch in engen freundschaftlichen Verkehr zu kommen. Und mit Staunen erkenne ich nun, wie diese Beziehungen immer wieder durch ganz unvorhersehbare Verkettungen sonderbarer Umstände und ohne mein geringstes Hinzutun zustande gekommen sind.

In den siebzig Lehr- und Wanderjahren, über welche hier berichtet wird, ist mir gerade dieser Umstand als ein besonderes Glück und als das wertvollste Geschenk meines Lebens erschienen; denn durch die nähere Bekanntschaft mit vielen so großen Persönlichkeiten hat mein Vertrauen zu der Menschheit und der Glaube an ihre unendliche Bestimmung eine trostreiche Bestätigung und Stärkung erfahren.

Und wenn ich auch nicht, wie einst Hegel am Tage vor der Schlacht von Jena, den Kaiser Napoleon, „diese Weltseele auf einem Pferde sitzend", erblickt habe, so war mir dafür doch, obgleich unter durchaus anderen Umständen, beschieden, den Weltgeist an der Orgel zu sehen und seine Offenbarungen, „kindliche Schauer treu in der Brust", dankerfüllt in mich aufzunehmen.

Editorische Notiz

Der Text der vorliegenden Edition folgt der Erstausgabe: Friedrich Eckstein: Alte unnennbare Tage — Erinnerungen aus siebzig Lehr- und Wanderjahren. Herbert Reichner Verlag, Wien, Leipzig, Zürich 1936.

Die Orthographie wurde behutsam modernisiert, der originale Lautstand und grammatikalische Eigenheiten bleiben gewahrt. Die Interpunktion erfolgt der Druckvorlage.

www.ingramcontent.com/pod-product-compliance
Lightning Source LLC
Chambersburg PA
CBHW021343230426
43666CB00006B/385